Dr. Oetker

Das große Weihnachtsbuch

Dr. Oetker

Das große
Weihnachtsbuch

Dr. Oetker Verlag

Das wird ein Fest ...

Weihnachten ist eine Herzenssache, und weil es ohne all die kulinarischen Köstlichkeiten nur halb so behaglich wäre, wird mit unserem Rundum-sorglos-Paket die Küche zum Lieblingsort von Familie und Freunden.

Das Früchtebrot backt im Ofen. Sein weihnachtlicher Duft nach Zimt, Kardamom, Nelken und Muskat verwandelt das triste graue Wetter in Gemütlichkeit. Wir kneten Pfefferkuchenteig mit den Kleinen, setzen Mandellikör für Oma an, verpacken orientalisches Konfekt für die Kollegin und zaubern einen Traum aus Zuckerschaum als Nikolausüberraschung: Marshmallow-Herzen! Wir schieben Bleche mit Nussprinten, Mandelmakronen, salzig-süßen Macadamia-Cookies und Nougatstangen in den heißen Ofen, tauchen Spritzgebäck in dunkle Schokoglasur und verzieren Butterplätzchen mit gerösteten Mandeln und bunten Zuckerperlen. Noch ein bisschen Silberglanz und das Prachtstück ist festtagsfein. Für Vanillekipferl, Christstollen, Schneeflöckchen und Knusperbäume gibt es Puderzuckerschnee in Hülle und Fülle – und ganz nebenbei erobern wir die Herzen unserer Lieben.

Auf der Suche nach dem passenden Baum, wandern wir durch den Winterwald und wärmen uns mit Orangenpunsch und heißer Schokolade aus Thermoskannen. Zuhause schleichen die Kleinen ums liebevoll verzierte Pfefferkuchenhaus und stibitzen einen Schokolebkuchen, um sich damit das Warten aufs Christkind zu versüßen. Abends lesen wir Weihnachtsgeschichten und genießen die ersten selbst gebackenen Zimtsterne.

An den Festtagen freuen sich alle über gemeinsame Zeit und natürlich auf das pure Schlemmerglück: Ob klassisch mit Gans oder Hirsch, ob veggie mit Brezelknödeln und Pilzen oder light mit Fisch – jedes der 3-Gänge-Menüs erleichtern wir Ihnen mit ausgeklügelten Anti-Stress-Einkaufszetteln und Ablaufplänen. Vielleicht gibt's aber auch Fondue oder Raclette, weil's einfach so urgemütlich ist. Zeit für einen stimmungsvollen Weihnachtsbrunch mit allen Lieben haben wir auf jeden Fall.

Eine wunderbare Adventzeit und frohe Weihnachten wünscht Ihnen

der Dr. Oetker Verlag

Lebkuchen
& Plätzchen

... gehören neben Kerzenschein,
Tannenduft und Gemütlichkeit
einfach zur Adventszeit. Wenn es
aus der Küche weihnachtlich duftet,
schwelgen wir in Kindheits-
erinnerungen und freuen uns
auf einen üppig gefüllten
bunten Teller.

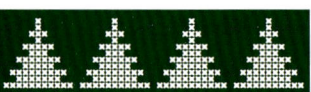

Pfefferkuchenhaus

----

1 Haus

Zubereitungszeit: 1½–2 Stunden, ohne Kühlzeit **Backzeit:** 15–20 Minuten je Backblech
Haltbarkeit: etwa 6 Wochen

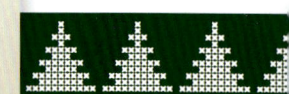

Für den Teig:
100 g flüssiger Honig
75 g Zuckerrübensirup (Rübenkraut)
50 g Zucker
50 g Butter oder Margarine
1 Eigelb (Größe M)
1 schwach geh. TL Lebkuchen-
oder Pfefferkuchengewürz
2 EL Milch
350 g Weizenmehl (Type 550)
5 g Natron

Zum Bekleben des Hauses:
150 g gesiebter Puderzucker
1 Eiweiß (Größe M)

Zum Garnieren:
einige Zucker- oder Liebesperlen,
z. B. grüne, silberne und rote
250 g Edelbitter-Schokolade
(etwa 70 % Kakaoanteil)
etwa 75 g abgezogene,
ganze Mandelkerne

etwa 75 g Cashewkerne
einige rosa Pfefferbeeren
etwas Puderzucker

Außerdem:
Schablonen für das Haus
Holzstäbchen

1. Für den Teig Honig mit Sirup, Zucker und Butter oder Margarine in einem Topf unter Rühren langsam erwärmen, bis Zucker und Fett geschmolzen sind. Die Masse in einer Rührschüssel erkalten lassen.

2. Eigelb, Gewürz und Milch mit einem Mixer (Rührstäbe) auf höchster Stufe unterrühren. Mehl mit Natron mischen, zwei Drittel davon auf mittlerer Stufe unterrühren. Den Teigbrei mit dem restlichen Mehl auf einer leicht bemehlten Arbeitsfläche zu einem glatten Teig verkneten, in Frischhaltefolie gewickelt etwa 30 Minuten in den Kühlschrank legen.

3. Den Backofen vorheizen.
Ober-/Unterhitze: etwa 180 °C, Heißluft: etwa 160 °C

4. Teig auf der leicht bemehlten Arbeitsfläche etwa ½ cm dick ausrollen. Für das Haus mithilfe von Schablonen* 1 Dreieck für die Vorderseite (Giebel), 1 Dreieck für die Rückseite (Giebel), 2 Rechtecke (17 x 13 cm) für die Dachhälften und

10 Dreiecke (Seitenlänge etwa 2 cm) ausschneiden. Zusätzlich 1 Tannenbaum ausstechen. Aus der Vorderseite eine Tür und ein Fenster ausschneiden. Die Hausteile, Dreiecke und Tür nicht zu eng auf Backbleche (mit Backpapier belegt) legen. Die Backbleche nacheinander (bei Heißluft zusammen) in den vorgeheizten Backofen schieben. Die Gebäckteile **15–20 Minuten je Backblech backen.**

5. Die Gebäckteile mit dem Backpapier auf Kuchenroste ziehen. Die Tür mit einem Messer der Länge nach halbieren. Gebäckteile erkalten lassen.

6. Zum Bekleben des Hauses den Puderzucker mit ½ Eiweiß zu einer dicken Masse verrühren. Zuerst die Längskanten vom Vorderhaus und einer Dachhälfte dick damit bestreichen. Die Teile aneinandersetzen und verkleben. Dann die Rückwand mit Tannenbaum ebenfalls an den Längskanten mit der Masse bestreichen und an der einen Dachhälfte festkleben, evtl. mit Holzstäbchen fixieren. Zuletzt die Kanten der

Insgesamt: E: 96 g, F: 232 g, Kh: 735 g, kJ: 22735, kcal: 5429, BE: 61,5

letzten Dachhälfte bestreichen, an Vorder- und Rückwand und Dachfläche zu einem Haus zusammensetzen. Die zusammengeklebten Gebäckteile und den Tannenbaum mit Holzstäbchen fixieren. Die Tür ankleben. Puderzuckermasse trocknen lassen.

7. Die restliche Puderzuckermasse mit restlichem Eiweiß verrühren, sodass der Guss etwas streichfähiger wird. Tannenbaum, Fenster und Tür damit bestreichen, mit Zucker- und Liebesperlen garnieren.

8. Die Edelbitter-Schokolade in kleine Stücke brechen und in einem Topf im Wasserbad bei schwacher Hitze unter Rühren schmelzen. 25-mal je ½ Teelöffel davon auf Backpapier geben (Abstand etwa 3 cm), je 1 Mandel und 1 Cashewkern darauflegen, anschließend je ½ Teelöffel Schokolade daraufgeben. Etwa ein Drittel der Schoko-Nuss-Häufchen mit je 1–2 Pfefferbeeren bestreuen. Die Schoko-Nuss-Häufchen fest werden lassen.

9. Die Lebkuchendreiecke mit einem Teil der restlichen Schokolade am Dachfirst als Verzierung kleben. Sollte die Schokolade wieder fest geworden sein, nochmals im Wasserbad erwärmen. Die Lebkuchendreiecke mit Zuckerguss und Zuckerperlen garnieren.

10. Schokolierte Nusskerne auf den Dachflächen und an den Hauswänden dekorativ befestigen. Die restlichen Nusskerne mit Schokolade in die Lücken kleben. Schokolade fest werden lassen. Das Haus mit Puderzucker „einschneien".

Tipps: Sie können auch noch einen Zaun aus Zuckerwürfeln und -perlen um das Haus errichten. Hübsch sieht es aus, wenn Sie zur Beleuchtung eine Lichterkette in das Haus legen.

---

* Die Schablonen finden Sie im Internet unter *www.oetker-verlag.de/weihnachtsbuch.*

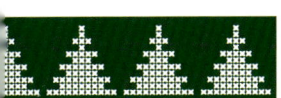

Honig-Nuss-Lebkuchen

30 Stück

Zubereitungszeit: 40 Minuten, ohne Abkühlzeit **Ruhezeit:** etwa 12 Stunden
Backzeit: etwa 13 Minuten **Haltbarkeit:** etwa 6 Wochen

Für den Teig:
200 g flüssiger Honig
100 g Zucker
80 ml Wasser
150 g gem. Haselnusskerne

300 g Roggenmehl (Type 1150)
1 gestr. TL Hirschhornsalz
1 gestr. TL gem. Zimt
1 gestr. TL gem. Piment (Nelkenpfeffer)
1 Msp. gem. Ingwer

Zum Glasieren:
100 g Zucker
80 ml Wasser

1. Für den Teig Honig, Zucker und Wasser in einem Topf unter Rühren erwärmen, bis sich der Zucker gelöst hat. Die Honigmasse in eine Rührschüssel geben und erkalten lassen.

2. Nusskerne in einer Pfanne ohne Fett unter Wenden goldbraun rösten. Nusskerne in eine Schüssel geben und erkalten lassen.

3. Roggenmehl, Hirschhornsalz, Zimt, Piment, Ingwer und Nusskerne auf die Honigmasse geben. Die Zutaten mit einem Mixer (Knethaken) zunächst kurz auf niedrigster, dann auf höchster Stufe zu einem glatten Teig verkneten. Den Teig in Frischhaltefolie gewickelt bei Zimmertemperatur mindestens 12 Stunden ruhen lassen.

4. Den Backofen vorheizen.
Ober-/Unterhitze: etwa 180 °C, Heißluft: etwa 160 °C

5. Den Teig auf einer leicht bemehlten Arbeitsfläche nochmals durchkneten (wenn er noch klebrig ist, etwas Mehl hinzufügen) und zu einem Rechteck (etwa 25 x 30 cm) ausrollen.

6. Das Teigrechteck auf ein Backblech (mit Backpapier belegt) legen, evtl. einen Backrahmen darumstellen. Das Backblech in den vorgeheizten Backofen schieben. Den Lebkuchen **etwa 13 Minuten backen**.

7. Das Backblech auf einen Kuchenrost stellen. Den Lebkuchen etwas abkühlen lassen.

8. Zum Glasieren Zucker und Wasser in einem Topf zum Kochen bringen, 1–2 Minuten bei starker Hitze sprudelnd kochen lassen. Das Zuckerwasser mit einem Pinsel auf dem lauwarmen Lebkuchen verstreichen. Dabei schnell hin und her streichen, bis die Glasur weißlich wird. Den Backrahmen lösen und entfernen. Den Lebkuchen in Quadrate (etwa 5 x 5 cm) schneiden. Glasur gut trocknen und Lebkuchen erkalten lassen.

Tipp: Der Teig kann sehr gut vorbereitet und luftdicht verpackt 1–2 Wochen bei Zimmertemperatur gelagert werden.

Pfefferkuchen

 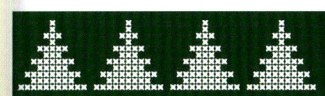

----

50 Stück

Zubereitungszeit: 1½ Stunden, ohne Abkühlzeit **Ruhezeit:** etwa 12 Stunden
Backzeit: 8–10 Minuten je Backblech **Haltbarkeit:** 4–6 Wochen

Für den Teig:
250 g Zuckerrübensirup (Rübenkraut)
50 g Zucker
8 EL Wasser
50 g Butter
1 Ei (Größe M)

1 Eigelb (Größe M)
1 gestr. TL gem. weißer Pfeffer
1 Pck. (15 g) Lebkuchengewürz
1 Msp. Hirschhornsalz
500 g Weizenmehl (Type 550)

Für den Guss und zum Bestreuen:
200 g Puderzucker
1 Eiweiß (Größe M)
1–2 EL Orangensaft
2 EL Kokosraspel
2 EL silberne Zuckerperlen

1. Für den Teig Zuckerrübensirup mit Zucker und Wasser in einem Topf aufkochen. Den Topf von der Kochstelle nehmen. Die Butter unter Rühren in der Sirupmasse zerlassen. Sirupbutter erkalten lassen.

2. Ei, Eigelb, Pfeffer, Lebkuchengewürz und Hirschhornsalz zu der erkalteten Sirupbutter geben. Die Zutaten mit einem Mixer (Rührstäbe) auf mittlerer Stufe unterrühren. Das Mehl mit einem Teigschaber unterrühren. Den Teig zugedeckt bei Zimmertemperatur etwa 12 Stunden ruhen lassen.

3. Den Backofen vorheizen.
Ober-/Unterhitze: etwa 180 °C, Heißluft: etwa 160 °C

4. Den Teig kurz durchkneten und portionsweise auf einer leicht bemehlten Arbeitsfläche etwa ½ cm dick ausrollen. Aus dem Teig mit Ausstechformen beliebige Motive ausstechen. Die Teigreste wieder zusammenkneten, erneut ausrollen und weitere Motive ausstechen – so oft, bis der Teig aufgebraucht ist.

5. Die Pfefferkuchen mit etwas Abstand auf Backbleche (gefettet, mit Backpapier belegt) legen. Die Backbleche nacheinander (bei Heißluft zusammen) in den vorgeheizten

Backofen schieben. Pfefferkuchen **8–10 Minuten je Backblech backen**.

6. Die Pfefferkuchen mit dem Backpapier auf Kuchenroste ziehen und erkalten lassen.

7. Für den Guss Puderzucker mit Eiweiß mit dem Mixer (Rührstäbe) zunächst kurz auf niedrigster, dann auf höchster Stufe in 4 Minuten schaumig aufschlagen. Den Guss mit 1–2 Esslöffeln Orangensaft verrühren, sodass er weicher wird.

8. Die Pfefferkuchen dick mit Zuckerguss bepinseln oder den Zuckerguss in einen Gefrierbeutel füllen, eine kleine Ecke abschneiden und die Pfefferkuchen damit garnieren. Den noch feuchten Guss mit Silberperlen und Kokosraspeln bestreuen. Den Zuckerguss fest werden lassen.

9. Die Pfefferkuchen 1–2 Tage bei Zimmertemperatur ziehen lassen und erst dann in Dosen verpacken.

Hinweis: Nur ganz frisches Eiweiß verwenden (Legedatum beachten, mind. 23 Tage Resthaltbarkeit!). Sie können den Guss auch mit ½–1 Esslöffel Wasser anrühren.

Pro Stück: E: 2 g, F: 2 g, Kh: 16 g, kJ: 364, kcal: 87, BE: 1,5

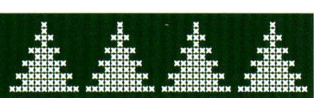

Maronenlebkuchen

40 Stück

Zubereitungszeit: 45 Minuten, ohne Abkühlzeit **Trockenzeit:** etwa 1 Stunde
Backzeit: etwa 10 Minuten je Backblech **Haltbarkeit:** etwa 4 Wochen

Zum Vorbereiten:
200 g geschälte, gekochte Maronen
(Esskastanien)
120 g getrocknete Aprikosen

Für den Teig:
3 Eier (Größe M)
1 Prise Salz
100 g Zucker

200 g gem. Haselnusskerne
120 g Kastanienmehl
(erhältlich im Reformhaus
oder Bioladen)
1 gestr. TL Natron
2 gestr. TL gem. Zimt
½ TL gem. Piment (Nelkenpfeffer)

etwa 40 Backoblaten (Ø etwa 5 cm)

Für den Guss:
400 g Vollmilch-Kuvertüre
1 EL Speiseöl, z. B. Sonnenblumenöl

1. Zum Vorbereiten die Maronen und die Aprikosen in kleine Würfel schneiden.

2. Für den Teig Eier mit Salz und Zucker mit einem Mixer (Rührstäbe) auf höchster Stufe in etwa 5 Minuten schaumig schlagen.

3. Maronen-, Aprikosenwürfel, Haselnüsse, Kastanienmehl, Natron, Zimt und Piment mischen, auf den Eierschaum geben. Die Zutaten mit einem Mixer (Knethaken) gut verkneten.

4. Die Oblaten mit etwas Abstand auf Backbleche (mit Backpapier belegt) legen. Je 1 Esslöffel des Lebkuchenteiges auf je 1 Oblate geben, mit einem feuchten Messer glatt streichen. Die Lebkuchen etwa 1 Stunde bei Zimmertemperatur trocknen lassen.

5. Den Backofen vorheizen.
Ober-/Unterhitze: etwa 190 °C, Heißluft: etwa 170 °C

6. Die Backbleche nacheinander (bei Heißluft zusammen) in den vorgeheizten Backofen schieben. Die Lebkuchen **etwa 10 Minuten je Backblech backen**.

7. Die Lebkuchen mit dem Backpapier auf Kuchenroste ziehen und erkalten lassen.

8. Für den Guss Kuvertüre in kleine Stücke hacken. Zwei Drittel davon mit dem Speiseöl in einem Topf im Wasserbad bei schwacher Hitze unter Rühren schmelzen. Den Topf aus dem Wasserbad nehmen und die restliche Kuvertüre darin unter Rühren schmelzen. Die erkalteten Lebkuchen mit der Oberseite in die Kuvertüre tauchen. Die überschüssige Kuvertüre mit einem Pinsel abstreichen. Die Lebkuchen auf Backpapier setzen. Den Guss trocknen lassen.

Pro Stück: E: 2 g, F: 7 g, Kh: 12 g, kJ: 492, kcal: 118, BE: 1,0

 # Nussprinten

----

40 Stück

Zubereitungszeit: 1 Stunde und 10 Minuten, ohne Kühlzeit
Backzeit: etwa 10 Minuten je Backblech **Haltbarkeit:** etwa 4 Wochen

Für den Belag:
etwa 200 g Haselnusskerne

Für den Teig:
125 g Zuckerrübensirup (Rübenkraut)
50 g Zucker
1 Prise Salz
50 g Butter oder Margarine
2 EL Milch oder Wasser

50 g Grümmel
(gestoßener brauner Kandis)
3 Tropfen Zitronen-Aroma
½ TL gem. Anis
½ TL gem. Nelken
½ TL gem. Zimt
250 g Weizenmehl
3 gestr. TL Dr. Oetker Backin

Für den Guss:
250 g Vollmilch- oder
Zartbitter-Schokolade
1–2 EL Sonnenblumenöl

1. Den Backofen vorheizen.
Ober-/Unterhitze: etwa 200 °C, Heißluft: etwa 180 °C

2. Die Nusskerne auf ein trockenes, sauberes Backblech legen und im vorgeheizten Backofen so lange erhitzen, bis sich die braunen Häutchen abziehen lassen. Die heißen Nusskerne in ein sauberes Geschirrtuch geben. Die Häutchen mit dem Geschirrtuch abreiben. Nusskerne abkühlen lassen.

3. Den Sirup mit Zucker, Salz, Butter oder Margarine und Milch oder Wasser in einem Topf unter Rühren langsam erwärmen, bis Butter oder Margarine zerlassen und der Zucker gelöst ist. Die Masse in einer Rührschüssel kalt stellen.

4. Unter die fast erkaltete Masse mit einem Mixer (Rührstäbe) auf höchster Stufe Grümmel, Aroma, Anis, Nelken und Zimt rühren. Mehl mit Backpulver mischen. Zwei Drittel davon portionsweise auf mittlerer Stufe unterrühren. Den Teigbrei mit dem restlichen Mehl auf einer leicht bemehlten Arbeitsfläche zu einem glatten Teig verkneten. Teig in Frischhaltefolie gewickelt etwa 30 Minuten in den Kühlschrank legen.

5. Den Backofen vorheizen.
Ober-/Unterhitze: etwa 180 °C, Heißluft: etwa 160 °C

6. Die Nüsse halbieren und beiseitelegen. Den Teig auf der leicht bemehlten Arbeitsfläche etwa ½ cm dick ausrollen und Rechtecke (etwa 7 x 2½ cm) ausschneiden. Diese mit etwas Abstand auf Backbleche (mit Backpapier belegt) legen. Nüsse auf die Teigrechtecke legen. Die Backbleche nacheinander (bei Heißluft zusammen) in den vorgeheizten Backofen schieben. Die Printen **etwa 10 Minuten je Backblech backen**.

7. Die Printen mit dem Backpapier auf Kuchenroste ziehen. Printen erkalten lassen.

8. Für den Guss Schokolade in kleine Stücke brechen, mit dem Speiseöl in einem Topf im Wasserbad bei schwacher Hitze unter Rühren schmelzen. Die Printen mit der Schokolade überziehen. Schokolade fest werden lassen.

Tipps: Nussprinten am besten gut verpackt einige Tage durchziehen lassen, damit sich das Aroma voll entfalten kann.

Pro Stück: E: 2 g, F: 7 g, Kh: 13 g, kJ: 503, kcal: 120, BE: 1,0

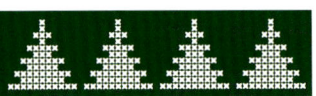

Lebkuchensterne

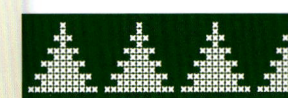

100 Stück

Zubereitungszeit: 1 Stunde, ohne Abkühlzeit **Backzeit:** 10–15 Minuten je Backblech
Haltbarkeit: etwa 4 Wochen

Für den Teig:
125 g flüssiger Honig
200 g Zucker
1 Pck. Dr. Oetker Vanillin-Zucker
150 g Butter oder Margarine
4 EL Milch
3 Tropfen Bittermandel-Aroma
1 gestr. TL gem. Zimt

400 g Weizenmehl
2 gestr. EL gesiebter Backkakao
100 g Speisestärke
1 Pck. Dr. Oetker Backin

Für den Guss:
200 g Puderzucker
2–3 EL Zitronensaft

1. Für den Teig Honig mit Zucker, Vanillin-Zucker, Butter oder Margarine und Milch in einem Topf langsam erwärmen, bis sich Honig und Zucker aufgelöst haben. Die Masse in einer Rührschüssel abkühlen lassen.

2. Den Backofen vorheizen.
Ober-/Unterhitze: etwa 180 °C, Heißluft: etwa 160 °C

3. Unter die fast erkaltete Masse mit einem Mixer (Rührstäbe) auf höchster Stufe Aroma und Zimt rühren. Mehl, Kakao, Stärke und Backpulver mischen, zwei Drittel davon portionsweise auf mittlerer Stufe kurz unterrühren. Restliches Mehl-Kakao-Gemisch auf der bemehlten Arbeitsfläche unterkneten. Sollte der Teig kleben, noch etwas Mehl hinzugeben.

4. Den Teig auf der leicht bemehlten Arbeitsfläche etwa ½ cm dick ausrollen und Sterne ausstechen. Die Teigreste wieder zusammenkneten, erneut ausrollen und weitere Sterne ausstechen – so oft, bis der Teig aufgebraucht ist.

5. Die Lebkuchensterne mit etwas Abstand auf Backbleche (mit Backpapier belegt) legen. Die Backbleche nacheinander (bei Heißluft 2–3 Backbleche zusammen) in den vorgeheizten Backofen schieben. Die Lebkuchensterne **10–15 Minuten je Backblech backen**.

6. Die Lebkuchensterne mit dem Backpapier auf Kuchenroste ziehen und erkalten lassen.

7. Für den Guss Puderzucker mit Zitronensaft zu einer dickflüssigen, spritzfähigen Masse verrühren, in ein Pergamentpapiertütchen füllen und eine kleine Spitze abschneiden. Die Lebkuchensterne mit dem Guss garnieren. Den Guss trocknen lassen.

Tipp: Lagern Sie die Lebkuchensterne in gut schließenden Dosen und lassen Sie das Gebäck einige Tage durchziehen. Die Lebkuchensterne werden im Laufe der Zeit immer aromatischer.

Pro Stück: E: 0 g, F: 1 g, Kh: 9 g, kJ: 211, kcal: 50, BE: 1,0

Spitzkuchen

---

40 Stück

Zubereitungszeit: 50 Minuten, ohne Kühlzeit **Backzeit:** 15–20 Minuten
Haltbarkeit: etwa 4 Wochen

Für den Teig:
175 g Zuckerrübensirup (Rübenkraut)
50 g Zucker
1 Prise Salz
2–3 EL Speiseöl
1 Ei (Größe M)
1 geh. TL gesiebter Backkakao
6 Tropfen Zitronen-Aroma
1 Msp. gem. Piment (Nelkenpfeffer)

1 gestr. TL gem. Zimt
250 g Weizenmehl
3 gestr. TL Dr. Oetker Backin
75 g gehackte Mandeln

Für den Guss:
200 g Zartbitter-Kuvertüre
25 g Kokosfett

1. Für den Teig Sirup mit Zucker, Salz und Speiseöl in einem Topf unter Rühren langsam erwärmen und zerlassen, bis der Zucker gelöst ist. Die Masse in einer Rührschüssel kalt stellen.

2. Unter die fast erkaltete Masse mit einem Mixer (Rührstäbe) auf höchster Stufe Ei, Kakao, Aroma, Piment und Zimt rühren.

3. Mehl mit Backpulver mischen. Zwei Drittel davon portionsweise auf mittlerer Stufe unterrühren. Den Teigbrei mit dem restlichen Mehlgemisch und den Mandeln auf einer leicht bemehlten Arbeitsfläche zu einem glatten Teig verkneten. Sollte er kleben, ihn in Frischhaltefolie gewickelt eine Zeit lang in den Kühlschrank legen.

4. Den Backofen vorheizen.
Ober-/Unterhitze: etwa 200 °C, Heißluft: etwa 180 °C

5. Aus dem Teig auf der leicht bemehlten Arbeitsfläche knapp 2 cm dicke Rollen in Länge des Backblechs formen. Die Teigrollen nicht zu dicht nebeneinander auf das Backblech (mit Backpapier belegt) legen und etwas flach drücken.

6. Das Backblech in den vorgeheizten Backofen schieben. Die Gebäckstangen **15–20 Minuten backen**.

7. Die Gebäckstangen mit dem Backpapier auf einen Kuchenrost ziehen und erkalten lassen. Die Gebäckstangen mit einem scharfen Messer in Dreiecke schneiden.

8. Für den Guss Kuvertüre in kleine Stücke hacken. Zwei Drittel davon mit dem Kokosfett in einem Topf im Wasserbad bei schwacher Hitze unter Rühren schmelzen. Den Topf aus dem Wasserbad nehmen und die restliche Kuvertüre darin unter Rühren schmelzen. Die Gebäckdreiecke nach Belieben damit überziehen und auf einen mit Backpapier belegten Kuchenrost legen. Guss trocknen lassen.

Pro Stück: E: 2 g, F: 4 g, Kh: 12 g, kJ: 393, kcal: 94, BE: 1,0

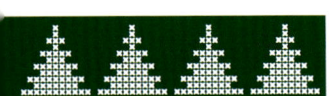
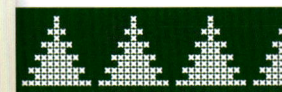

Braune Kuchen

----

50 Stück

Zubereitungszeit: 35 Minuten **Kühlzeit:** mindestens 1 Stunde
Backzeit: etwa 12 Minuten je Backblech **Haltbarkeit:** etwa 4 Wochen

Für den Knetteig:
60 g Marzipan-Rohmasse
200 g brauner Zucker
200 g Butter (zimmerwarm)
50 g Schlagsahne

1 Eigelb (Größe M)
1 gestr. TL Hirschhornsalz
370 g Weizenmehl
1–2 TL Spekulatiusgewürz
1 EL gesiebter Backkakao

Zum Bestreuen der Arbeitsfläche:
100 g gehobelte Mandeln

1. Für den Teig Marzipan in hauchdünne Scheiben schneiden und in eine Rührschüssel geben. Braunen Zucker und Butter hinzugeben, mit einem Mixer (Knethaken) auf mittlerer Stufe gut durcharbeiten.

2. Die Sahne mit dem Eigelb und Hirschhornsalz verschlagen und unter die Buttermasse rühren. Mehl mit Spekulatiusgewürz und Kakao mischen. Die Mehlmischung mit den Händen unter die Buttermasse kneten. Den Teig in Frischhaltefolie gewickelt mindestens 1 Stunde in den Kühlschrank legen.

3. Den Backofen vorheizen.
Ober-/Unterhitze: etwa 180 °C, Heißluft: etwa 160 °C

4. Den Teig kurz durchkneten, flach drücken und auf einer mit Mandeln bestreuten Arbeitsfläche etwa ½ cm dick ausrollen. Mit einem Lineal Rillen als Muster in den Teig drücken. Die Teigplatte in Rechtecke (je 4 x 6 cm) schneiden. Die Teigrechtecke mit etwas Abstand auf Backbleche (mit Backpapier belegt) legen.

5. Die Backbleche nacheinander (bei Heißluft zusammen) in den vorgeheizten Backofen schieben. Die braunen Kuchen **etwa 12 Minuten je Backblech backen**.

6. Die braunen Kuchen mit dem Backpapier auf Kuchenroste ziehen und erkalten lassen.

Tipp: Garnieren Sie die braunen Kuchen mit einem Puderzuckerguss aus etwa 70 g Puderzucker und 1 Esslöffel Zitronensaft oder Wasser. Den Guss in ein Papiertütchen füllen und eine kleine Ecke abschneiden. Die braunen Kuchen mit dem Guss und mit bunten Zuckerperlen garnieren. Den Guss trocknen lassen.

Pro Stück: E: 1 g, F: 5 g, Kh: 10 g, kJ: 392, kcal: 94, BE: 0,8

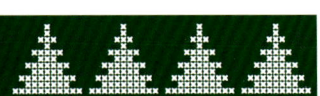

Springerle

15–30 Stück (je nach Größe der Stempel)

Zubereitungszeit: 1 Stunde **Trockenzeit:** etwa 24 Stunden
Backzeit: etwa 45 Minuten je Backblech **Haltbarkeit:** etwa 4 Wochen

Für den Teig:
2 Eier (Größe M)
200 g gesiebter Puderzucker
1 Pck. Dr. Oetker Vanillin-Zucker
275 g Weizenmehl
1 Msp. Dr. Oetker Backin

Zum Bestreuen:
etwas Weizenmehl
etwa 10 g Anissamen

Außerdem:
1 oder mehrere Keksstempel
1 oder mehrere runde Ausstechformen
oder Gläser in Größe der Stempel

1. Für den Teig die Eier mit einem Mixer (Rührstäbe) auf höchster Stufe in 1 Minute schaumig schlagen. Puderzucker mit Vanillin-Zucker mischen, in 1 Minute einstreuen, dann noch etwa 2 Minuten schlagen.

2. Mehl mit Backpulver mischen, die Hälfte davon auf die Eiercreme sieben und kurz auf niedrigster Stufe unterrühren. Nochmals so viel des Mehlgemisches auf die gleiche Weise unterarbeiten, dass ein fester Brei entsteht.

3. Den Teigbrei auf einer bemehlten Arbeitsfläche mit dem restlichen Mehlgemisch verkneten. Sollte er kleben, noch etwas Mehl unterkneten.

4. Den Teig auf einer leicht bemehlten Arbeitsfläche etwa 1 cm dick ausrollen. Die Teigplatte ganz dünn mit Mehl bestäuben. Einen Keksstempel in Mehl drücken, etwas abklopfen und anschließend in die Teigplatte drücken. Dann mit einer runden Ausstechform oder einem Glas einen Keks ausstechen. Auf diese Weise weitere Springerle herstellen. Dabei den Stempel immer wieder bemehlen und darauf achten, dass das Mehl nicht in den Vertiefungen des Stempels hängen bleibt. Die Teig reste wieder zusammenkneten, erneut ausrollen und weitere Springerle herstellen – so oft, bis der Teig aufgebraucht ist.

5. Die Springerle auf Backbleche (mit Backpapier belegt, mit Anissamen bestreut) legen und in einem mäßig warmen Raum etwa 24 Stunden trocknen (dabei die Backbleche nicht übereinander stellen!).

6. Den Backofen vorheizen.
Ober-/Unterhitze: 120 °C, Heißluft: 100 °C

7. Die Backbleche nacheinander (bei Heißluft zusammen) in den vorgeheizten Backofen schieben. Springerle **etwa 45 Minuten je Backblech backen**. Da die Oberfläche des Gebäcks weiß bleiben soll, decken Sie die Springerle nach etwa 20 Minuten mit Backpapier ab.

8. Die Backbleche auf Kuchenroste stellen. Die Springerle einige Tage offen an der Luft stehen lassen, damit sie weich werden, dann in eine gut schließende Blechdose legen.

Tipp: Sie können den Teig auch klassisch mit Holzmodeln zubereiten. Dafür den Teig wie beschrieben ausrollen und daraus Rechtecke in Größe des Backmodels herausschneiden, mit Mehl bestäuben und in den bemehlten Model drücken. Die Teigstücke dann abheben und in die aufgeprägten Rechtecke zerschneiden. Anschließend wie beschrieben weiterverarbeiten.

Pro Stück: E: 3 g, F: 0 g, Kh: 19 g, kJ: 384, kcal: 92, BE: 1,3

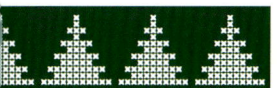

Vergoldetes Russisch Brot

----

45 Stück

Zubereitungszeit: 50 Minuten, ohne Abkühlzeit **Trockenzeit:** etwa 1 Stunde
Backzeit: 10–12 Minuten je Backblech **Haltbarkeit:** etwa 4 Wochen

Für die Eischneemasse:
2 Eiweiß (Größe M)
1 Prise Salz
120 g Puderzucker
80 g Weizenmehl
2 EL gesiebter Backkakao

evtl. 2 EL Schokoladenstreusel
zum Bestreuen
Lebensmittelspray in Gold

1. Für die Eischneemasse Eiweiß mit Salz mit einem Mixer (Rührstäbe) auf höchster Stufe so steif schlagen, dass ein Messerschnitt sichtbar bleibt. Nach und nach den Puderzucker unterschlagen. So lange schlagen, bis der Eischnee stark glänzt.

2. Das Mehl mit dem Kakao mischen, auf die Eischneemasse geben und mit einem Teigschaber vorsichtig unterheben.

3. Die Eischneemasse in einen Spritzbeutel mit Lochtülle (Ø etwa 1 cm) füllen. Nach Belieben verschiedene Buchstaben und Zahlen (etwa 5 cm hoch) mit etwas Abstand auf Backbleche (gefettet, mit Backpapier belegt) spritzen. Das Russisch Brot nach Belieben mit Schokoladenstreuseln bestreuen und etwa 1 Stunde bei Zimmertemperatur trocknen lassen.

4. Den Backofen vorheizen.
Ober-/Unterhitze: etwa 160 °C, Heißluft etwa 140 °C

5. Die Backbleche nacheinander (bei Heißluft zusammen) in den vorgeheizten Backofen schieben. Russisch Brot **10–12 Minuten je Backblech backen**.

6. Das Russisch Brot mit dem Backpapier auf Kuchenroste ziehen und erkalten lassen.

7. Das erkaltete Russisch Brot aus etwa 15 cm Entfernung mit goldenem Lebensmittelspray besprühen.

Tipp: „God Jul" ist schwedisch und heißt „Frohe Weihnachten".

Pro Stück: E: 0 g, F: 0 g, Kh: 4 g, kJ: 82, kcal: 20, BE: 0,5

Saftige
Quittenlebkuchen

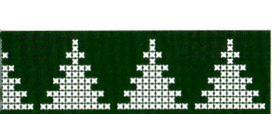 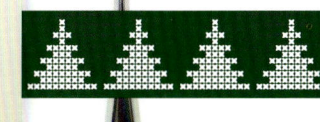

50 Stück

Zubereitungszeit: 1 Stunde, ohne Abkühlzeit **Kühlzeit:** etwa 1 Stunde
Backzeit: etwa 12 Minuten je Backblech **Haltbarkeit:** etwa 4 Wochen

Für den Teig:
250 g Quittengelee
100 g Butter (zimmerwarm)
1 gestr. TL Dr. Oetker Finesse Geriebene
Zitronenschale
1 gestr. TL Natron
350 g Weizenmehl
2 gestr. TL gem. Zimt
2 gestr. TL gem. Ingwer
1 Msp. gem. Nelken

Zum Bestreichen:
120 g Quittengelee

Für den Guss:
200 g Vollmilch-Kuvertüre

Zum Garnieren:
etwas Goldstaub
einige weiße, dunkle und
goldene Knusperperlen

1. Für den Teig Gelee, Butter und Zitronenschale mit einem Mixer (Rührstäbe) auf mittlerer Stufe glatt rühren. Natron, Mehl, Zimt, Ingwer und Nelken mit dem Mixer (Knethaken) auf niedrigster Stufe unterarbeiten. Den Teig in Frischhaltefolie gewickelt etwa 1 Stunde in den Kühlschrank legen.

2. Den Backofen vorheizen.
Ober-/Unterhitze: etwa 180 °C, Heißluft: etwa 160 °C

3. Den Teig kurz durchkneten und auf der leicht bemehlten Arbeitsfläche etwa 1 cm dick ausrollen. Mit einer Ausstechform (Ø etwa 3½ cm) Kreise ausstechen. Die Teigreste wieder zusammenkneten, erneut ausrollen und weitere Kreise ausstechen – so oft, bis der Teig aufgebraucht ist.

4. Die Teigkreise mit etwas Abstand auf Backbleche (mit Backpapier belegt) legen. Die Backbleche nacheinander (bei Heißluft zusammen) in den vorgeheizten Backofen schieben. Die Lebkuchen **etwa 12 Minuten je Backblech backen**.

5. Die Lebkuchen mit dem Backpapier auf Kuchenroste ziehen.

6. Zum Bestreichen das Gelee in einem Topf gut aufkochen und glatt rühren. Die lauwarmen Lebkuchen damit bestreichen und erkalten lassen.

7. Für den Guss Kuvertüre in kleine Stücke hacken. Zwei Drittel davon in einem Topf im Wasserbad bei schwacher Hitze unter Rühren schmelzen. Den Topf aus dem Wasserbad nehmen und die restliche Kuvertüre darin unter Rühren schmelzen.

8. Die Quittenlebkuchen kopfüber in die Kuvertüre tauchen, abtropfen lassen und auf mit Backpapier belegte Kuchenroste setzen. Die Quittenlebkuchen mit Goldstaub bestäuben und mit Knusperperlen bestreuen. Die Kuvertüre trocknen lassen.

Tipp: Für den Guss können Sie auch Zartbitter- oder Edelbitter-Kuvertüre verwenden.

Pro Stück: E: 1 g, F: 3 g, Kh: 13 g, kJ: 350, kcal: 84, BE: 1,1

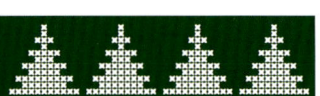

Weihnachts-schmuck

24 Stück

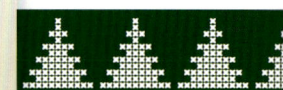

Zubereitungszeit: 1 Stunde **Kühlzeit:** 1–2 Stunden
Backzeit: etwa 10 Minuten je Backblech **Haltbarkeit:** etwa 4 Wochen

Für den Knetteig:
250 g Weizenmehl
100 g gem. Haselnusskerne
½ TL gem. Zimt
100 g Zucker
1 Prise Salz
200 g Butter
½ Ei (Größe M)

Zum Garnieren:
½ Ei (Größe M)
3–4 EL Milch
50 g Belegkirschen
50 g abgezogene, halbierte Mandeln
20 g Pistazienkerne
20 g gehackte Haselnusskerne

1. Für den Teig Mehl mit Haselnusskernen und Zimt in einer Rührschüssel mischen. Restliche Zutaten hinzufügen und mit einem Mixer (Knethaken) zunächst kurz auf niedrigster, dann auf höchster Stufe gut durcharbeiten. Anschließend auf der leicht bemehlten Arbeitsfläche kurz zu einem Teig verkneten. Den Teig in Frischhaltefolie gewickelt 1–2 Stunden in den Kühlschrank legen.

2. Den Backofen vorheizen.
Ober-/Unterhitze: etwa 180 °C, Heißluft etwa 160 °C

3. Den Teig kurz durchkneten und auf der leicht bemehlten Arbeitsfläche etwa ½ cm dick ausrollen. Mit Ausstechformen beliebige Motive (Ø etwa 7 cm) ausstechen. Aus jedem Plätzchen mit einer Lochtülle (Ø etwa ½ cm) ein Loch zum Aufhängen stechen.

4. Die Teigreste wieder zusammenkneten, erneut ausrollen und weitere Motive ausstechen – so oft, bis der Teig aufgebraucht ist. Die Plätzchen mit etwas Abstand auf Backbleche (gefettet, mit Backpapier belegt) legen.

5. Zum Garnieren das halbe Ei mit der Milch verschlagen. Die Plätzchen mit der Eiermilch bestreichen, mit Belegkirschen, Mandeln, Pistazien und Haselnusskernen belegen und leicht andrücken.

6. Die Backbleche nacheinander (bei Heißluft zusammen) in den vorgeheizten Backofen schieben. Die Plätzchen **etwa 10 Minuten je Backblech backen**.

7. Die Plätzchen mit dem Backpapier von den Backblechen auf Kuchenroste ziehen und erkalten lassen.

Pro Stück: E: 3 g, F: 12 g, Kh: 15 g, kJ: 741, kcal: 177, BE: 1,0

Schmatza

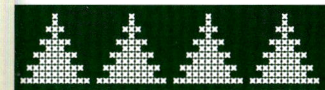

----

100 Stück

Zubereitungszeit: 50 Minuten, ohne Abkühlzeit **Kühlzeit:** etwa 1 Stunde
Backzeit: etwa 15 Minuten je Backblech **Haltbarkeit:** 3–4 Wochen

Für den Teig:
125 g flüssiger Honig
200 g Zucker
1 Prise Salz
65 g Butterschmalz
1 Ei (Größe M)
1 Eigelb (Größe M)
2 gestr. TL gem. Zimt

1 gestr. TL gem. Nelken
1 gestr. TL gem. Kardamom
1 Pck. Dr. Oetker Finesse
Orangenschalen-Aroma
375 g Weizenmehl
2 gestr. TL Dr. Oetker Backin
100 g Orangeat
40 g gem. Haselnusskerne

Für den Guss und zum Bestreuen:
75 g Vollmilch-Kuvertüre
75 g weiße Kuvertüre
2–3 EL Zuckerkristalle

1. Für den Teig Honig, Zucker, Salz und Butterschmalz in einem Topf langsam unter Rühren erwärmen. So lange rühren, bis sich der Zucker gelöst hat. Die Honig-Schmalz-Masse in einer Rührschüssel abkühlen lassen.

2. Ei, Eigelb, Zimt, Nelken, Kardamom und Aroma unter die fast erkaltete Masse rühren. Mehl mit Backpulver mischen und portionsweise unterrühren.

3. Das Orangeat sehr fein hacken und zuletzt zusammen mit den Haselnusskernen unterrühren. Den Teig zugedeckt etwa 1 Stunde in den Kühlschrank stellen.

4. Den Backofen vorheizen.
Ober-/Unterhitze: etwa 180 °C, Heißluft: etwa 160 °C

5. Aus dem Teig etwa 100 walnussgroße Kugeln formen. Die Teigkugeln auf Backbleche (mit Backpapier belegt) setzen.

Dabei genügend Abstand zwischen den Kugeln lassen. Die Backbleche nacheinander (bei Heißluft 2 Backbleche zusammen) in den vorgeheizten Backofen schieben. Die Schmatza **etwa 15 Minuten je Backblech backen**.

6. Die Schmatza mit dem Backpapier auf Kuchenroste ziehen und erkalten lassen.

7. Für den Guss beide Kuvertüresorten getrennt voneinander in Stücke hacken. Die Kuvertürestücke jeweils in einem Topf im Wasserbad bei schwacher Hitze unter Rühren schmelzen und anschließend jeweils in einen Gefrierbeutel geben.

8. Von einem Beutel eine sehr kleine Ecke abschneiden und die Schmatza mit Kuvertürestreifen überziehen. Mit der anderen Kuvertüre genauso verfahren. Die Schmatza mit Zuckerkristallen bestreuen. Guss fest werden lassen.

Pro Stück: E: 1 g, F: 2 g, Kh: 8 g, kJ: 200, kcal: 48, BE: 0,5

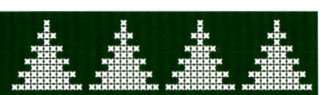 

Haferflocken-Nuss-Kekse

30 Stück

Zubereitungszeit: 30 Minuten, ohne Abkühlzeit
Backzeit: 13–15 Minuten je Backblech **Haltbarkeit:** 3–4 Wochen

Für den Teig:
50 g Weizenmehl
1 TL Dr. Oetker Backin
100 g Zucker
1 Pck. Dr. Oetker Vanillin-Zucker
1 Ei (Größe M)

1 EL Rum
125 g Butter oder Margarine (zimmerwarm)
100 g gem. Haselnusskerne
150 g kernige Haferflocken

Für den Guss:
etwa 125 g Kuchenglasur Dunkel

1. Den Backofen vorheizen.
Ober-/Unterhitze: etwa 180 °C, Heißluft: etwa 160 °C

2. Für den Teig Mehl mit Backpulver in einer Rührschüssel mischen. Zucker, Vanillin-Zucker, Ei, Rum und Butter oder Margarine hinzufügen. Die Zutaten mit einem Mixer (Rührstäbe) zunächst kurz auf niedrigster, dann auf höchster Stufe in etwa 3 Minuten zu einem glatten Teig verrühren. Gemahlene Haselnusskerne und Haferflocken zuletzt unter den Teig rühren.

3. Den Teig mit 2 Teelöffeln in gleich großen Häufchen auf Backbleche (gefettet, mit Backpapier belegt) setzen. Dabei genügend Abstand zwischen den Teighäufchen lassen. Die Teighäufchen mit dem Löffel etwas flach drücken. Die Backbleche nacheinander (bei Heißluft zusammen) in den vorgeheizten Backofen schieben. Haferflocken-Nuss-Kekse **13–15 Minuten je Backblech backen**.

4. Haferflocken-Nuss-Kekse mit dem Backpapier auf Kuchenroste ziehen und erkalten lassen.

5. Für den Guss Kuchenglasur nach Packungsanleitung schmelzen. Die Kekse auf dem Backpapier eng zusammenschieben. Von dem Päckchen mit der Glasur eine kleine Ecke abschneiden. Die Glasur diagonal auf die Kekse sprenkeln. Die Glasur trocknen lassen.

Tipps: Sie können die Haferflocken-Nuss-Kekse auch einzeln etwa ein Drittel tief in die Glasur tauchen, etwas abtropfen und trocknen lassen. Sie können die Plätzchen auch mit zarten Haferflocken zubereiten.

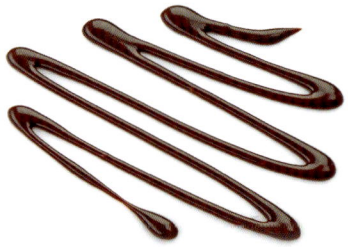

Pro Stück: E: 2 g, F: 8 g, Kh: 10 g, kJ: 504, kcal: 120, BE: 1,0

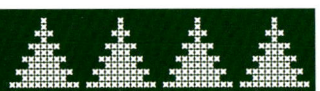

Gewürz-plätzchen

60 Stück

Zubereitungszeit: 40 Minuten **Kühlzeit:** mindestens 3 Stunden oder über Nacht
Backzeit: etwa 12 Minuten je Backblech **Haltbarkeit:** 3–4 Wochen

Für den Knetteig:
250 g Weizenmehl
½ TL Dr. Oetker Backin
1 Pck. Dr. Oetker Finesse
Weihnachtsaroma

120 g Zucker
1 Pck. Dr. Oetker Vanillin-Zucker
170 g Butter oder Margarine
50 g abgezogene, gem. Mandeln
3–4 EL Schlagsahne

1. Für den Teig Mehl mit Backpulver in einer Rührschüssel mischen. Restliche Zutaten hinzufügen und mit einem Mixer (Knethaken) zunächst kurz auf niedrigster, dann auf höchster Stufe gut durcharbeiten.

2. Anschließend auf einer leicht bemehlten Arbeitsfläche kurz zu einem Teig verkneten. Aus dem Teig eine etwa 30 cm lange Rolle formen. Die Teigrolle in Frischhaltefolie gewickelt mindestens 3 Stunden oder am besten über Nacht in den Kühlschrank legen.

3. Den Backofen vorheizen.
Ober-/Unterhitze: etwa 180 °C, Heißluft: etwa 160 °C

4. Die Teigrolle in etwa ½ cm dicke Scheiben schneiden. Dabei die Rolle immer wieder drehen, damit die Scheiben gleichmäßig abgeschnitten werden (Rolle zwischendurch evtl. nochmals in den Kühlschrank legen).

5. Die Teigscheiben mit etwas Abstand auf Backbleche (gefettet, mit Backpapier belegt) legen. Dabei genügend Abstand zwischen den Plätzchen lassen. Die Backbleche nacheinander (bei Heißluft zusammen) in den vorgeheizten Backofen schieben. Die Plätzchen **etwa 12 Minuten je Backblech backen**.

6. Die Plätzchen mit dem Backpapier auf Kuchenroste ziehen. Plätzchen erkalten lassen.

Tipps: Erkaltete Gewürzplätzchen mit geschmolzener, dunkler Kuvertüre besprenkeln. Sie können die Rolle auch etwa 1 Stunde in den Gefrierschrank legen, statt sie mehrere Stunden im Kühlschrank zu kühlen. Ist die Rolle gut durchgekühlt, lässt sie sich auch mit einer Aufschnitt- oder Brotschneidemaschine in Scheiben schneiden.

Pro Stück: E: 1 g, F: 3 g, Kh: 5 g, kJ: 215, kcal: 51, BE: 0,4

Elisenlebkuchen

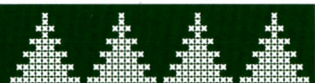 

30 Stück

Zubereitungszeit: 1 Stunde, ohne Abkühlzeit **Backzeit:** etwa 25 Minuten je Backblech
Haltbarkeit: etwa 3 Wochen

Für den Teig:
100 g Orangeat oder
Zitronat (Sukkade)
2 Eier (Größe M)
200 g brauner Zucker
1 Pck. Dr. Oetker Vanillin-Zucker
1 Msp. gem. Nelken
½ Röhrchen Rum-Aroma

1–2 Tropfen Zitronen-Aroma
125 g nicht abgezogene, gem. Mandeln
1 Msp. Dr. Oetker Backin
etwa 100 g gem. Haselnusskerne

etwa 30 Backoblaten (Ø etwa 7 cm)

Für den hellen Guss:
150 g Puderzucker
1–2 EL heißes Wasser

Für den dunklen Guss:
75 g Zartbitter-Schokolade
(etwa 50 % Kakaoanteil)
1 TL Speiseöl, z. B. Sonnenblumenöl

1. Den Backofen vorheizen.
Ober-/Unterhitze: etwa 140 °C, Heißluft: etwa 120 °C

2. Für den Teig Orangeat oder Zitronat sehr fein würfeln. Eier mit einem Mixer (Rührstäbe) auf höchster Stufe in 1 Minute schaumig schlagen. Zucker mit Vanillin-Zucker mischen, in 1 Minute einstreuen, dann noch etwa 2 Minuten schlagen. Nelken und Aromen unterrühren.

3. Mandeln mit Backpulver mischen, mit dem Orangeat oder Zitronat und so viel von den Nusskernen kurz auf niedrigster Stufe unterrühren, dass der Teig noch streichfähig ist.

4. Auf jede Oblate 1 Esslöffel des Teiges geben, mit einem in Wasser getauchten Messer kuppelförmig auf die ganze Oblate streichen. Die Lebkuchen mit etwas Abstand auf Backbleche (mit Backpapier belegt) legen.

5. Die Backbleche nacheinander (bei Heißluft zusammen) ın den vorgeheizten Backofen schieben. Die Elisenlebkuchen **etwa 25 Minuten je Backblech backen**.

6. Für den hellen Guss Puderzucker mit heißem Wasser glatt rühren, sodass ein dickflüssiger Guss entsteht. Die Hälfte der Lebkuchen gleich nach dem Backen damit bestreichen und auf einem Kuchenrost erkalten lassen. Die restlichen Lebkuchen ebenfalls auf einem Kuchenrost erkalten lassen.

7. Für den dunklen Guss Schokolade in kleine Stücke brechen. Zwei Drittel davon mit dem Speiseöl in einem Topf im Wasserbad bei schwacher Hitze unter Rühren schmelzen. Den Topf aus dem Wasserbad nehmen und die restliche Schokolade darin unter Rühren schmelzen. Die restlichen erkalteten Lebkuchen mit dunklem Guss bestreichen und den Guss trocknen lassen.

Tipp: Elisenlebkuchen am besten gut verpackt einige Tage durchziehen lassen, damit sich das Aroma entfalten kann.

Pro Stück: E: 2 g, F: 6 g, Kh: 17 g, kJ: 533, kcal: 127, BE: 1,5

Spritzgebäck mit Kokosnuss

----

200 Stück

 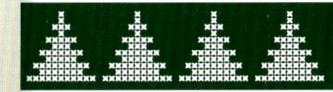

Zubereitungszeit: 1 Stunde **Kühlzeit:** über Nacht
Backzeit: etwa 11 Minuten je Backblech **Haltbarkeit:** etwa 3 Wochen

Für den Teig:
625 g Butter (zimmerwarm)
500 g Zucker
2 Pck. Dr. Oetker Vanillin-Zucker
2 Eier (Größe M)
1 gestr. TL Salz
1 kg Weizenmehl
2 Pck. Dr. Oetker Backin
125 g Kokosraspel

1. Für den Teig Butter in einer großen Rührschüssel mit einem Mixer (Rührstäbe) auf höchster Stufe geschmeidig rühren. Nach und nach Zucker, Vanillin-Zucker, Eier und Salz unterrühren. So lange rühren, bis eine gebundene Masse entstanden ist.

2. Mehl mit Backpulver mischen, zwei Drittel davon portionsweise auf mittlerer Stufe unterrühren. Restliches Mehlgemisch und die Kokosraspel mit dem Mixer (Knethaken) auf mittlerer Stufe unterarbeiten. Den Teig in Frischhaltefolie gewickelt über Nacht in den Kühlschrank legen.

3. Den Backofen vorheizen.
Ober-/Unterhitze: etwa 180 °C, Heißluft: etwa 160 °C

4. Den Teig in Portionen teilen. Die Teigportionen durch einen Fleischwolf mit Spezialvorsatz drücken, in Stücke von beliebiger Länge schneiden und als Stangen, Kränze und in weiteren beliebigen Formen auf Backbleche (gefettet, mit Backpapier belegt) legen. Dabei genügend Abstand zwischen den Plätzchen lassen.

5. Die Backbleche nacheinander (bei Heißluft 2–3 Backbleche zusammen) in den vorgeheizten Backofen schieben. Das Spritzgebäck **etwa 11 Minuten je Backblech backen.**

6. Das Spritzgebäck mit dem Backpapier auf Kuchenroste ziehen und erkalten lassen.

Tipps: Sie können das Rezept problemlos halbieren. Tauchen Sie die Enden des erkalteten Spritzgebäcks in geschmolzene Zartbitter-Schokolade.

Varianten: Für **Schoko-Spritzgebäck** ein Drittel des Teiges mit einer Mischung aus 20 g gesiebtem Backkakao und 20 g Zucker verkneten. Tauchen Sie die Enden des Spritzgebäcks in geschmolzene Schokolade. Für ein **Spritzgebäck mit Haselnusskernen oder Mandeln** 800 g Weizenmehl und 200 g gemahlene Haselnusskerne bzw. abgezogene, gemahlene Mandeln verwenden.

 # Vanillekipferl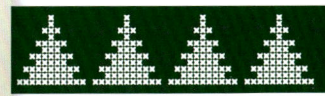

----

60 Stück

Zubereitungszeit: 1 Stunde und 10 Minuten, ohne Kühlzeit
Backzeit: etwa 10 Minuten je Backblech **Haltbarkeit:** etwa 3 Wochen

Für den Knetteig:
200 g Weizenmehl
1 Msp. Dr. Oetker Backin
100 g Zucker
1 Pck. Dr. Oetker Vanillin-Zucker
2 Eigelb (Größe M)
170 g Butter oder Margarine
100 g abgezogene, gem. Mandeln

Zum Bestäuben:
50 g Puderzucker
1 Pck. Dr. Oetker Vanillin-Zucker

1. Für den Teig Mehl mit Backpulver in einer Rührschüssel mischen. Restliche Zutaten hinzufügen und mit einem Mixer (Knethaken) zunächst kurz auf niedrigster, dann auf höchster Stufe gut durcharbeiten. Anschließend auf einer leicht bemehlten Arbeitsfläche kurz zu einem Teig verkneten. Den Teig in 2 Portionen teilen. Jede Teigportion in Frischhaltefolie gewickelt eine Zeit lang in den Kühlschrank legen.

2. Den Backofen vorheizen.
Ober-/Unterhitze: etwa 180 °C, Heißluft: etwa 160 °C

3. Eine Teigportion zu fingerdicken Rollen formen und in etwa 6 cm lange Stücke schneiden. Die Stücke an den Enden etwas dünner rollen. Die Rollen einzeln auf Backbleche (gefettet, mit Backpapier belegt) legen und zu Hörnchen formen. Dabei genügend Abstand zwischen den Plätzchen lassen.

4. Die zweite Teigportion auf die gleiche Weise verarbeiten. Die Backbleche nacheinander (bei Heißluft zusammen) in den vorgeheizten Backofen schieben. Die Vanillekipferl **etwa 10 Minuten je Backblech backen**.

5. Zum Bestäuben Puderzucker mit Vanillin-Zucker mischen. Die Vanillekipferl mit dem Backpapier auf Kuchenroste ziehen. Die warmen Vanillekipferl mit der Puderzuckermischung bestäuben und erkalten lassen.

Varianten: Für **Vanillekipferl ohne Eigelb** (etwa 90 Stück) einen Knetteig aus 280 g Weizenmehl, dem Mark 1 Vanilleschote, 100 g abgezogenen, gemahlenen Mandeln, 70 g Puderzucker und 210 g Butter zubereiten, in 2 Portionen teilen und in Frischhaltefolie gewickelt eine Zeit lang in den Kühlschrank legen. Aus dem Teig wie beschrieben Hörnchen formen und auf Backbleche (mit Backpapier belegt) legen. Die Vanillekipferl wie oben beschrieben backen und noch warm mit der Puderzuckermischung bestäuben. Für **Nusskipferl** (etwa 90 Stück) bereiten Sie aus 300 g Weizenmehl, 100 g Puderzucker, 1 Päckchen Dr. Oetker Vanillin-Zucker, 1 Prise Salz, 1 Ei (Größe M), 100 g leicht gerösteten, gemahlenen Haselnusskernen und 200 g Butter wie beschrieben einen Knetteig zu. Aus diesem formen Sie wie im Rezept beschrieben Hörnchen und backen diese bei gleicher Backofentemperatur und gleicher Backzeit.

Pro Stück: E: 1 g, F: 4 g, Kh: 5 g, kJ: 234, kcal: 56, BE: 0,5

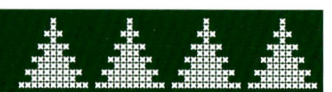

Schwarz-Weiß-Gebäck

60 Stück

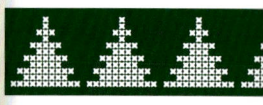

Zubereitungszeit: 1 Stunde **Kühlzeit:** etwa 1½ Stunden
Backzeit: etwa 12 Minuten je Backblech **Haltbarkeit:** etwa 3 Wochen

Für den Knetteig:
250 g Weizenmehl
1 gestr. TL Dr. Oetker Backin
150 g Zucker
1 Pck. Dr. Oetker Vanillin-Zucker
1 Prise Salz
½ Röhrchen Rum-Aroma
1 Ei (Größe M)

125 g Butter oder Margarine
(zimmerwarm)

Für den dunklen Teig:
15 g gesiebter Backkakao
15 g Zucker
1 EL Milch

Zum Bestreichen:
1 Eiweiß (Größe M)

1. Für den Teig Mehl mit Backpulver mischen. Restliche Zutaten hinzufügen, mit einem Mixer (Knethaken) zunächst kurz auf niedrigster, dann auf höchster Stufe gut durcharbeiten.

2. Für den dunklen Teig Kakao mit Zucker und Milch verrühren und unter die Hälfte des Teiges kneten. Hellen und dunklen Teig jeweils zu einer Kugel formen und getrennt in Frischhaltefolie gewickelt etwa 30 Minuten in den Kühlschrank legen.

3. Der Teig kann zu einem Schneckenmuster oder Schachbrettmuster oder zu Talern verarbeitet werden:
Schneckenmuster: Den hellen und dunklen Teig jeweils zu einem gleichmäßig großen Rechteck (etwa 30 x 15 cm) ausrollen. Ein Rechteck dünn mit Eiweiß bestreichen, das zweite darauflegen und ebenfalls bestreichen. Von der längeren Seite aus fest aufrollen.
Schachbrettmuster: Man benötigt 9 je etwa 1 cm breite Teigstreifen von dem dunklen Teig und 9 je etwa 1 cm breite Teigstreifen vom hellen Teig sowie 2-mal eine „Teigdecke". Dafür die beiden Teighälften getrennt etwa 1 cm dick ausrollen. Aus dem hellen und dunklen Teig jeweils 9 je etwa 1 cm breite und etwa 15 cm lange Streifen schneiden, mit Eiweiß bestreichen,

im Schachbrettmuster zu 2 Teigblöcken zusammensetzen. Die übrig gebliebenen hellen und dunklen Teigreste getrennt wieder verkneten und dünn zu 2 Rechtecken (etwa 15 x 13 cm) ausrollen. Die Blöcke in die Teigschichten einwickeln.
Taler: Aus dem dunklen Teig eine etwa 3 cm dicke Rolle formen. Den hellen Teig etwa ½ cm dick ausrollen, mit Eiweiß bestreichen und die dunkle Rolle darin einwickeln.

4. Die Teigrollen oder Teigblöcke in Frischhaltefolie gewickelt etwa 1 Stunde in den Kühlschrank legen.

5. Den Backofen vorheizen.
Ober-/Unterhitze: etwa 200 °C, Heißluft: etwa 180 °C

6. Die Teigrollen oder -blöcke in knapp ½ cm dicke Scheiben schneiden und mit etwas Abstand auf Backbleche (mit Backpapier belegt) legen. Die Backbleche nacheinander (bei Heißluft zusammen) in den vorgeheizten Backofen schieben. Die Plätzchen **etwa 12 Minuten je Backblech backen**.

7. Die Plätzchen mit dem Backpapier auf Kuchenroste ziehen und erkalten lassen.

Pro Stück: E: 1 g, F: 2 g, Kh: 6 g, kJ: 184, kcal: 44, BE: 0,5

Butterplätzchen

50 Stück

Zubereitungszeit: 1 Stunde, ohne Kühlzeit **Backzeit:** 8–10 Minuten je Backblech
Haltbarkeit: etwa 3 Wochen

Für den Knetteig:
300 g Weizenmehl
½ gestr. TL Dr. Oetker Backin
100 g Zucker
2 Pck. Dr. Oetker Vanillin-Zucker
200 g Butter

Zum Bestreichen und Bestreuen:
1 Eigelb
1 EL Wasser
40 g gehobelte Mandeln (Tropfen)
2 EL Puderzucker (Herzen)

Für die Füllung und zum Garnieren:
100 g rotes Johannisbeergelee
50 g Holunderblüten- oder Quittengelee

1. Für den Teig Mehl mit Backpulver in einer Rührschüssel mischen. Restliche Zutaten hinzufügen und mit einem Mixer (Knethaken) zunächst kurz auf niedrigster, dann auf höchster Stufe gut durcharbeiten.

2. Anschließend auf einer leicht bemehlten Arbeitsfläche kurz zu einem Teig verkneten. Sollte er kleben, ihn in Frischhaltefolie gewickelt eine Zeit lang in den Kühlschrank legen.

3. Den Backofen vorheizen.
Ober-/Unterhitze: etwa 180 °C, Heißluft: etwa 160 °C

4. Den Teig portionsweise auf der leicht bemehlten Arbeitsfläche etwa 3 mm dünn ausrollen. Herzen, Rauten und Tropfen ausstechen. Dabei aus der Hälfte der Herzen und Rauten ein kleineres Herz bzw. eine kleinere Raute ausstechen. Die Teigreste wieder zusammenkneten, erneut ausrollen und weitere Motive ausstechen – so oft, bis der Teig aufgebraucht ist. Unter- und Oberteile mit etwas Abstand auf Backbleche (mit Backpapier belegt) legen. Dabei die ausgestochenen Oberteile getrennt von den nicht ausgestochenen Plätzchen auf Bleche legen (die ausgestochenen Plätzchen bräunen schneller und müssen evtl. etwas früher aus dem Ofen genommen werden).

5. Alle ausgestochenen Oberteile sowie die Hälfte der Tropfen mit verschlagenem Eigelbwasser bestreichen. Bestrichene Tropfen mit Mandeln bestreuen. Backbleche nacheinander (bei Heißluft zusammen) in den vorgeheizten Backofen schieben. Die Plätzchen **8–10 Minuten je Backblech backen.**

6. Plätzchen mit dem Backpapier auf Kuchenroste ziehen und erkalten lassen. Herz-Oberteile mit Puderzucker bestäuben.

7. Johannisbeergelee gut aufkochen lassen. Auf die Unterseiten der Tropfen ohne Mandeln sowie auf die Unterseiten der Herzen geben, sofort mit den Oberteilen belegen. Restliches Gelee nochmals erwärmen, in einen Gefrierbeutel geben, eine kleine Ecke abschneiden. Punkte auf die Rauten-Oberteile spritzen.

8. Holunderblüten- oder Quittengelee kurz aufkochen lassen, auf die Unterseiten der unteren Rauten streichen, mit den Oberteilen belegen.

Varianten: Für **ungefüllte Butterplätzchen** können Sie den Teig auch etwa ½ cm dick ausrollen, mit beliebigen Ausstechformen Plätzchen ausstechen und diese bei gleicher Backofentemperatur etwa 12 Minuten backen. Die erkalteten Plätzchen lassen sich dann nach Lust und Laune garnieren.

Pro Stück: E: 1 g, F: 4 g, Kh: 9 g, kJ: 320, kcal: 76, BE: 1,0

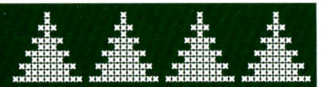

Nussecken

---

30 Stück

Zubereitungszeit: 30 Minuten, ohne Abkühlzeit **Backzeit:** etwa 25 Minuten
Haltbarkeit: etwa 3 Wochen

Für den Knetteig:
225 g Weizenmehl
1 gestr. TL Dr. Oetker Backin
100 g Zucker
1 Pck. Dr. Oetker Vanillin-Zucker
1 Ei (Größe M)
1 EL Wasser
100 g Butter oder Margarine
(zimmerwarm)

Für den Belag:
150 g Butter
150 g Zucker
2 Pck. Dr. Oetker Vanillin-Zucker
3 EL Wasser
100 g gem. Haselnusskerne
200 g gehobelte Haselnusskerne
3 EL Aprikosenkonfitüre

Für den Guss:
100 g Zartbitter-Schokolade
(etwa 50 % Kakaoanteil)

1. Den Backofen vorheizen.
Ober-/Unterhitze: etwa 180 °C, Heißluft: etwa 160 °C

2. Für den Teig Mehl mit Backpulver in einer Rührschüssel mischen. Restliche Zutaten hinzufügen und mit einem Mixer (Knethaken) zunächst kurz auf niedrigster, dann auf höchster Stufe gut durcharbeiten.

3. Anschließend auf einer leicht bemehlten Arbeitsfläche kurz zu einem Teig verkneten. Den Teig mit den Händen zu einer Rolle formen, bis zur Weiterverarbeitung in Frischhaltefolie gewickelt in den Kühlschrank legen.

4. Für den Belag Butter mit Zucker, Vanillin-Zucker und Wasser in einem Topf unter Rühren langsam erwärmen und zerlassen. Gemahlene und gehobelte Nusskerne unterrühren. Den Topf von der Kochstelle nehmen. Den Belag etwa 10 Minuten abkühlen lassen.

5. Den Teig auf einem Backblech (30 x 40 cm, gefettet) ausrollen. Zuerst die Konfitüre darauf verstreichen, dann den Belag gleichmäßig auf dem Teig verteilen.

6. Das Backblech in den vorgeheizten Backofen schieben. Die Gebäckplatte **etwa 25 Minuten backen**.

7. Das Backblech auf einen Kuchenrost stellen. Die Gebäckplatte etwa 20 Minuten abkühlen lassen. Anschließend die Gebäckplatte in Quadrate (je etwa 8 x 8 cm) schneiden und diese diagonal halbieren, sodass Dreiecke entstehen. Nussecken erkalten lassen.

8. Für den Guss Schokolade in kleine Stücke brechen. Zwei Drittel davon in einem Topf im Wasserbad bei schwacher Hitze unter Rühren schmelzen. Den Topf aus dem Wasserbad nehmen und die restliche Schokolade darin unter Rühren schmelzen. Jeweils die beiden spitzen Ecken der Nussecken in den Guss tauchen. Die Nussecken auf einen Kuchenrost oder etwas Backpapier legen. Den Guss trocknen lassen.

Pro Stück: E. 2 g, F: 15 g, Kh: 19 g, kJ: 916, kcal: 219, BE: 1,5

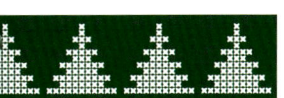
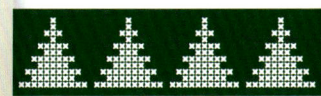

Hirsekekse mit Aprikosenfüllung

40 Stück

Zubereitungszeit: 50 Minuten, ohne Abkühl- und Trockenzeit
Backzeit: etwa 10 Minuten je Backblech **Haltbarkeit:** etwa 3 Wochen

Für den Teig:
100 g Butter (zimmerwarm)
50 g brauner Zucker
1 Prise Salz
1 Ei (Größe M)
100 g Teffmehl aus Zwerghirse
(erhältlich im Reformhaus
oder Bioladen)
50 g abgezogene, gem. Mandeln

Für die Aprikosenfüllung:
120 g getrocknete Soft-Aprikosen
40 g Marzipan-Rohmasse
2 EL Wasser
30 g Aprikosenkonfitüre

1. Den Backofen vorheizen.
Ober-/Unterhitze: etwa 180 °C, Heißluft: etwa 160 °C

2. Für den Teig Butter, Zucker und Salz mit einem Mixer (Rührstäbe) auf mittlerer Stufe schaumig schlagen. Das Ei hinzufügen und kurz unterrühren.

3. Das Teffmehl mit den Mandeln mischen, auf die Butter-Ei-Masse geben und mit einem Kochlöffel unterheben.

4. Den Hirseteig in einen Spritzbeutel mit Lochtülle (Ø etwa 1½ cm) füllen und mit etwas Abstand in flachen Tupfen (Ø etwa 3 cm) auf Backbleche (gefettet, mit Backpapier belegt) spritzen.

5. Die Backbleche nacheinander (bei Heißluft zusammen) in den vorgeheizten Backofen schieben. Die Hirsekekse **etwa 10 Minuten je Backblech backen**.

6. Die Hirsekekse mit dem Backpapier von den Backblechen auf Kuchenroste ziehen und erkalten lassen.

7. Für die Füllung die getrockneten Soft-Aprikosen in grobe Stücke hacken. Die Aprikosenstücke mit Marzipan, Wasser und Aprikosenkonfitüre in einen Blitzhacker geben und fein pürieren.

8. Die Hälfte der Hirsekekse auf der Unterseite jeweils schön dick mit etwas von der Aprikosenfüllung bestreichen. Die restlichen Hirsekekse mit der Unterseite daraufsetzen und leicht andrücken. Die Aprikosenfüllung einige Stunden trocknen lassen.

Tipps: Zur Aufbewahrung trennen Sie die einzelnen Keksschichten mit jeweils einer Lage Backpapier. Für die Aprikosenfüllung können Sie das Wasser durch die gleiche Menge Rum ersetzen.

Pro Stück: E: 1 g, F: 3 g, Kh: 5 g, kJ: 229, kcal: 55, BE: 0,5

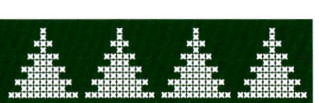 

Emmer-Pflaumen-Kekse

60 Stück

Zubereitungszeit: 40 Minuten **Kühlzeit:** etwa 1 Stunde
Backzeit: etwa 10 Minuten je Backblech **Haltbarkeit:** etwa 3 Wochen

Zum Vorbereiten:
100 g getrocknete Pflaumen
100 ml Wasser

Für den Teig:
100 g Butter
50 g brauner Zucker
1 Prise Salz
1 Eigelb (Größe M)
200 g Emmermehl
(erhältlich im Reformhaus
oder Bioladen)
1 TL gem. Zimt
½ TL Dr. Oetker Backin

Zum Garnieren:
5 EL Milch
3 EL gehackte Mandeln

1. Zum Vorbereiten die Pflaumen fein hacken und mit dem Wasser in einem Topf kurz aufkochen. Den Topf von der Kochstelle nehmen. Die Pflaumenmasse abkühlen lassen.

2. Für den Teig Butter, Zucker, Salz und Eigelb in eine Rührschüssel geben. Die Zutaten mit einem Mixer (Knethaken) auf niedrigster Stufe in 3–4 Minuten zu einem Teig verkneten. Die Pflaumenmasse hinzufügen und kurz unterkneten.

3. Emmermehl mit Zimt und Backpulver mischen. Die Mehlmischung auf die Butter-Pflaumen-Masse geben und mit den Händen schnell zu einem Teig verkneten. Den Teig in Frischhaltefolie gewickelt etwa 1 Stunde in den Kühlschrank legen.

4. Den Backofen vorheizen.
Ober-/Unterhitze: etwa 180 °C, Heißluft: etwa 160 °C

5. Den Teig kurz durchkneten und in 2 gleich große Portionen teilen. Jede Teigportion zu einer etwa 30 cm langen Rolle formen und diese in 1 cm dicke Scheiben schneiden.

6. Die Teigscheiben zu Kugeln formen und mit etwas Abstand auf Backbleche (gefettet, mit Backpapier belegt) legen. Dabei genügend Abstand zwischen den Teigkugeln lassen. Die Kugeln etwas flach drücken.

7. Zum Garnieren mit einer Gabel ein Muster in die Kekse drücken. Die Kekse mit Milch bestreichen und mit Mandeln bestreuen. Die Backbleche nacheinander (bei Heißluft zusammen) in den vorgeheizten Backofen schieben. Die Kekse **etwa 10 Minuten je Backblech backen**.

8. Die Emmer-Pflaumen-Kekse mit dem Backpapier auf Kuchenroste ziehen und erkalten lassen.

Pro Stück: E: 1 g, F: 2 g, Kh: 4 g, kJ: 153, kcal: 37, BE: 0,5

Spekulatius

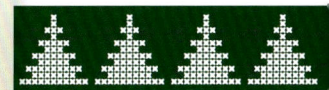

----

60 Stück

Zubereitungszeit: 1 Stunde und 20 Minuten, ohne Kühlzeit
Backzeit: etwa 10 Minuten je Backblech **Haltbarkeit:** etwa 3 Wochen

Für den Knetteig:
250 g Weizenmehl
1 TL Dr. Oetker Backin
125 g Zucker
1 Pck. Dr. Oetker Vanillin-Zucker
2 Tropfen Bittermandel-Aroma

1 TL Dr. Oetker Finesse Weihnachts-
Aroma
1 Prise Salz
1 Ei (Größe M)
100 g Butter oder Margarine
50 g abgezogene, gem. Mandeln

1. Für den Teig Mehl mit Backpulver in einer Rührschüssel mischen. Zucker, Vanillin-Zucker, Aromen, Salz, Ei und Butter oder Margarine hinzufügen. Die Zutaten mit einem Mixer (Knethaken) zunächst kurz auf niedrigster, dann auf höchster Stufe gut durcharbeiten. Die Mandeln unterarbeiten.

2. Anschließend auf einer leicht bemehlten Arbeitsfläche kurz zu einem Teig verkneten. Sollte er kleben, ihn in Frischhaltefolie gewickelt eine Zeit lang in den Kühlschrank legen.

3. Den Backofen vorheizen.
Ober-/Unterhitze: 180 °C, Heißluft: 160 °C

4. Den Teig auf der leicht bemehlten Arbeitsfläche dünn ausrollen. Aus dem Teig entweder mit beliebigen Formen Motive ausstechen oder den Teig in Holzmodel (sehr gut bemehlt) drücken, den überstehenden Teig abschneiden und die Teigspekulatius aus den Modeln schlagen. Alle Spekulatius mit etwas Abstand auf Backbleche (mit Backpapier belegt) legen.

5. Die Backbleche nacheinander (bei Heißluft zusammen) in den vorgeheizten Backofen schieben. Spekulatius **etwa 10 Minuten je Backblech backen**.

6. Die Spekulatius mit dem Backpapier auf Kuchenroste ziehen und erkalten lassen.

Variante: Für **Mandelspekulatius** den Teig wie beschrieben zubereiten. Die Arbeitsfläche mit etwa 50 g gehobelten Mandeln bestreuen und den Teig darauf dünn ausrollen. Beliebige Motive ausstechen oder den Teig wie beschrieben in Model drücken. Anschließend wie beschrieben backen.

Schwarz-Weiß-Sterne

70 Stück

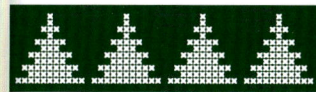

Zubereitungszeit: 45 Minuten, ohne Kühlzeit **Backzeit:** 8–10 Minuten je Backblech
Haltbarkeit: etwa 3 Wochen

Für den Knetteig:
200 g Weizenmehl
50 g Speisestärke
1 gestr. TL Dr. Oetker Backin
150 g Butter oder Margarine
75 g Zucker
1 Pck. Dr. Oetker Vanillin-Zucker
1 Prise Salz
1 Ei (Größe M)

Für den Guss:
200 g Zartbitter-Schokolade
(etwa 50 % Kakaoanteil)
2 TL Speiseöl
½ TL gem. Zimt
1 Prise gem. Piment (Nelkenpfeffer)
1 Prise gem. Nelken

Für die Füllung:
1 gestr. TL Dr. Oetker Finesse
Orangenschalen-Aroma

Zum Bestäuben und Bestreuen:
etwas Puderzucker
evtl. Streu-Gold

1. Für den Teig alle Zutaten mit einem Mixer (Knethaken) kurz auf niedrigster, dann auf höchster Stufe gut durcharbeiten. Dann auf einer leicht bemehlten Arbeitsfläche kurz zu einem Teig verkneten. Den Teig in Frischhaltefolie gewickelt etwa 30 Minuten in den Kühlschrank legen.

2. Den Backofen vorheizen.
Ober-/Unterhitze: etwa 180 °C, Heißluft: etwa 160 °C

3. Den Teig auf der leicht bemehlten Arbeitsfläche etwa 3 mm dick ausrollen, Sterne (Ø etwa 5 cm) ausstechen, mit etwas Abstand auf Backbleche (mit Backpapier belegt) legen.

4. Aus der Hälfte der Sterne mit einer Lochtülle (Ø etwa 1½ cm) die Mitte ausstechen. Backbleche nacheinander (bei Heißluft zusammen) in den vorgeheizten Backofen schieben. Die Gebäcksterne **8–10 Minuten je Backblech backen**.

5. Die Gebäcksterne mit dem Backpapier auf Kuchenroste ziehen. Gebäcksterne erkalten lassen.

6. Für den Guss die Schokolade in kleine Stücke brechen, mit dem Öl in einem Topf im Wasserbad bei schwacher Hitze unter Rühren schmelzen. Zimt, Piment und Nelken unterrühren.

7. Die Gebäcksterne ohne Loch mit der oberen Seite in die Schokolade tauchen, abtropfen lassen und auf Backpapier legen. Die Sterne mit Loch mit Puderzucker bestäuben und so auf die Schokoladensterne legen, dass die Sternspitzen versetzt sind. Schokolade etwas fest werden lassen.

8. Für die Füllung restliche geschmolzene Schokolade eventuell nochmals erwärmen. Das Orangenschalen-Aroma unterrühren.

9. Die Orangenschokolade mit einem kleinen Teelöffel in die Sternlöcher füllen. Nach Belieben mit etwas Streu-Gold bestreuen. Schokolade fest werden lassen.

Tipp: Statt Orangenschalen-Aroma etwa ½ Teelöffel gestoßenen Koriander unter die Schokolade rühren.

Pro Stück: E: 1 g, F: 3 g, Kh: 5 g, kJ: 217, kcal: 52, BE: 0,5

Cranberry-Stangen

25–30 Stück

Zubereitungszeit: 40 Minuten, ohne Kühlzeit **Backzeit:** etwa 20 Minuten je Backblech
Haltbarkeit: etwa 3 Wochen

Für den Knetteig:
125 g Weizenmehl
½ TL Dr. Oetker Backin
25 g Zucker
1 Eigelb (Größe M)
75 g Butter oder Margarine

Für den Belag:
50 g Butter (zimmerwarm)
25 g Zucker
1 Pck. Dr. Oetker Vanillin-Zucker
1 Eiweiß (Größe M)
100 g abgezogene, gem. Mandeln
1 TL Weizenmehl
75 g getrocknete Cranberrys
50 g gestiftelte Mandeln
2–3 EL flüssiger Honig

1. Für den Teig Mehl mit Backpulver in einer Rührschüssel mischen. Restliche Zutaten hinzufügen und mit einem Mixer (Knethaken) zunächst kurz auf niedrigster, dann auf höchster Stufe gut durcharbeiten. Anschließend auf einer leicht bemehlten Arbeitsfläche kurz zu einem Teig verkneten. Sollte er kleben, ihn in Frischhaltefolie gewickelt eine Zeit lang in den Kühlschrank legen.

2. Den Teig auf der leicht bemehlten Arbeitsfläche zu einem Quadrat (24 x 24 cm) ausrollen. Das Teigquadrat in 3 Streifen (je 8 x 24 cm) schneiden. Die Teigstreifen mit etwas Abstand auf Backbleche (gefettet, mit Backpapier belegt) legen.

3. Den Backofen vorheizen.
Ober-/Unterhitze: etwa 180 °C, Heißluft: etwa 160 °C

4. Für den Belag Butter mit Zucker und Vanillin-Zucker mit dem Mixer (Rührstäbe) schaumig rühren. Das Eiweiß kurz unterrühren. Die gemahlenen Mandeln mit dem Mehl mischen und ebenfalls kurz unterrühren.

5. Die Masse in einen Spritzbeutel mit kleiner Sterntülle füllen, an den Rändern und in der Mitte jedes Teigstreifens in Längsstreifen aufspritzen.

6. Die Cranberrys mit den gestiftelten Mandeln und dem Honig verrühren. Die Masse mit einem Teelöffel in den Zwischenräumen der gespritzten Masse verteilen. Die Backbleche nacheinander (bei Heißluft zusammen) in den vorgeheizten Backofen schieben. Die Cranberry-Stangen **etwa 20 Minuten je Backblech backen**.

7. Die Cranberry-Stangen mit dem Backpapier auf Kuchenroste ziehen und erkalten lassen. Anschließend die Cranberry-Stangen mit einem Sägemesser in etwa 3 cm breite Stangen schneiden.

Pro Stück: E: 2 g, F: 7 g, Kh: 10 g, kJ: 458, kcal: 109, BE: 1,0

Hippenröllchen

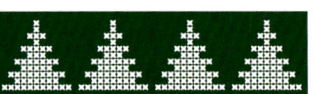 

----

25 Stück

Zubereitungszeit: 1½ Stunden, ohne Ruhezeit **Backzeit:** etwa 4 Minuten je Backblech
Haltbarkeit: etwa 3 Wochen

Für den Teig:
80 g Weizenmehl
80 g gesiebter Puderzucker
30 ml Milch (3,5 % Fett)
1 Eiweiß (Größe M)
2 EL Sesamsamen, geschält

Für die Füllung:
100 g gehackte Haselnusskerne
250 g Nuss-Nougat
2 EL Sesamsamen, geschält

1. Für den Teig Mehl mit Puderzucker in einer Rührschüssel mischen. Milch und Eiweiß hinzufügen, mit einem Mixer (Rührstäbe) zunächst kurz auf niedrigster, dann auf höchster Stufe zu einem glatten, dickflüssigen Teig verrühren. Den Teig zugedeckt etwa 20 Minuten ruhen lassen.

2. Den Backofen vorheizen.
Ober-/Unterhitze: etwa 210 °C, Heißluft: etwa 190 °C

3. Von dem Teig jeweils 1 Teelöffel auf ein Backblech (gefettet, mit Backpapier belegt) geben und mit der Rückseite des Teelöffels zu einem Kreis (Ø je 7–8 cm) gleichmäßig verstreichen. Insgesamt nur 3 Teigkreise mit genügend Abstand auf das Backblech streichen. Jeden Teigkreis mit etwas Sesam bestreuen. Das Backblech in den vorgeheizten Backofen schieben. Die Teigkreise **etwa 4 Minuten backen**, bis der Rand goldbraun ist.

4. Das Backblech auf einen Kuchenrost stellen. Die heißen Teigkreise sofort vom Backpapier lösen, jeweils um einen dicken Stift (Ø etwa 1 cm) wickeln und mit der offenen Seite nach unten kurz auf ein Stück Backpapier legen.

5. Die knusprigen Hippen vorsichtig von den Stiften ziehen und erkalten lassen. Den Vorgang so oft wiederholen, bis der Teig aufgebraucht ist.

6. Für die Füllung die Nusskerne in einer Pfanne ohne Fett unter Wenden goldbraun rösten und auf einen Teller geben. Nuss-Nougat in Stücke schneiden und in einem Topf im Wasserbad bei schwacher Hitze unter Rühren schmelzen. Den Topf von der Kochstelle nehmen und die Nüsse unter die Nougatmasse rühren.

7. Die Nougatmasse erst kurz bevor sie fest wird in einen Spritzbeutel mit Lochtülle (Ø etwa 1 cm) geben. Die Hippenröllchen damit füllen. Die Hippenröllchen mit den offenen Enden in Sesam tauchen. Die Füllung fest werden lassen.

Tipps: Backen Sie immer nur 3 Teigkreise auf einmal, da sie sich nur kurz nach dem Backen, ganz heiß, gut wickeln lassen. Sie können die Kreise auch auf der Rückseite des Backpapiers vorzeichnen, sodass sie den Teig gleichmäßig innerhalb der Kreise verstreichen können.

Pro Stück: E: 2 g, F: 7 g, Kh: 12 g, kJ: 488, kcal: 117, BE: 1,0

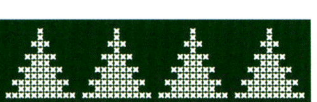

Walnuss-plätzchen

50 Stück

Zubereitungszeit: 1 ½ Stunden, ohne Kühl- und Trockenzeit
Backzeit: etwa 10 Minuten je Backblech **Haltbarkeit:** 2–3 Wochen

Für den Knetteig:
300 g Weizenmehl
180 g feiner Voll-Rohrzucker
1 Pck. Dr. Oetker Vanillin-Zucker
1 Msp. gem. Kardamom
etwas Salz
200 g Margarine
150 g gem. Walnusskerne

Für die Füllung:
3–4 EL rotes Johannisbeergelee

Zum Garnieren und für den Guss:
50 g Zartbitter-Schokolade
1 TL Speiseöl
etwa 200 g halbierte Walnusskerne
200 g Puderzucker
etwa 3 EL Zitronensaft

1. Für den Teig das Mehl in eine Rührschüssel geben. Rohrzucker, Vanillin-Zucker, Kardamom, etwas Salz, Margarine und Walnusskerne hinzufügen. Die Zutaten mit einem Mixer (Knethaken) zunächst kurz auf niedrigster Stufe, dann auf höchster Stufe gut durcharbeiten.

2. Anschließend mit den Händen auf einer leicht bemehlten Arbeitsfläche zu einem glatten Teig verkneten. Sollte er kleben, ihn in Frischhaltefolie gewickelt eine Zeit lang in den Kühlschrank legen.

3. Den Backofen vorheizen.
Ober-/Unterhitze: etwa 180 °C, Heißluft: etwa 160 °C

4. Den Teig portionsweise auf der leicht bemehlten Arbeits-fläche dünn ausrollen, mit einer Ausstechform Kreise (Ø etwa 4 cm) ausstechen. Die Teigreste wieder zusammenkneten, erneut ausrollen und weitere Kreise ausstechen – so oft, bis der Teig aufgebraucht ist. Die Teigkreise mit etwas Abstand auf Backbleche (mit Backpapier belegt) legen. Die Backbleche

nacheinander (bei Heißluft 2–3 Backbleche zusammen) in den vorgeheizten Backofen schieben. Die Plätzchen **etwa 10 Minuten je Backblech backen**.

5. Die Plätzchen mit dem Backpapier von den Backblechen auf Kuchenroste ziehen und erkalten lassen.

6. Johannisbeergelee glatt rühren. Die Hälfte der Plätzchen auf der Unterseite mit Gelee bestreichen, die restlichen Plätzchen darauflegen und gut andrücken.

7. Die Schokolade in kleine Stücke brechen und mit dem Speiseöl in einem kleinen Topf im Wasserbad bei schwacher Hitze unter Rühren schmelzen. Die Walnusskerne jeweils zur Hälfte in die Schokolade tauchen und auf Backpapier legen. Walnusskernhälften trocknen lassen.

8. Puderzucker mit Zitronensaft zu einer geschmeidigen Masse verrühren. Die Plätzchen damit bestreichen und mit den Walnusshälften garnieren. Guss trocknen lassen.

Pro Stück: E: 2 g, F: 9 g, Kh: 14 g, kJ: 596, kcal: 142, BE: 1,0

Schneekugeln
mit Cashewkernen

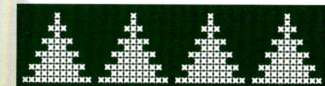

----

40 Stück

Zubereitungszeit: 50 Minuten, ohne Abkühlzeit **Backzeit:** etwa 10 Minuten je Backblech
Haltbarkeit: 2–3 Wochen

Zum Vorbereiten:
100 g Cashewkerne

Für den Teig:
180 g Butter (zimmerwarm)
50 g Puderzucker
1 Prise Salz
1 Eigelb (Größe M)
220 g Weizenmehl

Für die Füllung:
60 g Aprikosenkonfitüre

60 g Puderzucker zum Bestäuben

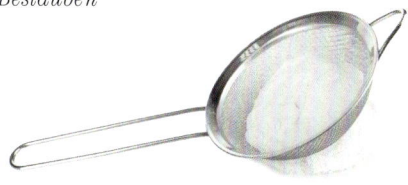

1. Zum Vorbereiten die Cashewkerne grob hacken.

2. Den Backofen vorheizen.
Ober-/Unterhitze: etwa 190 °C, Heißluft: etwa 170 °C

3. Für den Teig Butter, Puderzucker, Salz und Eigelb mit einem Mixer (Rührstäbe) zunächst kurz auf niedrigster, dann auf höchster Stufe in 4 Minuten schaumig schlagen. Das Mehl mit den Cashewkernen mischen und mit einem Teigschaber unterheben.

4. Den Teig in einen Spritzbeutel mit Lochtülle (Ø 1½ cm) füllen und in Tupfen (Ø etwa 2 cm) auf Backbleche (gefettet, mit Backpapier belegt) spritzen. Dabei genügend Abstand zwischen den Tupfen lassen.

5. Die Backbleche nacheinander (bei Heißluft zusammen) in den vorgeheizten Backofen schieben. Die Tupfen **etwa 10 Minuten je Backblech backen**.

6. Die Tupfen mit dem Backpapier auf Kuchenroste ziehen und erkalten lassen.

7. Für die Füllung die Konfitüre glatt rühren und evtl. durch ein Sieb streichen. Die Hälfte der Tupfen auf der Rückseite mit jeweils etwas von der Konfitüre bestreichen. Die restlichen Tupfen mit der Rückseite daraufsetzen und leicht andrücken.

8. Den Puderzucker zunächst über die Kugeln sieben, dann die Kugeln darin wälzen.

Pro Stück: E: 1 g, F: 5 g, Kh: 8 g, kJ: 349, kcal: 83, BE: 0,5

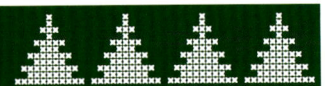

Sablés

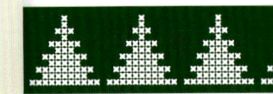

---

70 Stück

Zubereitungszeit: 45 Minuten, ohne Kühlzeit **Backzeit:** etwa 10 Minuten je Backblech
Haltbarkeit: 2–3 Wochen

Für den Knetteig:
250 g Weizenmehl
100 g Puderzucker
1 Pck. Dr. Oetker Vanillin-Zucker
1 Prise Salz
1 Ei (Größe M)
200 g Butter oder Margarine
50 g abgezogene, gem. Mandeln
2 EL Wasser

Zum Bestreichen:
1 Ei

Zum Bestreuen:
40 g gehobelte Mandeln

1. Für den Teig Mehl mit Puderzucker mischen und in eine Rührschüssel sieben. Vanillin-Zucker, Salz, Ei, Butter oder Margarine, Mandeln und Wasser hinzufügen. Die Zutaten mit einem Mixer (Knethaken) zunächst kurz auf niedrigster, dann auf höchster Stufe gut durcharbeiten.

2. Anschließend auf einer leicht bemehlten Arbeitsfläche kurz zu einem Teig verkneten. Sollte er kleben, ihn in Frischhaltefolie gewickelt eine Zeit lang in den Kühlschrank legen.

3. Den Backofen vorheizen.
Ober-/Unterhitze: etwa 160 °C, Heißluft: etwa 140 °C

4. Den Teig auf der leicht bemehlten Arbeitsfläche etwa ½ cm dick ausrollen. Aus dem Teig mit einer runden Ausstechform mit Wellenrand (Ø etwa 4 cm) Plätzchen ausstechen und mit etwas Abstand auf Backbleche (gefettet, mit Backpapier belegt) legen. Die Teigreste wieder zusammenkneten, erneut ausrollen und weitere Plätzchen ausstechen – so oft, bis der Teig aufgebraucht ist.

5. Die Teigplätzchen mit verquirltem Ei bestreichen und mit Mandeln bestreuen. Die Backbleche nacheinander (bei Heißluft zusammen) in den vorgeheizten Backofen schieben. Sablés **etwa 10 Minuten je Backblech backen.**

6. Die Sablés mit dem Backpapier auf Kuchenroste ziehen und erkalten lassen.

Tipp: Knetteig mit Puderzucker wird besonders zart und knusprig.

Pro Stück: E: 1 g, F: 3 g, Kh: 4 g, kJ: 212, kcal: 51, BE: 0,5

Schneeflöckchen

----

40 Stück

Zubereitungszeit: 40 Minuten **Kühlzeit:** etwa 1 Stunde **Backzeit:** 12–15 Minuten
Haltbarkeit: 2–3 Wochen

Für den Knetteig:
125 g Weizenmehl
50 g Speisestärke
50 g Puderzucker
1 Prise Salz
1 Pck. Dr. Oetker Vanillin-Zucker
125 g Butter (zimmerwarm)
1 Eiweiß (Größe M)

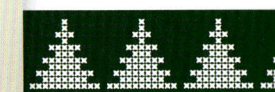

1. Für den Teig Mehl mit Speisestärke in einer Rührschüssel mischen. Restliche Zutaten hinzufügen und mit einem Mixer (Knethaken) zunächst kurz auf niedrigster, dann auf höchster Stufe gut durcharbeiten.

2. Anschließend auf einer leicht bemehlten Arbeitsfläche kurz zu einem Teig verkneten. Den Teig zu Rollen (Ø knapp 2 cm) formen. Die Teigrollen in Frischhaltefolie gewickelt etwa 1 Stunde in den Kühlschrank legen.

3. Den Backofen vorheizen.
Ober-/Unterhitze: 180 °C, Heißluft: 160 °C

4. Die Teigrollen in insgesamt 40 gleich große Scheiben schneiden. Die Teigscheiben zu Kugeln formen und auf ein Backblech (mit Backpapier belegt) legen. Dabei genügend Abstand zwischen den Teigkugeln lassen.

5. Die Teigkugeln mit einer Gabel flach drücken, sodass ein Muster entsteht. Die Gabel dabei zwischendurch in Mehl tauchen. Das Backblech in den vorgeheizten Backofen schieben. Die Schneeflöckchen **12–15 Minuten backen**.

6. Die Schneeflöckchen mit dem Backpapier auf einen Kuchenrost ziehen und erkalten lassen.

Tipp: Bestäuben Sie die Plätzchen zusätzlich mit Puderzucker.

Pro Stück: E: 0 g, F: 3 g, Kh: 5 g, kJ: 191, kcal: 46, BE: 0,5

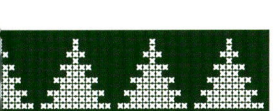

Würzige Schokostängel

---

80 Stück

Zubereitungszeit: 40 Minuten, ohne Abkühlzeit **Backzeit:** 15–20 Minuten je Backblech
Haltbarkeit: 2–3 Wochen

Für den Teig:
*100 g Edelbitter-Schokolade
(60–65 % Kakaoanteil)
50 g Sonnenblumenkerne
100 g Butter oder Margarine
(zimmerwarm)
80 g brauner Zucker
1 Pck. Dr. Oetker Vanillin-Zucker
1 Prise Salz*

*1 Ei (Größe M)
170 g Weizenmehl
30 g Speisestärke
1 gestr. TL Dr. Oetker Backin
½ gestr. TL gem. Muskatblüte (Macis)
1 Msp. gem. Piment (Nelkenpfeffer)*

Zum Bestäuben:
etwas Backkakao

1. Für den Teig Schokolade in kleine Stücke brechen. Zwei Drittel davon in einem Topf im Wasserbad bei schwacher Hitze unter Rühren schmelzen. Den Topf aus dem Wasserbad nehmen und die restliche Schokolade darin unter Rühren schmelzen. Schokolade etwas abkühlen lassen.

2. In der Zwischenzeit Sonnenblumenkerne in einer Pfanne ohne Fett unter Wenden rösten und auf einen Teller geben.

3. Den Backofen vorheizen.
Ober-/Unterhitze: etwa 180 °C, Heißluft: etwa 160 °C

4. Für den Teig Butter oder Margarine mit einem Mixer (Rührstäbe) auf höchster Stufe geschmeidig rühren. Nach und nach braunen Zucker, Vanillin-Zucker und Salz unterrühren. So lange rühren, bis eine gebundene Masse entstanden ist.

5. Das Ei etwa ½ Minute auf höchster Stufe unterrühren. Dann die Schokolade unterrühren.

6. Mehl mit Speisestärke, Backpulver, Muskatblüte und Piment mischen, in 2 Portionen auf mittlerer Stufe kurz unterrühren. Ein Drittel des Teiges in einen Spritzbeutel mit Lochtülle (Ø etwa 1 cm) füllen.

7. Den Teig in etwa 8 cm langen Streifen mit etwas Abstand auf Backbleche (gefettet, mit Backpapier belegt) spritzen. Restlichen Teig portionsweise einfüllen und aufspritzen. Die Backbleche nacheinander (bei Heißluft zusammen) in den vorgeheizten Backofen schieben. Die Schokostängel **15–20 Minuten je Backblech backen**.

8. Die Schokostängel mit dem Backpapier auf Kuchenroste ziehen und erkalten lassen. Anschließend die Schokostängel mit Kakao bestäuben.

Pro Stück: E: 1 g, F: 2 g, Kh: 3 g, kJ: 144, kcal: 34, BE: 0,3

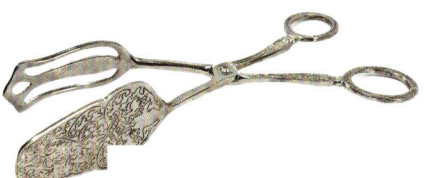

Punschherzen

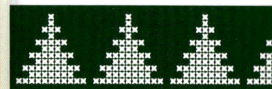

----

40 Stück

Zubereitungszeit: 40 Minuten, ohne Kühlzeit **Backzeit:** etwa 10 Minuten je Backblech
Haltbarkeit: 2–3 Wochen

Für den Knetteig:
250 g Weizenmehl
1 gestr. TL Dr. Oetker Backin
75 g Zucker
1 Pck. Dr. Oetker Vanillin-Zucker
½ Pck. Dr. Oetker Finesse
Orangenschalen-Aroma
1 Ei (Größe M)
100 g kalte Butter
50 g abgezogene, gem. Mandeln

Für die Punschfüllung:
250 ml Rotwein (ersatzweise Kirschsaft)
100 g Zucker
1 Btl. Glühwein-Gewürz
2 TL Speisestärke
4 EL Rotwein

Für den Guss:
75 g Puderzucker
etwa 2 TL weißer Rum oder Wasser

2 geh. TL Johannisbeergelee

Außerdem:
1 Holzstäbchen, z. B. Zahnstocher
oder Schaschlikspieß

1. Für den Teig Mehl mit Backpulver in einer Rührschüssel mischen. Restliche Zutaten hinzufügen und mit einem Mixer (Knethaken) zunächst kurz auf niedrigster, dann auf höchster Stufe gut durcharbeiten.

2. Anschließend auf einer leicht bemehlten Arbeitsfläche kurz zu einem Teig verkneten. Sollte er kleben, ihn in Frischhaltefolie gewickelt eine Zeit lang in den Kühlschrank legen.

3. Den Backofen vorheizen.
Ober-/Unterhitze: etwa 180 °C, Heißluft: etwa 160 °C

4. Den Teig auf einer leicht bemehlten Arbeitsfläche dünn ausrollen. Mit einer Ausstechform Herzen ausstechen. Die Teigreste wieder zusammenkneten, erneut ausrollen und weitere Herzen ausstechen – so oft, bis der Teig aufgebraucht ist.

5. Die Herzen mit etwas Abstand auf Backbleche (mit Backpapier belegt) legen. Die Backbleche nacheinander (bei Heißluft 2 Backbleche zusammen) in den vorgeheizten Backofen schieben. Die Herzen **etwa 10 Minuten je Backblech backen.**

6. Die Herzen mit dem Backpapier auf Kuchenroste ziehen und erkalten lassen.

7. In der Zwischenzeit für die Punschfüllung 250 ml Rotwein mit dem Zucker in einem Topf zum Kochen bringen, 3–4 Minuten kochen lassen. Gewürzbeutel hinzugeben und eine Zeit lang darin ziehen lassen, wieder herausnehmen. Speisestärke mit 4 Esslöffeln Rotwein anrühren, dann unter Rühren in den von der Kochstelle genommenen Rotwein rühren. Nochmals kurz aufkochen lassen. Den Topf von der Kochstelle nehmen. Punschfüllung abkühlen lassen.

8. Die Hälfte der Herzen auf der Unterseite mit der Punschfüllung bestreichen und mit den restlichen Herzen belegen.

9. Für den Guss Puderzucker mit Rum zu einer dickflüssigen Masse verrühren. Die Oberfläche der Herzen damit bestreichen.

10. Gelee unter Rühren erwärmen. Einige Tropfen auf den noch feuchten Guss geben, mit einem Holzstäbchen so durchziehen, dass ein Marmormuster entsteht. Guss trocknen lassen.

Pro Stück: E: 1 g, F: 3 g, Kh: 12 g, kJ: 354, kcal: 85, BE: 1,0

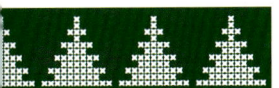

Anislaiberl

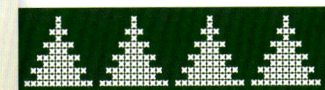

----

60 Stück

Zubereitungszeit: 40 Minuten, ohne Abkühlzeit **Trockenzeit:** 3–4 Stunden
Backzeit: 12–14 Minuten je Backblech **Haltbarkeit:** 2–3 Wochen

Für den Teig:
10 g Anissamen
2 Eiweiß (Größe M)
150 g Zucker
2 Eigelb (Größe M)
150 g Weizenmehl

Für die Füllung:
120 g Zartbitter-Kuvertüre
100 g Schlagsahne
20 ml Pernod

1. Für den Teig den Anissamen grob hacken und beiseite-stellen. Eiweiß in einer Rührschüssel mit einem Mixer (Rührstäbe) auf höchster Stufe steif schlagen. Der Schnee muss so fest sein, dass ein Messerschnitt sichtbar bleibt. Nach und nach Zucker unterschlagen und so lange schlagen, bis der Eischnee stark glänzt.

2. Eigelb hinzugeben und kurz unterschlagen. Zuletzt Mehl und Anissamen mit einem Teigschaber vorsichtig unterheben.

3. Den Teig in einen Spritzbeutel mit Lochtülle (Ø etwa 1–1½ cm) füllen, dann mit etwas Abstand in flachen Tupfen (Ø etwa 3 cm) auf Backbleche (gefettet, mit Backpapier belegt) spritzen. Die Anislaiberl anschließend 3–4 Stunden bei Zimmertemperatur trocknen lassen.

4. Den Backofen vorheizen.
Ober-/Unterhitze: etwa 160 °C, Heißluft: etwa 140 °C

5. Die Backbleche nacheinander (bei Heißluft zusammen) in den vorgeheizten Backofen schieben. Die Anislaiberl **12–14 Minuten je Backblech backen**.

6. Die Anislaiberl mit dem Backpapier auf Kuchenroste ziehen und erkalten lassen.

7. Für die Füllung in der Zwischenzeit die Kuvertüre in kleine Stücke hacken. Die Sahne in einen Topf geben und aufkochen. Den Topf von der Kochstelle nehmen und die Kuvertüre darin unter Rühren schmelzen.

8. Die Kuvertüre-Sahne-Masse in einen hohen Rührbecher füllen. Den Pernod hinzufügen. Die Zutaten mit einem Pürierstab aufschlagen. Die aufgeschlagene Kuvertüre-Sahne anschließend abkühlen lassen.

9. Die Kuvertüre-Sahne in einen Gefrierbeutel füllen. Den Beutel fest verschließen und eine etwa ½ cm große Ecke abschneiden. Die Hälfte der Anislaiberl auf der Rückseite mit jeweils einem Tupfen Füllung bespritzen, mit den restlichen Anislaiberln belegen und leicht andrücken.

Tipp: Die Anislaiberl vor dem Verzehr mindestens 8 Stunden durchziehen lassen. Wenn Sie auf Alkohol verzichten möchten, können Sie Pernod durch Anissirup ersetzen.

Pro Stück: E: 1 g, F: 1 g, Kh: 5 g, kJ: 161, kcal: 39, BE: 0,5

Pfeffernüsse mit Guss

50 Stück

Zubereitungszeit: 1 Stunde, ohne Abkühlzeit **Kühlzeit:** über Nacht
Backzeit: etwa 15 Minuten je Backblech **Haltbarkeit:** 2–3 Wochen

Für den Knetteig:
250 g Weizenmehl
1 ½ gestr. TL Dr. Oetker Backin
160 g Zucker
1 Pck. Dr. Oetker Finesse Geriebene
Zitronenschale
1 Prise Salz
1 Ei (Größe M)
je 1 Msp. Ingwer, Kardamom,
Nelken, Piment (Nelkenpfeffer),
weißer Pfeffer (alles gem.)

3–4 EL Milch
25 g abgezogene, gem. Mandeln
25 g sehr fein gewürfeltes Zitronat
(Sukkade)

Für den Guss:
175 g Puderzucker
2 EL heißes Wasser

1. Für den Teig Mehl mit Backpulver in einer Rührschüssel mischen. Zucker, Zitronenschale, Salz, Ei, Gewürze, Milch, Mandeln und Zitronat hinzufügen. Die Zutaten mit einem Mixer (Knethaken) zunächst kurz auf niedrigster, dann auf höchster Stufe gut durcharbeiten.

2. Anschließend auf einer leicht bemehlten Arbeitsfläche kurz zu einem Teig verkneten. Aus dem Teig 2 Rollen (je etwa 25 cm Länge) formen. Die Teigrollen in Frischhaltefolie gewickelt über Nacht in den Kühlschrank legen.

3. Den Backofen vorheizen.
Ober-/Unterhitze: etwa 180 °C, Heißluft: etwa 160 °C

4. Die Teigrollen evtl. nochmals nachformen und mit einem scharfen Messer in etwa 1 cm dicke Scheiben schneiden. Dabei die Teigrollen immer wieder drehen, damit die Scheiben gleichmäßig abgeschnitten werden. Die Teigscheiben mit etwas Abstand auf Backblechen (mit Backpapier belegt) verteilen.

5. Die Backbleche nacheinander (bei Heißluft zusammen) in den vorgeheizten Backofen schieben. Die Pfeffernüsse **etwa 15 Minuten je Backblech backen**.

6. Die Pfeffernüsse mit dem Backpapier auf Kuchenroste ziehen. Pfeffernüsse erkalten lassen.

7. Für den Guss Puderzucker mit Wasser zu einer dickflüssigen Masse verrühren. Die Pfeffernüsse damit bestreichen. Guss trocknen lassen.

Tipps: Besonders schön sieht es aus, wenn Sie etwas roten Kristallzucker auf die Pfeffernüsse streuen, bevor der Zuckerguss getrocknet ist. Lassen Sie die Teigrollen im Gefrierschrank anfrieren und schneiden Sie sie anschließend mit einem scharfen Messer oder Sägemesser in Scheiben. Wenn die Rollen zu weich werden, legen Sie sie wieder für einige Zeit in den Kühl- oder Gefrierschrank, bevor Sie weitere Scheiben abschneiden.

Pro Stück: E: 1 g, F: 1 g, Kh: 11 g, kJ: 216, kcal: 52, BE: 1,0

Honigkuchen-Nikoläuse

60 Stück

Zubereitungszeit: 1½ Stunden, ohne Kühlzeit **Backzeit:** etwa 10 Minuten je Backblech
Haltbarkeit: 2–3 Wochen

Für den Teig:
100 g flüssiger Honig
50 g brauner Zucker
75 g Butter oder Margarine
½ Röhrchen Butter-Vanille-Aroma
1 gestr. TL gem. Zimt
½ TL gem. Nelken
1 Eiweiß (Größe M)
250 g Weizenmehl
2 gestr. TL Dr. Oetker Backin

Zum Bestreichen:
1 Eigelb
1 EL Milch

Für die Nikolausmützen:
100 g Marzipan-Rohmasse
65 g Puderzucker
1 TL Zitronensaft

Für die Gesichter:
etwa 50 g Puderzucker
1 EL Zitronensaft
etwas rote Speisefarbe
einige Zuckerperlen

1. Für den Teig Honig mit Zucker und Fett in einem Topf unter Rühren langsam erwärmen, bis Zucker und Fett gelöst sind. Die Honigmasse in einer Rührschüssel kalt stellen.

2. Den Backofen vorheizen.
Ober-/Unterhitze: etwa 180 °C, Heißluft: etwa 160 °C

3. Unter die fast erkaltete Masse mit einem Mixer (Rührstäbe) auf höchster Stufe Aroma, Zimt, Nelken und Eiweiß rühren. Mehl mit Backpulver mischen. Zwei Drittel davon portionsweise auf mittlerer Stufe kurz unterrühren. Den Teigbrei mit dem restlichen Mehlgemisch auf einer bemehlten Arbeitsfläche zu einem Teig verkneten, etwa ½ cm dick ausrollen.

4. Mit einer Sternform (5-zackig, Ø etwa 4½ cm) Sterne ausstechen und mit etwas Abstand auf Backbleche (mit Backpapier belegt) legen. Die Teigsterne mit verschlagener Eigelbmilch bestreichen. Die Backbleche nacheinander (bei Heißluft zusammen) in den vorgeheizten Backofen schieben. Die Sterne **etwa 10 Minuten je Backblech backen**.

5. Die Gebäcksterne mit dem Backpapier auf Kuchenroste ziehen. Gebäcksterne erkalten lassen.

6. Für die Mützen Marzipan mit 40 g Puderzucker verkneten, zwischen Frischhaltefolie so dünn ausrollen, dass 15 Kreise (Ø etwa 7 cm) ausgestochen werden können. Die Marzipankreise jeweils vierteln.

7. Restlichen Puderzucker (25 g) mit Zitronensaft zu einer dickflüssigen Masse verrühren. Jeweils eine Sternspitze mit dem Guss bestreichen, mit je einem Marzipanviertel (die runde Seite nach unten) einschlagen und etwas andrücken. Die Marzipanspitze leicht seitwärts biegen.

8. Für die Gesichter Puderzucker (50 g) mit Zitronensaft dünnflüssig verrühren, Guss halbieren. Eine Hälfte mit roter Speisefarbe färben. Weißen und roten Guss in je ein Pergamentpapiertütchen füllen und je eine Spitze abschneiden. Mit dem weißen und roten Guss Gesichter aufspritzen. Nikoläuse mit dem restlichen Guss verzieren und mit Zuckerperlen garnieren.

Pro Stück: E: 1 g, F: 2 g, Kh: 8 g, kJ: 214, kcal: 51, BE: 0,7

Mandel-Florentiner

45 Stück

Zubereitungszeit: 1 Stunde, ohne Abkühlzeit **Backzeit:** etwa 10 Minuten je Backblech
Haltbarkeit: 2–3 Wochen

Zum Vorbereiten:
50 g Orangeat
50 g Zitronat (Sukkade)

Zum Karamellisieren:
100 g Butter
100 g Zucker
3 EL flüssiger Honig
250 g Schlagsahne
250 g gehobelte Mandeln
50 g gehobelte Haselnusskerne

Für den Guss:
100 g Zartbitter-Schokolade
(etwa 50 % Kakaoanteil)
20 g Kokosfett

1. Zum Vorbereiten Orangeat und Zitronat sehr fein hacken.

2. Den Backofen vorheizen.
Ober-/Unterhitze: etwa 180 °C, Heißluft: etwa 160 °C

3. Zum Karamellisieren Butter, Zucker und Honig in einem
Topf zerlassen, dann etwa 5 Minuten bräunen lassen. Sahne
hinzufügen und so lange rühren, bis der Zucker gelöst ist.
Orangeat, Zitronat, Mandeln und Haselnüsse hinzufügen. Die
Masse bei schwacher Hitze köcheln lassen, bis sie gebunden ist.

4. Von der Masse mit 2 Teelöffeln Häufchen auf Backbleche
(gefettet, mit Backpapier belegt) setzen und etwas flach
drücken. Dabei genügend Abstand zwischen den Häufchen
lassen. Die Backbleche nacheinander (bei Heißluft zusammen)
in den vorgeheizten Backofen schieben. Die Florentiner **etwa
10 Minuten je Backblech backen**.

5. Die Backbleche aus dem Backofen nehmen. Die
Mandel-Florentiner evtl. mit großen, runden Ausstechförmchen
(Ø etwa 8½ cm) nachformen. Anschließend die Florentiner
vom Backpapier lösen und erkalten lassen.

6. Für den Guss Schokolade in kleine Stücke brechen. Zwei
Drittel davon mit dem Kokosfett in einem Topf im Wasserbad
bei schwacher Hitze unter Rühren schmelzen. Den Topf aus
dem Wasserbad nehmen und die restliche Schokolade darin
unter Rühren schmelzen.

7. Den Guss mit einem Pinsel auf die Unterseite der
Florentiner auftragen. Guss trocknen lassen.

Pro Stück: E: 2 g, F: 9 g, Kh: 6 g, kJ: 459, kcal: 110, BE: 0,5

Orangen-Schoko-Kekse

66 Stück

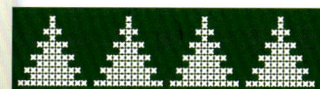

Zubereitungszeit: 25 Minuten, ohne Abkühlzeit **Kühlzeit:** etwa 1 Stunde
Backzeit: etwa 20 Minuten je Backblech **Haltbarkeit:** etwa 2 Wochen

Zum Vorbereiten:
50 g Zartbitter-Schokolade
(etwa 50 % Kakaoanteil)

Für den Teig:
100 g Butter oder Margarine
(zimmerwarm)
100 g Orangenmarmelade
(mit Stückchen)

70 g Zucker
1 Msp. Salz
1 Pck. Dr. Oetker Bourbon-Vanille-Zucker
200 g Weizenmehl
½ TL Dr. Oetker Backin
20 g gesiebter Backkakao

Zum Garnieren:
30 g Zartbitter-Schokolade
(etwa 50 % Kakaoanteil)

Nach Belieben:
30 g gehacktes Orangeat

1. Zum Vorbereiten die Schokolade in den Kühlschrank legen, anschließend gut gekühlt fein hacken.

2. Für den Teig Butter oder Margarine und Marmelade mit einem Mixer (Rührstäbe) geschmeidig rühren. Nach und nach Zucker, Salz und Vanille-Zucker unterrühren. So lange rühren, bis eine gebundene Masse entstanden ist.

3. Mehl mit Backpulver und Kakao mischen, mit dem Mixer (Knethaken) zunächst kurz auf niedrigster, dann auf höchster Stufe gut durcharbeiten. Anschließend auf einer leicht bemehlten Arbeitsfläche zu einem Teig verkneten.

4. Den Teig in 3 gleich große Portionen teilen. Auf der leicht bemehlten Arbeitsfläche aus jeder Teigportion eine etwa 22 cm lange Rolle (Ø 3 cm) formen. Die Rollen in Frischhaltefolie gewickelt etwa 1 Stunde in den Kühlschrank legen.

5. Den Backofen vorheizen.
Ober-/Unterhitze: etwa 180 °C, Heißluft: etwa 160 °C

6. Die Teigrollen mit einem Sägemesser in etwa 1 cm dicke Scheiben schneiden und mit etwas Abstand auf Backbleche (mit Backpapier belegt) legen. Die Backbleche nacheinander (bei Heißluft zusammen) in den vorgeheizten Backofen schieben. Die Kekse **etwa 20 Minuten je Backblech backen**.

7. Die Kekse mit dem Backpapier auf Kuchenroste ziehen und erkalten lassen.

8. Zum Garnieren die Schokolade in kleine Stücke brechen. Zwei Drittel davon in einem Topf im Wasserbad bei schwacher Hitze unter Rühren schmelzen lassen. Den Topf aus dem Wasserbad nehmen und die restliche Schokolade darin unter Rühren schmelzen.

9. Die geschmolzene Schokolade in einen Gefrierbeutel füllen. Vom Gefrierbeutel eine kleine Ecke abschneiden. Auf jeden Keks einen kleinen Klecks Schokolade geben und nach Belieben mit Orangeat garnieren. Anschließend die Schokolade trocknen lassen.

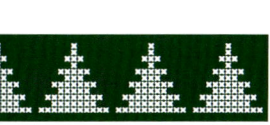

Salzig-süße
Macadamia-Cookies

8–9 große Cookies

Zubereitungszeit: 25 Minuten **Backzeit:** 12–15 Minuten
Haltbarkeit: etwa 2 Wochen

Zum Vorbereiten:
75 g Zartbitter-Schokolade
(etwa 50 % Kakaoanteil)
50 g Macadamia-Nusskerne,
geröstet und gesalzen

Für den Teig:
80 g Butter (zimmerwarm)
75 g Zucker
1 Pck. Dr. Oetker Vanillin-Zucker
1 Ei (Größe S)
125 g Weizenmehl
1 gestr. TL Dr. Oetker Backin
20 g Speisestärke
10 g gesiebter Backkakao

Zum Bestreuen:
etwas grobes Salz, z. B. Fleur de Sel

1. Zum Vorbereiten Schokolade und Macadamia-Nusskerne in gröbere Stücke hacken.

2. Den Backofen vorheizen.
Ober-/Unterhitze: etwa 180 °C, Heißluft: etwa 160 °C

3. Für den Teig Butter mit Zucker und Vanillin-Zucker in eine Rührschüssel geben. Die Zutaten mit einem Mixer (Rührstäbe) zunächst kurz auf niedrigster, dann auf höchster Stufe schaumig schlagen. Das Ei hinzugeben und etwa 1 Minute unterschlagen.

4. Mehl mit Backpulver, Speisestärke und Kakao gut vermischen. Die Mehl-Kakao-Mischung auf die Butter-Ei-Masse geben und mit einem Teigschaber unterheben. Zuletzt Schokolade und Nusskerne unterheben.

5. Den Teig mit 2 Esslöffeln oder einem Eisportionierer in gleich großen, runden Häufchen auf ein Backblech (gefettet, mit Backpapier belegt) setzen. Dabei genügend Abstand zwischen den Teighäufchen lassen. Die Teighäufchen mit einem in Wasser getauchten Löffel zu flachen Cookies verstreichen. Die Cookies mit etwas Salz bestreuen. Das Backblech in den vorgeheizten Backofen schieben. Die Macadamia-Cookies **12–15 Minuten backen.**

6. Das Backblech auf einen Kuchenrost stellen. Die Macadamia-Cookies darauf erkalten lassen.

Tipp: Wenn Sie lieber kleinere Cookies backen möchten, reduziert sich die Backzeit je nach Cookiegröße um einige Minuten und Sie benötigen 2 Backbleche.

Pro Stück: E: 4 g, F: 16 g, Kh: 24 g, kJ: 1088, kcal: 260, BE: 2,0

Aprikosen-Apfel-Rauten

25 Stück

Zubereitungszeit: 1 Stunde, ohne Kühlzeit **Backzeit:** etwa 20 Minuten
Haltbarkeit: etwa 2 Wochen

Für den Knetteig:
300 g Weizenmehl
125 g Zucker
2 Pck. Dr. Oetker Bourbon-
Vanille-Zucker
1 Prise Salz
200 g Butter oder Margarine

Für die Füllung:
200 g getrocknete Aprikosen
100 g getrocknete Apfelringe
100 g gehackte Mandeln
6–7 EL Amaretto oder Orangenlikör

Zum Bestreichen und Bestreuen:
100 g weiße Kuvertüre

1. Für den Teig Mehl in eine Rührschüssel geben. Restliche Zutaten hinzufügen und mit einem Mixer (Knethaken) zunächst kurz auf niedrigster, dann auf höchster Stufe gut durcharbeiten. Anschließend auf einer leicht bemehlten Arbeitsfläche kurz zu einem Teig verkneten. Den Teig in Frischhaltefolie etwa 30 Minuten in den Kühlschrank legen.

2. In der Zwischenzeit für die Füllung Aprikosen und Apfelringe sehr fein hacken. Die Mandeln evtl. noch feiner hacken. Die zerkleinerten Trockenfrüchte und die Mandeln mit Amaretto oder Orangenlikör verrühren.

3. Den Backofen vorheizen.
Ober/Unterhitze: etwa 180 °C, Heißluft: etwa 160 °C

4. Die Hälfte des Teiges auf einem Backblech (gefettet) zu einem Quadrat (20 x 20 cm) ausrollen. Das Teigquadrat vorsichtig mit der Fruchtfüllung bestreichen.

5. Die andere Hälfte des Teiges auf einer leicht bemehlten Arbeitsfläche ebenfalls zu einem Quadrat (20 x 20 cm)

ausrollen, dann vorsichtig auf Backpapier aufrollen, auf der Fruchtfüllung wieder abrollen, leicht andrücken.

6. Das Backblech in den vorgeheizten Backofen schieben. Das Gebäck **etwa 20 Minuten backen**.

7. Das Backblech auf einen Kuchenrost stellen. Das Gebäck noch warm mit einem scharfen Messer in etwa 25 Rauten schneiden und diese anschließend auf einem Kuchenrost erkalten lassen.

8. Zum Bestreichen und Bestreuen die Hälfte der Kuvertüre auf einer Küchenreibe fein hobeln. Die restliche Kuvertüre grob hacken und in einem Topf im Wasserbad bei schwacher Hitze unter Rühren geschmeidig rühren. Die Oberfläche der Rauten mit etwas geschmolzener Kuvertüre bestreichen und mit gehobelter Kuvertüre bestreuen.

Tipp: Möchten Sie die Aprikosen-Apfel-Rauten ohne Alkohol zubereiten, können Sie anstelle von Amaretto oder Orangenlikör auch Apfel- oder Orangensaft verwenden.

Pro Stück: E: 3 g, F: 11 g, Kh: 24 g, kJ: 899, kcal: 215, BE: 2,0

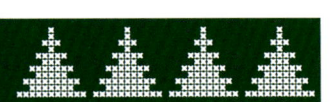

Tannenbäumchen

----

24 Stück

Zubereitungszeit: 1½ Stunden, ohne Abkühlzeit **Kühlzeit:** etwa 1 Stunde
Backzeit: 5–7 Minuten je Backblech **Haltbarkeit:** etwa 2 Wochen

Für den Knetteig:
200 g Weizenmehl
80 g Puderzucker
1 Prise Salz
½ Pck. Dr. Oetker Finesse
Orangenschalen-Aroma
150 g Butter oder Margarine
1 Eigelb (Größe M)
1 EL kaltes Wasser

Für die Füllung:
2 Stängel Rosmarin
150 g weiße Schokolade
30 g Blütenhonig
25 g Kokosfett
grünes Speisefarbenpulver

Zum Garnieren:
24 Zuckerperlen

1. Für den Teig alle Zutaten in einer Rührschüssel mit einem Mixer (Knethaken) zunächst kurz auf niedrigster, dann auf höchster Stufe gut durcharbeiten. Dann auf einer leicht bemehlten Arbeitsfläche kurz zu einem Teig verkneten. Den Teig in Frischhaltefolie gewickelt etwa 1 Stunde in den Kühlschrank legen.

2. Den Backofen vorheizen.
Ober-/Unterhitze: etwa 180 °C, Heißluft: etwa 160 °C

3. Den Teig portionsweise auf der leicht bemehlten Arbeitsfläche etwa 2 mm dick ausrollen. Jeweils 24 Sterne mit einem Durchmesser von je 7 cm, 6 cm, 5 cm, 4 cm und 3 cm ausstechen. Die Sterne mit genügend Abstand auf Backbleche (mit Backpapier belegt) legen. Dabei jeweils gleich große Sterne auf ein Backblech legen.

4. Die Backbleche aufgrund der unterschiedlichen Backzeiten nacheinander in den vorgeheizten Backofen schieben. Größere Sterne (Ø 7 cm und 6 cm) **etwa 7 Minuten**, kleinere Sterne (Ø 5 cm, 4 cm und 3 cm) **5–6 Minuten backen**.

5. Die Sterne mit dem Backpapier auf Kuchenroste ziehen und erkalten lassen.

6. Für die Füllung Rosmarin abspülen, trocken tupfen, die Nadeln abzupfen und sehr fein hacken. Schokolade fein hacken. Honig und gehackten Rosmarin in einem kleinen Topf aufkochen. Das Kokosfett unterrühren. Den Topf von der Kochstelle nehmen, die Masse mit Speisefarbe grün färben. Nach und nach die gehackte Schokolade mit einem Kochlöffel unterrühren und schmelzen lassen.

7. Die Füllung in einen Gefrierbeutel füllen, eine Ecke abschneiden. Jeweils 5 unterschiedlich große Sterne mit der Füllung zu einem Tannenbäumchen zusammensetzen. Zum Schluss auf jedes Tannenbäumchen einen kleinen Tupfen Füllung spritzen und mit einer Zuckerperle garnieren. Die restliche Füllung nach Belieben kreisförmig auf die Tannenbäumchen spritzen. Die Füllung fest werden lassen.

Pro Stück: E: 1 g, F: 8 g, Kh: 15 g, kJ: 601, kcal: 144, BE: 1,5

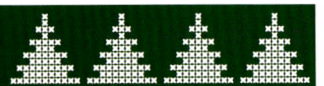

Frucht-Bärentatzen

70 Stück

Zubereitungszeit: 35 Minuten, ohne Abkühlzeit **Backzeit:** 12–15 Minuten je Form
Haltbarkeit: etwa 2 Wochen

Für den Rührteig:
*100 g Butter oder Margarine
(zimmerwarm)
50 getrocknete Mangostreifen
50 g Orangeat
50 g Zitronat (Sukkade)
100 g feiner Zucker
1 Pck. Dr. Oetker Vanillin-Zucker
4 Tropfen Zitronen-Aroma*

*2 Eier (Größe M)
100 g Weizenmehl
1 gestr. TL Dr. Oetker Backin
1 EL Orangenlikör oder
Apfel-Mango-Saft*

Für den Guss:
*125 g Puderzucker
2 EL Orangenlikör oder
Apfel-Mango-Saft
evtl. etwa 70 Gold-Zuckerperlen*

Außerdem:
*Bärentatzen- oder Madeleine-Formen
(20-er Backblech, etwa 39 x 13 cm)*

1. Für den Teig Butter oder Margarine in einem Topf zerlassen, in eine Rührschüssel geben und abkühlen, aber nicht fest werden lassen. Mangostreifen in sehr kleine Würfel schneiden. Orangeat und Zitronat ebenfalls klein würfeln.

2. Den Backofen vorheizen.
Ober-/Unterhitze: etwa 180 °C, Heißluft: etwa 160 °C

3. Die Butter oder Margarine mit einem Mixer (Rührstäbe) auf höchster Stufe weiß-schaumig schlagen. Nach und nach Zucker und Vanillin-Zucker unterrühren. So lange rühren, bis eine gebundene Masse entstanden ist. Zitronen-Aroma unterrühren.

4. Die Eier nach und nach unterrühren (jedes Ei etwa ½ Minute). Mehl mit Backpulver mischen und auf mittlerer Stufe kurz unterrühren. Orangenlikör oder Saft mit den Fruchtwürfeln unterheben.

5. Jeweils 1 Teelöffel Teig in die Vertiefungen der Tatzen- oder Madeleineformen (gefettet, bemehlt) geben. Die Formen nacheinander (bei Heißluft 2 Formen zusammen) auf dem Rost in den vorgeheizten Backofen schieben. Die Bärentatzen **12–15 Minuten je Form backen**.

6. Die Formen auf mit Backpapier belegte Kuchenroste stürzen, sodass die Tatzen herausfallen. Die Formen abheben.

7. Für den Guss Puderzucker mit Likör oder Saft zu einer dickflüssigen Masse verrühren. Die Bärentatzen sofort auf der geformten Seite mit dem Guss bestreichen. Nach Belieben mit Gold-Zuckerperlen garnieren. Die Bärentatzen erkalten und den Guss trocknen lassen.

Variante: Für **klassische Bärentatzen** aus 150 g Butter, 150 g Zucker, 2–3 Tropfen Rum-Aroma, 3 Eiern (Größe M), 125 g Weizenmehl, 2 gestr. Teelöffeln Dr. Oetker Backin, 50 g ger. Zartbitter-Schokolade, 50 g nicht abgezogenen, gem. Mandeln und 1 Teelöffel gem. Zimt einen Rührteig zubereiten, wie beschrieben in die Formen geben. Die Tatzen bei gleicher Backtemperatur 15–20 Minuten backen. Erkaltete Tatzen zur Hälfte in 125 g geschmolzene Kuchenglasur tauchen.

Pro Stück: E: 1 g, F: 2 g, Kh: 6 g, kJ: 165, kcal: 40, BE: 0,5

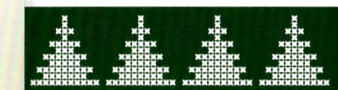

Zedernbrot

50 Stück

Zubereitungszeit: 45 Minuten, ohne Abkühlzeit **Backzeit:** etwa 30 Minuten je Backblech
Haltbarkeit: etwa 2 Wochen

Für den Teig:
2 Eiweiß (Größe M)
250 g Puderzucker
1 Pck. Dr. Oetker Vanillin-Zucker
1 TL Zitronensaft
*1 Pck. Dr. Oetker Finesse Geriebene
Zitronenschale*
etwa 400 g abgezogene, gem. Mandeln
etwas Puderzucker zum Ausrollen

Für den Guss:
150 g Puderzucker
2–3 EL Zitronensaft

1. Den Backofen vorheizen.
Ober-/Unterhitze: etwa 130 °C, Heißluft: etwa 110 °C

2. Für den Teig Eiweiß mit einem Mixer (Rührstäbe) auf
höchster Stufe so steif schlagen, dass ein Messerschnitt
sichtbar bleibt. Puderzucker mit Vanillin-Zucker mischen,
nach und nach unterschlagen und so lange schlagen, bis der
Eischnee stark glänzt.

3. Zitronensaft, -schale und die Hälfte der Mandeln unterrühren. Von den restlichen Mandeln so viel unter die Eischnee-
Mandel-Masse kneten, dass der Teig kaum noch klebt.

4. Den Teig auf einer mit Puderzucker bestäubten Arbeitsfläche etwa 1 cm dick ausrollen. Daraus mit Ausstechformen
Halbmonde ausstechen. Die Teigreste evtl. wieder zusammenkneten, erneut ausrollen und weitere Halbmonde ausstechen,
so lange, bis der Teig aufgebraucht ist.

5. Die Halbmonde auf Backbleche (mit Backpapier belegt)
legen. Dabei genügend Abstand zwischen den Plätzchen lassen.
Die Backbleche nacheinander (bei Heißluft zusammen) in
den vorgeheizten Backofen schieben. Das Zedernbrot **etwa
30 Minuten je Backblech backen**.

6. Das Zedernbrot mit dem Backpapier auf Kuchenroste
ziehen und erkalten lassen.

7. Für den Guss Puderzucker mit Zitronensaft zu einem
dickflüssigen, streichfähigen Guss verrühren. Das Zedernbrot
mit einem breiten Messer damit bestreichen. Den Guss
trocknen lassen.

Tipp: Zum Ausrollen können Sie statt des Puderzuckers
auch die restlichen Mandeln verwenden.

Pro Stück: E: 2 g, F: 4 g, Kh: 9 g, kJ: 336, kcal: 80, BE: 0,5

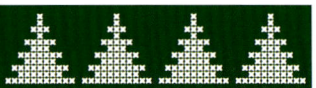

Zimtsterne

----

40 Stück

Zubereitungszeit: 1 Stunde **Backzeit:** etwa 25 Minuten je Backblech
Haltbarkeit: etwa 2 Wochen

Für den Teig:
3 Eiweiß (Größe M)
250 g Puderzucker
1 Pck. Dr. Oetker Vanillin-Zucker
1 gestr. TL gem. Zimt
etwa 400 g nicht abgezogene,
gem. Mandeln oder Haselnusskerne

Zum Bestäuben der Arbeitsfläche:
etwas Puderzucker

1. Den Backofen vorheizen.
Ober-/Unterhitze: etwa 140 °C, Heißluft: etwa 120 °C

2. Für den Teig Eiweiß mit einem Mixer (Rührstäbe) auf höchster Stufe so steif schlagen, dass ein Messerschnitt sichtbar bleibt. Nach und nach den Puderzucker unterschlagen und so lange schlagen, bis der Eischnee stark glänzt. Zum Bestreichen der Sterne 2 gut gehäufte Esslöffel Eischnee abnehmen und beiseitestellen.

3. Vanillin-Zucker, Zimt und etwa 150 g von den Mandeln oder Haselnusskernen vorsichtig auf niedrigster Stufe unter den restlichen Eischnee rühren. Von den restlichen Mandeln oder Haselnusskernen so viel mit den Händen unter den Teig kneten, dass er kaum noch klebt.

4. Den Teig auf einer mit Puderzucker bestäubten Arbeitsfläche gut ½ cm dick ausrollen. Daraus mit einer Ausstechform Sterne ausstechen. Die Teigreste evtl. wieder zusammenkneten, erneut ausrollen und weitere Sterne ausstechen – so oft, bis

der Teig aufgebraucht ist. Die Sterne mit etwas Abstand auf Backbleche (gefettet, mit Backpapier belegt) legen. Dabei genügend Abstand zwischen den Sternen lassen.

5. Die Sterne mit dem beiseitegestellten Eischnee bestreichen. Der Eischnee soll sich glatt auf die Sterne streichen lassen, evtl. einige Tropfen Wasser unterrühren.

6. Die Backbleche nacheinander (bei Heißluft zusammen) in den vorgeheizten Backofen schieben. Die Zimtsterne **etwa 25 Minuten je Backblech backen**.

7. Die gebackenen Zimtsterne mit dem Backpapier auf Kuchenroste ziehen. Die Zimtsterne müssen sich beim Herausnehmen auf der Unterseite noch etwas weich anfühlen. Zimtsterne erkalten lassen.

Tipps: Die Sterne lassen sich besser ausstechen, wenn Sie die Ausstechform vorher immer in Wasser tauchen. Sie können aus dem Teig auch kleine Stangen ausschneiden.

Pro Stück: E: 2 g, F: 6 g, Kh: 7 g, kJ: 371, kcal: 89, BE: 0,5

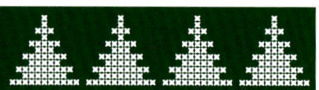

Sanddorn-Schnitten

64 Stück

Zubereitungszeit: 25 Minuten **Trockenzeit:** 10 Stunden oder über Nacht
Backzeit: 25–30 Minuten je Backblech **Haltbarkeit:** etwa 2 Wochen

Für die Eischneemasse:
2 Eiweiß (Größe M)
160 g feiner Zucker
1 EL Zitronensaft
1 Pck. Dr. Oetker Bourbon-
Vanille-Zucker
200 g abgezogene, gem. Mandeln
3 EL Sanddornmark

4 viereckige Oblaten (je 10 x 16 cm)

1. Für die Eischneemasse Eiweiß mit einem Mixer (Rührstäbe) auf höchster Stufe steif schlagen. Der Schnee muss so fest sein, dass ein Messerschnitt sichtbar bleibt. Nach und nach den Zucker unterschlagen und so lange schlagen, bis der Eischnee stark glänzt.

2. Zitronensaft, Vanille-Zucker, Mandeln und Sanddornmark vorsichtig auf niedrigster Stufe unterrühren.

3. Die Oblaten etwa fingerdick mit der Eischneemasse bestreichen. Die Oblatenschnitten etwa 10 Stunden, am besten über Nacht, trocknen lassen.

4. Den Backofen vorheizen.
Ober-/Unterhitze: 140 °C, Heißluft: 120 °C

5. Jede Oblatenschnitte mit einem in Wasser getauchten Sägemesser zunächst einmal längs und dann 8-mal quer in Streifen schneiden, sodass aus jeder Oblatenschnitte 16 kleine Schnitten entstehen.

6. Die Schnitten mit etwas Abstand auf Backbleche (mit Backpapier belegt) legen. Die Backbleche nacheinander (bei Heißluft zusammen) in den vorgeheizten Backofen schieben. Die Sanddorn-Schnitten **25–30 Minuten je Backblech backen.**

7. Die Sanddorn-Schnitten mit dem Backpapier von den Backblechen auf Kuchenroste ziehen und erkalten lassen.

Tipp: Zum Garnieren 2 Esslöffel Sanddornmark glatt rühren, in einen Gefrierbeutel füllen und eine kleine Spitze abschneiden. Die Schnitten vor dem Backen mit dem Sanddornmark besprenkeln.

Pro Stück: E: 1 g, F: 2 g, Kh: 3 g, kJ: 129, kcal: 31, BE: 0,5

snow
Kisses

Snow Kisses

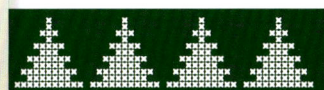

----

50 Stück

Zubereitungszeit: 1 Stunde, ohne Kühl- und Trockenzeit **Backzeit:** etwa 25 Minuten
Haltbarkeit: etwa 2 Wochen

Für die Trüffelmasse:
200 g weiße Kuvertüre
50 g Schlagsahne
2–3 EL Apricot Brandy

Für die Eischneemasse:
3 Eiweiß (Größe M)
1 Prise Salz
150 g Zucker
50 g Weizenmehl
200 g gem. Walnusskerne

Zum Bestreuen:
20 g sehr fein gehackte Pistazienkerne

1. Für die Trüffelmasse Kuvertüre in kleine Stücke hacken und mit der Sahne in einem Topf im Wasserbad bei schwacher Hitze zu einer geschmeidigen Masse verrühren. Apricot Brandy unterrühren. Den Topf aus dem Wasserbad nehmen. Die Trüffelmasse in einen hohen Rührbecher umfüllen und im kalten Wasserbad unter Rühren erkalten lassen oder etwa 1 Stunde in den Kühlschrank stellen.

2. Für die Eischneemasse Eiweiß und Salz mit einem Mixer (Rührstäbe) auf höchster Stufe so steif schlagen, dass ein Messerschnitt sichtbar bleibt. Zucker nach und nach unterschlagen. So lange schlagen, bis der Eischnee stark glänzt.

3. Das Mehl sorgfältig mit den Walnusskernen mischen. Die Mehl-Nuss-Mischung in 3 Portionen vorsichtig unter den Eischnee heben. Die Masse in einen Spritzbeutel mit großer Lochtülle (Ø 1 cm) füllen und etwa 100 Tupfen auf 2 Backbleche (gefettet, mit Backpapier belegt) spritzen. Die hochstehenden Spitzen evtl. mit einem in Wasser getauchten Löffel flach drücken. Die Makrönchen etwa 1 Stunde bei Zimmertemperatur trocknen lassen.

4. Den Backofen vorheizen.
Ober-/Unterhitze: etwa 140 °C, Heißluft: etwa 120 °C

5. Das Backblech in den vorgeheizten Backofen schieben. Die Makrönchen **etwa 25 Minuten backen**. Sollten sie zu braun werden, die Hitze etwas reduzieren.

6. Die Makrönchen mit dem Backpapier auf einen Kuchenrost ziehen und erkalten lassen.

7. Die kalte Trüffelmasse mit dem Mixer (Rührstäbe) aufschlagen (nicht zu lange schlagen, da die Creme sonst gerinnt). Die Trüffelmasse in einen Spritzbeutel (mit möglichst kleiner Sterntülle) geben. Die Hälfte der Makrönchen auf der Unterseite damit bespritzen. Die nicht bespritzen Makrönchen mit der Unterseite daraufsetzen und so andrücken, dass die Trüffelmasse leicht herausgedrückt wird. Die gefüllten Makrönchen mit dem Trüffelrand unter Drehen leicht in die Pistazien drücken.

Tipp: Sie können den Apricot Brandy einfach weglassen.

Pro Stück: E: 1 g, F: 5 g, Kh: 6 g, kJ: 314, kcal: 75, BE: 0,5

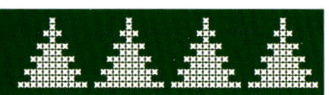 

Mandel-Cranberry-Makronen

40 Stück

Zubereitungszeit: 20 Minuten **Backzeit:** etwa 25 Minuten je Backblech
Haltbarkeit: etwa 2 Wochen

Zum Vorbereiten:
50 g getrocknete Cranberrys

Für die Eischneemasse:
2 Eiweiß (Größe M)
100 g feiner Zucker
1 Msp. gem. Zimt
2 Tropfen Bittermandel-Aroma
100 g abgezogene, gem. Mandeln
50 g gehackte Mandeln

1. Zum Vorbereiten die Cranberrys sehr fein hacken und beiseitestellen.

2. Den Backofen vorheizen.
Ober-/Unterhitze: etwa 140 °C, Heißluft: etwa 120 °C

3. Für die Eischneemasse Eiweiß in einer Rührschüssel mit einem Mixer (Rührstäbe) auf höchster Stufe so steif schlagen, dass ein Messerschnitt sichtbar bleibt. Nach und nach Zucker, Zimt und Aroma kurz unterschlagen.

4. Gemahlene und gehackte Mandeln mit den gehackten Cranberrys vorsichtig unter den Eischnee heben.

5. Die Mandel-Cranberry-Masse mit 2 Teelöffeln in gleich großen Häufchen auf Backbleche (gefettet, mit Backpapier belegt) setzen. Dabei genügend Abstand zwischen den Eischneehäufchen lassen. Die Backbleche nacheinander (bei Heißluft zusammen) in den vorgeheizten Backofen schieben. Die Makronen **etwa 25 Minuten je Backblech backen**.

6. Die Makronen mit dem Backpapier von den Blechen auf Kuchenroste ziehen und erkalten lassen.

Tipps: Die Makronen vor dem Backen zusätzlich mit einigen gehackten Mandeln und Cranberrys bestreuen. Die Zugabe von 1 Esslöffel Speisestärke macht die Makronen etwas stabiler.

Varianten: Für einfache **Mandelmakronen** lassen Sie die Cranberrys einfach weg und erhöhen die Menge der gehackten Mandeln auf 75 g. Für **Haselnussmakronen** lassen Sie die Cranberrys weg. Ersetzen Sie die gemahlenen Mandeln durch die gleiche Menge gemahlene Haselnusskerne und die gehackten Mandeln durch 75 g gehackte Haselnusskerne. Für **Kokosmakronen** ersetzen Sie das Bittermandel-Aroma durch 1 Päckchen Dr. Oetker Vanillin-Zucker. Statt der Mandeln nehmen Sie insgesamt nur 100 g leicht geröstete Kokosraspel.

Pro Stück: E: 1 g, F: 2 g, Kh: 4 g, kJ: 152, kcal: 36, BE: 0,3

Karottenlebkuchen

----

30 Stück

Zubereitungszeit: 45 Minuten **Ruhezeit:** über Nacht
Backzeit: etwa 20 Minuten **Haltbarkeit:** etwa 2 Wochen

Für den Teig:
5 Eier (Größe M)
50 g Zucker
4 g Hirschhornsalz
250 g gem. Haselnusskerne
*50 g fein gewürfeltes Zitronat
(Sukkade)*
50 g fein gewürfeltes Orangeat
1 Pck. (15 g) Lebkuchengewürz
125 g fein geraspelte Karotten (Möhren)

100 g Weizenmehl
100 g Weizen-Vollkornmehl

etwa 30 Oblaten (Ø 7 cm)

Zum Garnieren:
etwa 30 ganze Haselnusskerne
etwa 5 getrocknete Soft-Aprikosen
125 g Kuchenglasur Dunkel
100 g Kuchenglasur Haselnuss

Außerdem:
*1 sehr kleine Stern-Ausstechform
(Ø 1–1 ½ cm)*

1. Für den Teig Eier, Zucker und Hirschhornsalz mit einem Mixer (Rührstäbe) auf höchster Stufe schaumig rühren. Haselnüsse, Zitronat, Orangeat, Gewürz, Karotten und beide Mehlsorten hinzufügen. Die Zutaten auf niedrigster Stufe unterrühren. Den Teig zugedeckt über Nacht kalt stellen.

2. Den Backofen vorheizen.
Ober-/Unterhitze: etwa 200 °C, Heißluft: etwa 180 °C

3. Auf je eine Oblate einen gehäuften Esslöffel Teig geben, mit einem in Wasser getauchten Messer kuppelförmig verstreichen. Die Lebkuchen auf ein Backblech (mit Backpapier belegt) legen. Das Backblech in den vorgeheizten Backofen schieben. Die Karottenlebkuchen **etwa 20 Minuten backen**.

4. Die Karottenlebkuchen mit dem Backpapier auf einen Kuchenrost ziehen und erkalten lassen.

5. Zum Garnieren Haselnusskerne halbieren. Aus den Aprikosen mit der Ausstechform Sternchen ausstechen. 100 g dunkle Glasur und 100 g Haselnussglasur getrennt nach Packungsanleitung schmelzen.

6. Die Hälfte der Lebkuchen mit dunkler, die andere Hälfte mit Haselnussglasur bestreichen. Die dunklen Lebkuchen sofort mit halbierten Haselnusskernen und Aprikosensternchen garnieren. Glasuren trocknen lassen.

7. Die restliche dunkle Glasur schmelzen und einen kleinen Gefrierbeutel füllen. Eine kleine Ecke abschneiden. Die hellen Lebkuchen mit Glasurspiralen garnieren und trocknen lassen.

Nougatstangen

35 Stück

Zubereitungszeit: 1 Stunde, ohne Abkühlzeit **Backzeit:** 8–10 Minuten je Backblech
Haltbarkeit: etwa 2 Wochen

Für den Rührteig:
*225 g Butter oder Margarine
(zimmerwarm)
100 g Puderzucker
1 Pck. Dr. Oetker Vanillin-Zucker
2 Msp. gem. Zimt
3 Eigelb (Größe M)*

*200 g Weizenmehl
40 g gesiebter Backkakao
1 gestr. TL Dr. Oetker Backin
125 g geröstete,
gem. Haselnusskerne*

Für die Füllung:
100 g Nuss-Nougat

Für den Guss:
*150 g Zartbitter-Schokolade
(etwa 50 % Kakaoanteil)
2 TL Speiseöl, z. B. Sonnenblumenöl*

1. Den Backofen vorheizen.
Ober-/Unterhitze: etwa 180 °C, Heißluft: etwa 160 °C

2. Für den Teig Butter oder Margarine mit einem Mixer (Rührstäbe) auf höchster Stufe geschmeidig rühren. Nach und nach Puderzucker, Vanillin-Zucker und Zimt unterrühren. So lange rühren, bis eine gebundene Masse entstanden ist.

3. Eigelb nach und nach unterrühren. Mehl mit Kakao und Backpulver mischen, in 2 Portionen auf mittlerer Stufe kurz unterrühren. Zuletzt die Haselnusskerne unterheben.

4. Den Teig in einen Spritzbeutel mit großer Sterntülle füllen. 70 etwa 4 cm lange Streifen auf Backbleche (gefettet, mit Backpapier belegt) spritzen, dabei genügend Abstand zwischen den Streifen lassen. Die Backbleche nacheinander (bei Heißluft zusammen) in den vorgeheizten Backofen schieben. Die Plätzchen **8–10 Minuten je Backblech backen**.

5. Die Plätzchen mit dem Backpapier von den Backblechen auf Kuchenroste ziehen. Plätzchen erkalten lassen.

6. Für die Füllung Nuss-Nougat in Stücke schneiden, in einem Topf im Wasserbad bei schwacher Hitze unter Rühren schmelzen. Die Hälfte der Plätzchen auf der Unterseite damit bestreichen. Die restlichen Plätzchen mit der Unterseite darauflegen und gut andrücken.

7. Für den Guss die Schokolade in kleine Stücke brechen. Zwei Drittel davon mit dem Speiseöl in einem Topf im Wasserbad bei schwacher Hitze unter Rühren schmelzen. Den Topf aus dem Wasserbad nehmen und die restliche Schokolade darin unter Rühren schmelzen. Die Plätzchenenden in die Kuvertüre tauchen, abtropfen lassen und auf Backpapier legen. Schokolade fest werden lassen.

Tipps: Vor dem Servieren Nougatstangen mit Puderzucker bestäuben. Statt in einen Spritzbeutel können Sie den Teig in den Fleischwolf mit Sternvorsatz geben und in Stücke von 4 cm Länge schneiden.

Pro Stück: E: 2 g, F: 11 g, Kh: 11 g, kJ: 633, kcal: 151, BE: 0,9

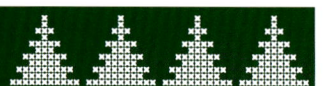

Kulleraugen

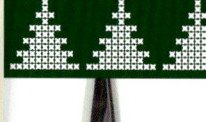

140 Stück

Zubereitungszeit: 40 Minuten, ohne Abkühlzeit **Kühlzeit:** 1–2 Stunden
Backzeit: etwa 15 Minuten je Backblech **Haltbarkeit:** etwa 2 Wochen

Für den Knetteig:
250 g Weizenmehl
1 gestr. TL Dr. Oetker Backin
100 g Zucker
1 Pck. Dr. Oetker Vanillin-Zucker
1 Prise Salz
3 Eigelb (Größe M)

150 g Butter oder Margarine
(zimmerwarm)

2 Eiweiß zum Bestreichen
75 g gehackte Mandeln

Für die Füllung:
6 EL rotes Gelee
1 EL Wasser

1. Für den Teig Mehl mit Backpulver in einer Rührschüssel mischen. Zucker, Vanillin-Zucker, Salz, Eigelb und Butter oder Margarine hinzufügen. Die Zutaten mit einem Mixer (Knethaken) zunächst kurz auf niedrigster, dann auf höchster Stufe gut durcharbeiten.

2. Anschließend auf einer leicht bemehlten Arbeitsfläche kurz zu einem Teig verkneten. Aus dem Teig 7 Rollen (je etwa 40 cm lang) formen. Die Teigrollen in Frischhaltefolie gewickelt 1–2 Stunden in den Kühlschrank legen.

3. Den Backofen vorheizen.
Ober-/Unterhitze: etwa 180 °C, Heißluft: etwa 160 °C

4. Teigrollen mit einem scharfen Messer in etwa 2 cm dicke Scheiben schneiden und jeweils zu einer Kugel formen.

5. Eiweiß verschlagen. Jede Teigkugel zuerst mit einer Seite in das Eiweiß tauchen, dann in die Mandeln drücken. Die Kugeln mit der nicht bemandelten Teigseite auf Backbleche (mit Backpapier belegt) legen. Dabei genügend Abstand zwischen den Kugeln lassen. In jede Kugel mit einem Rührlöffelstiel

eine Vertiefung drücken. Die Backbleche nacheinander (bei Heißluft zusammen) in den vorgeheizten Backofen schieben. Die Kulleraugen **etwa 15 Minuten je Backblech backen**.

6. Die Kulleraugen mit dem Backpapier auf Kuchenroste ziehen. Kulleraugen erkalten lassen.

7. Für die Füllung Gelee mit Wasser in einem Topf unter Rühren aufkochen lassen. Die Geleemasse mit einem Teelöffel in die Vertiefungen füllen.

Tipp: Als Gelee eignet sich am besten Johannisbeer- oder Himbeergelee. Sie können die Kulleraugen aber auch mit gelber Konfitüre, die vorher durch ein Sieb gestrichen wurde, füllen. Sollte das Gelee zu fest werden, erwärmen Sie es einfach nochmal.

Variante: Für **Katzenaugen** drücken Sie die Kugeln statt in Mandeln in gehackte Pinienkerne und füllen sie statt mit Gelee mit Kiwi- oder Stachelbeerkonfitüre. Die Konfitüre am besten durch ein Sieb streichen und ebenfalls mit 1 Esslöffel Wasser kurz aufkochen.

Pro Stück: E: 0 g, F: 1 g, Kh: 3 g, kJ: 105, kcal: 25, BE: 0,2

Stollen, *Striezel*
& süße Brote

Schon vor dem ersten Advent wird der Stollen gebacken und in sein weißes Puderzuckerkleid gehüllt. Das Früchtebrot ist bereits fertig. Gut verpackt reifen beide langsam vor sich hin, um beim ersten Anschnitt mit perfektem Aroma zu begeistern.

Weihnachtliches Früchtebrot

2 Brote

Zubereitungszeit: 20 Minuten **Einweichzeit:** 2–3 Stunden **Backzeit:** 25–30 Minuten
Haltbarkeit: etwa 6 Wochen

Zum Vorbereiten:
250 g getrocknetes Mischobst
175 g getrocknete Cranberrys
175 ml Wasser

Für den Teig:
25 g ganze oder gehackte
Pistazienkerne
50 g ganze Mandelkerne
50 g nicht abgezogene, gem. Mandeln
75 g Weizen-Vollkornmehl
2 gestr. TL Lebkuchengewürz
½ gestr. TL gem. Zimt
1 Msp. gem. Nelken
1 Msp. gem. Kardamom

Zum Garnieren:
4 Belegkirschen
32 geschälte Mandelkerne

etwas Wasser zum Bestreichen

1. Zum Vorbereiten Mischobst und Cranberrys in ein Sieb geben und abspülen. Das Wasser zum Kochen bringen. Früchte je nach Größe halbieren oder vierteln (Cranberrys ganz lassen) und in einen Topf geben. Das kochende Wasser auf die Früchte gießen. Topf mit einem Deckel verschließen und die Früchte 2–3 Stunden einweichen lassen. Dabei gelegentlich wenden.

2. Den Backofen vorheizen.
Ober-/Unterhitze: etwa 180 °C, Heißluft: etwa 160 °C

3. Für den Teig die eingeweichten Früchte mit dem Einweichwasser in eine Rührschüssel geben. Pistazien, beide Sorten Mandeln, Mehl und Gewürze zu den Früchten geben und mit den Händen vorsichtig zu einem Teig verkneten.

4. Den Teig in 2 gleich große Portionen teilen. Aus jeder Teigportion 1 kleines, längliches Brot (etwa 14 x 8 cm) formen. Die Brote auf ein Backblech (mit Backpapier belegt) legen. Die Oberfläche jedes Brotes mit 2 Blüten aus Mandelkernen und Belegkirschen garnieren.

5. Das Backblech in den vorgeheizten Backofen schieben. Die weihnachtlichen Früchtebrote **25–30 Minuten backen**. Nach 15 Minuten Backzeit die Brote mit Wasser bestreichen.

6. Das Backblech auf einen Kuchenrost stellen. Die weihnachtlichen Früchtebrote auf dem Backblech vollständig erkalten lassen.

Tipps: Das Früchtebrot schmeckt, in kleine Scheiben geschnitten, wunderbar zu einer Käseplatte. Lassen Sie das Früchtebrot vor dem Verzehr 2–3 Tage durchziehen.

Pro Brot: E: 29 g, F: 49 g, Kh: 165 g, kJ: 5166, kcal: 1230, BE: 14,0

Christstollen

16 Stücke

Zubereitungszeit: 35 Minuten **Durchziehzeit:** über Nacht
Teiggehzeit: 1 Stunde und 15 Minuten **Backzeit:** etwa 50 Minuten **Haltbarkeit:** 4–6 Wochen

Zum Vorbereiten:
200 g Rosinen
100 g Korinthen
100 ml Rum

Für den Hefeteig:
375 g Weizenmehl
42 g frische Hefe

100 ml lauwarme Milch (3,5 % Fett)
50 g Zucker
1 Pck. Dr. Oetker Vanillin-Zucker
1 Prise Salz
1 Pck. (15 g) Christstollengewürz
2 Eier (Größe M)
175 g Butter oder Margarine (zimmerwarm)

100 g gewürfeltes Orangeat
100 g gewürfeltes Zitronat (Sukkade)
100 g abgezogene, gem. Mandeln

Zum Bestreichen und Bestäuben:
75 g Butter
etwas Puderzucker

1. Zum Vorbereiten Rosinen und Korinthen mit Rum übergießen und zugedeckt über Nacht durchziehen lassen.

2. Für den Teig Mehl in eine Rührschüssel geben und in die Mitte eine Vertiefung drücken. Hefe hineinbröckeln, mit etwas Milch und Zucker verrühren und etwa 15 Minuten stehen lassen.

3. Vanillin-Zucker, Salz, Gewürz, Eier und Butter oder Margarine hinzufügen. Die Zutaten mit einem Mixer (Knethaken) zunächst kurz auf niedrigster, dann auf höchster Stufe in etwa 5 Minuten zu einem glatten Teig verarbeiten.

4. Orangeat, Zitronat, Mandeln sowie die eingeweichten Rosinen und Korinthen mit der Flüssigkeit auf der leicht bemehlten Arbeitsfläche kurz unterkneten. Den Teig zugedeckt so lange an einem warmen Ort gehen lassen, bis er sich sichtbar vergrößert hat, etwa 30 Minuten.

5. Aus dem Teig einen Stollen formen. Dazu den Teig zu einem Rechteck (etwa 30 x 25 cm) ausrollen. Den Teig von der längeren Seite aus aufrollen und mit der Teigrolle der Länge nach eine Vertiefung eindrücken.

6. Dann die linke Seite leicht versetzt auf die rechte Seite schlagen. Den mittleren Teil mit den Händen der Länge nach zu einem Wulst formen.

7. Den Stollen auf ein Backblech (mit 3 Lagen Backpapier belegt) legen und nochmals zugedeckt so lange an einem warmen Ort gehen lassen, bis er sich sichtbar vergrößert hat, etwa 30 Minuten.

8. Den Backofen vorheizen.
Ober-/Unterhitze: etwa 250 °C, Heißluft: etwa 220 °C

9. Das Backblech in den vorgeheizten Backofen (unteres Drittel) schieben. Sofort **die Backofentemperatur auf Ober-/Unterhitze: etwa 160 °C oder Heißluft: etwa 140 °C herunterschalten**. Den Stollen **etwa 50 Minuten backen**.

10. Zum Bestreichen die Butter in einem Topf zerlassen. Den Stollen mit den Backpapieren auf einen Kuchenrost ziehen. Den warmen Stollen sofort mit der zerlassenen Butter bestreichen. Den Stollen erkalten lassen und anschließend dick mit Puderzucker bestäuben.

Pro Stück: E: 6 g, F: 18 g, Kh: 44 g, kJ: 1587, kcal: 379, BE: 3,5

Quarkstollen

20 Stücke

Zubereitungszeit: 30 Minuten, ohne Abkühlzeit **Durchziehzeit:** über Nacht
Backzeit: etwa 55 Minuten **Haltbarkeit:** 4–6 Wochen

Zum Vorbereiten:
375 g Rosinen
100 ml Rum

Für den Knetteig:
500 g Weizenmehl
1 Pck. Dr. Oetker Backin
150 g Zucker

1 Pck. Dr. Oetker Vanillin-Zucker
1 Prise Salz
4 Tropfen Bittermandel-Aroma
je 1 Msp. Nelken, Kardamom, Ingwer,
Muskatnuss und Zimt (alles gem.)
abgeriebene Schale von 1 Bio-Orange
(unbehandelt, ungewachst)
2 Eier (Größe M)

200 g Butter oder Margarine
250 g Magerquark
250 g abgezogene, gem. Mandeln
100 g gewürfeltes Zitronat (Sukkade)
100 g gewürfeltes Orangeat

100 g Butter
50 g Puderzucker

1. Zum Vorbereiten Rosinen mit Rum beträufeln und über Nacht durchziehen lassen.

2. Den Backofen vorheizen.
Ober-/Unterhitze: etwa 250 °C, Heißluft: etwa 220 °C

3. Für den Teig Mehl mit Backpulver in einer Rührschüssel mischen. Zucker, Vanillin-Zucker, Salz, Aroma, Nelken, Kardamom, Ingwer, Muskat, Zimt, Orangenschale, Eier, Butter oder Margarine und Quark hinzufügen.

4. Die Zutaten mit einem Mixer (Knethaken) zunächst kurz auf niedrigster, dann auf höchster Stufe gut durcharbeiten. Anschließend auf einer leicht bemehlten Arbeitsfläche kurz zu einem Teig verkneten. Mandeln, Zitronat, Orangeat und Rum-Rosinen mit der Flüssigkeit unterkneten.

5. Den Teig zu einem Quadrat (etwa 30 x 30 cm) ausrollen. Den Teig aufrollen, mit der Teigrolle der Länge nach eine Vertiefung eindrücken und die linke Teigseite leicht versetzt

auf die rechte Seite schlagen. Den mittleren Teig mit den Händen der Länge nach zu einem Wulst formen. Den Teigstollen auf ein Backblech (mit 3 Lagen Backpapier belegt) legen. Das Backblech in den vorgeheizten Backofen (unteres Drittel) schieben. **Sofort die Backofentemperatur auf Ober-/Unterhitze: etwa 160 °C** oder **Heißluft: etwa 140 °C herunterschalten.** Den Stollen **etwa 55 Minuten backen.**

6. Butter in einem Topf zerlassen. Das Backblech auf einen Kuchenrost stellen. Den Stollen sofort mit der Hälfte der Butter bestreichen und mit der Hälfte des Puderzuckers bestäuben. Den Stollen mit den Backpapieren auf einen Kuchenrost ziehen und etwas abkühlen lassen.

7. Den Vorgang des Bestreichens und Bestäubens wiederholen. Den Stollen erkalten lassen.

Tipp: Statt der abgeriebenen Bio-Orangenschale können Sie auch 1 Päckchen Dr. Oetker Finesse Orangenschalen-Aroma für den Teig verwenden.

Pro Stück: E: 8 g, F: 20 g, Kh: 49 g, kJ: 1796, kcal: 429, BE: 4,0

Marzipan-Früchte-Stern

20 Stücke

Zubereitungszeit: 45 Minuten **Durchziehzeit:** über Nacht **Teiggehzeit:** etwa 55 Minuten
Backzeit: etwa 40 Minuten **Haltbarkeit:** 2–3 Wochen

Zum Vorbereiten:
250 g Rosinen
100 g gehacktes Orangeat
100 g getrocknete, gewürfelte Aprikosen
100 ml Rum

Für den Hefeteig:
350 g Weizenmehl
1 Pck. Dr. Oetker Trockenbackhefe

75 g Zucker
1 Pck. Dr. Oetker Vanillin-Zucker
1 Pck. Dr. Oetker Finesse
Orangenschalen-Aroma
2 gestr. TL Christstollengewürz
1 Prise Salz
100 ml lauwarme Milch (3,5 % Fett)
125 g zerlassene, abgekühlte Butter
oder Margarine

125 g Magerquark
100 g gehobelte Haselnusskerne

Für die Füllung:
200 g Marzipan-Rohmasse

Zum Bestreichen und Bestäuben:
100 g zerlassene Butter
25 g Puderzucker

1. Zum Vorbereiten Rosinen, Orangeat und Aprikosen mit Rum in einer Schüssel mischen und zugedeckt über Nacht durchziehen lassen.

2. Für den Teig Mehl in einer Rührschüssel mit Trockenbackhefe sorgfältig vermischen. Zucker, Vanillin-Zucker, Aroma, Gewürz, Salz, Milch, Butter oder Margarine und Quark hinzufügen. Die Zutaten mit einem Mixer (Knethaken) zunächst kurz auf niedrigster, dann auf höchster Stufe in etwa 5 Minuten zu einem glatten Teig verarbeiten. Den Teig zugedeckt so lange an einem warmen Ort gehen lassen, bis er sich sichtbar vergrößert hat, etwa 30 Minuten.

3. Den Teig auf einer leicht bemehlten Arbeitsfläche nochmals kurz durchkneten. Früchtemischung mit Nüssen unterarbeiten.

4. Den Teig in 6 gleich große Portionen teilen. Jeweils 1 Teigportion zu 1 Rolle (etwa 20 cm lang) formen und der Länge nach in die Mitte eine Vertiefung drücken.

5. Für die Füllung Marzipan in 6 gleich große Portionen teilen und ebenfalls zu je 1 Rolle (etwa 20 cm lang) formen. Die

Marzipanrollen jeweils in die eingedrückten Teigmulden legen und mit dem Teig umschließen.

6. Jede Teigrolle zu einer Sternspitze formen und als Stern auf einem Backblech (gefettet, mit Backpapier belegt) aneinanderlegen. Die Nahtstellen fest andrücken. Den Stern nochmals zugedeckt so lange an einem warmen Ort gehen lassen, bis er sich sichtbar vergrößert hat, etwa 25 Minuten.

7. Den Backofen vorheizen.
Ober-/Unterhitze: etwa 250 °C, Heißluft: etwa 230 °C

8. Das Backblech in den vorgeheizten Backofen (unterste Schiene) schieben. Gleichzeitig die **Backofentemperatur auf Ober-/Unterhitze: etwa 160 °C** oder **Heißluft: etwa 140 °C** herunterschalten. Den Marzipan-Früchte-Stern **etwa 40 Minuten backen**.

9. Den Stern vorsichtig mit dem Backpapier auf einen Kuchenrost ziehen, noch heiß mit Butter bestreichen und mit Puderzucker bestäuben. Den Stern erkalten lassen. Vor dem Verzehr gut durchziehen lassen.

Pro Stück: E: 6 g, F: 16 g, Kh: 38 g, kJ: 1417, kcal: 339, BE: 3,0

Backpflaumen-striezel

20 Stücke

Zubereitungszeit: 40 Minuten, ohne Einweichzeit **Teiggehzeit:** etwa 50 Minuten
Backzeit: 25–30 Minuten **Haltbarkeit:** 2–3 Wochen

Für den Hefeteig:
375 g Weizenmehl
1 Pck. Dr. Oetker Trockenbackhefe
1 Prise Salz
75 g Zucker
1 Pck. Dr. Oetker Finesse Geriebene Zitronenschale
1 Ei (Größe M)

50 g zerlassene, abgekühlte Butter oder Margarine
200 ml lauwarme Milch (3,5 % Fett)

Für den Belag:
250 g getrocknete Pflaumen
50 g Rosinen
50 ml Multivitaminsaft
1 TL Koriandersamen

100 g gewürfeltes Zitronat (Sukkade)
100 g gehackte Mandeln
1 Pck. Dr. Oetker Vanillin-Zucker
½ TL Lebkuchengewürz

Zum Bestreichen und Garnieren:
1 Eigelb, 1 EL Milch
etwa 20 abgezogene, ganze Mandelkerne

1. Für den Teig Mehl in einer Rührschüssel mit Trockenbackhefe sorgfältig vermischen. Restliche Zutaten hinzufügen und mit einem Mixer (Knethaken) zunächst kurz auf niedrigster, dann auf höchster Stufe in etwa 5 Minuten zu einem glatten Teig verarbeiten. Den Teig zugedeckt so lange an einem warmen Ort gehen lassen, bis er sich sichtbar vergrößert hat, etwa 30 Minuten.

2. In der Zwischenzeit für den Belag Pflaumen in kleine Würfel schneiden, mit Rosinen in eine flache Schale geben, mit Multivitaminsaft übergießen und etwa 20 Minuten einweichen. Inzwischen Koriandersamen im Mörser etwas zerstoßen.

3. Zitronat mit Mandeln, Vanillin-Zucker, Lebkuchengewürz und Koriander mischen, unter die Pflaumenmasse rühren.

4. Den gegangenen Teig auf einer leicht bemehlten Arbeitsfläche nochmals kurz durchkneten, dann zu einem Rechteck (etwa 30 x 35 cm) ausrollen. Das Teigstück auf ein Backblech (mit Backpapier belegt) legen. Die Pflaumenmasse in die Mitte des Teigstücks geben und gleichmäßig zu einem Rechteck (etwa 11 x 35 cm) verstreichen.

5. Den nicht bestrichenen Teig rechts und links von der Füllung im Abstand von etwa 2½ cm in diagonale Streifen schneiden. Jeweils am oberen Ende beginnend und abwechselnd einen linken und rechten Teigstreifen über die Füllung legen, sodass diese sich am Ende kreuzen. Diesen Vorgang so lange wiederholen, bis alle Teigstreifen verbraucht sind. Den Striezel nochmals zugedeckt etwa 20 Minuten an einem warmen Ort gehen lassen.

6. Inzwischen den Backofen vorheizen.
Ober-/Unterhitze: etwa 200 °C, Heißluft: etwa 180 °C

7. Zum Bestreichen und Garnieren Eigelb mit Milch verschlagen. Den Striezel damit bestreichen und mit den Mandeln belegen. Das Backblech in den vorgeheizten Backofen schieben. Backpflaumenstriezel **25–30 Minuten backen.**

8. Den Backpflaumenstriezel mit dem Backpapier auf einen Kuchenrost ziehen und erkalten lassen.

Tipp: Statt Zitronat können Sie auch Orangeat oder Früchtemix verwenden.

Pro Stück: E: 5 g, F: 7 g, Kh: 32 g, kJ: 888, kcal: 212, BE: 0,2

Italienisches Weihnachtsbrot

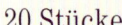

20 Stücke

Zubereitungszeit: 1 Stunde, ohne Abkühlzeit **Durchziehzeit:** über Nacht
Teiggehzeit: etwa 55 Minuten **Backzeit:** 30–40 Minuten **Haltbarkeit:** 3–4 Wochen

Zum Vorbereiten:
200 g getrocknete Pflaumen
100 g Rosinen
100 ml Anislikör

Für den Hefeteig:
375 g Weizenmehl
1 Pck. Dr. Oetker Trockenbackhefe
75 g Zucker
1 Pck. Dr. Oetker Vanillin-Zucker

1 Prise Salz
½ TL Fenchelsamen
½ TL gem. Zimt
1 Ei (Größe M)
125 ml lauwarme Milch (3,5 % Fett)
75 g zerlassene, abgekühlte Butter
oder Margarine

etwas Weizenmehl

Für die Füllung:
125 g gehackte Haselnusskerne

Zum Bestreichen:
100 ml Weißwein oder Apfelsaft
50 g Zucker

Zum Bestäuben:
etwas Puderzucker

1. Zum Vorbereiten Pflaumen klein schneiden, mit den Rosinen in einer Schale vermengen. Den Likör untermischen. Trockenfrüchte zugedeckt über Nacht durchziehen lassen.

2. Für den Teig Mehl in eine Rührschüssel geben und mit Trockenbackhefe sorgfältig vermischen. Zucker, Vanillin-Zucker, Salz, Fenchelsamen, Zimt, Ei, Milch und Butter oder Margarine hinzufügen. Die Zutaten mit einem Mixer (Knethaken) zunächst kurz auf niedrigster, dann auf höchster Stufe in etwa 5 Minuten zu einem glatten Teig verarbeiten.

3. Den Teig zugedeckt so lange an einem warmen Ort gehen lassen, bis er sich sichtbar vergrößert hat, etwa 25 Minuten.

4. Den Teig auf einer leicht bemehlten Arbeitsfläche nochmals kurz durchkneten und zu einer Rolle formen. Die Teigrolle zu einem Rechteck (etwa 30 x 40 cm) ausrollen.

5. Für die Füllung die eingeweichten Früchte und Nusskerne auf der Teigplatte verteilen, dabei einen etwa 1 cm breiten Rand frei lassen.

6. Den Teig von der längeren Seite aus aufrollen. Die Enden der Rolle zusammendrücken und als Schlinge übereinanderlegen.

7. Den Backofen vorheizen.
Ober-/Unterhitze: etwa 180 °C, Heißluft: etwa 160 °C

8. Das Brot auf ein Backblech (mit 3 Lagen Backpapier belegt) legen. Die Oberfläche mit einem scharfen Messer längs etwa 1 cm tief einschneiden. Das Brot nochmals zugedeckt so lange an einem warmen Ort gehen lassen, bis er sich sichtbar vergrößert hat, etwa 30 Minuten.

9. Das Backblech in den vorgeheizten Backofen schieben. Das Weihnachtsbrot **30–40 Minuten backen**.

10. Das Backblech auf einen Kuchenrost stellen. Zum Bestreichen Wein oder Saft mit Zucker in einem Topf etwas einkochen lassen. Das noch warme Brot damit bestreichen.

11. Das erkaltete Brot mit Puderzucker bestäuben.

Pro Stück: E: 4 g, F: 8 g, Kh: 33 g, kJ: 977, kcal: 234, BE: 2,5

Weihnachtsrolle

----

25 Stücke

Zubereitungszeit: 40 Minuten **Backzeit:** etwa 40 Minuten
Haltbarkeit etwa 2 Wochen

Für die rote Füllung:
125 g getrocknete, gezuckerte
Cranberrys
50 ml Apfel-Cranberry-Saft
(erhältlich im Bioladen)
25 g Zucker

Für die grüne Füllung:
75 g fein gem. Pistazienkerne
100 g Marzipan-Rohmasse, in Stücke
geschnitten

1 Pck. Dr. Oetker Vanillin-Zucker
einige Tropfen grüne Speisefarbe

Für den Knetteig:
400 g Weizenmehl
1 Pck. Dr. Oetker Backin
125 g Butter oder Margarine
125 g Zucker
1 Pck. Dr. Oetker Vanillin-Zucker
1 Pck. Dr. Oetker Finesse
Orangenschalen-Aroma

2 Eier (Größe M)
1 Prise Salz
125 g Magerquark

Zum Bestreichen und Bestäuben:
100 g Butter
30 g Puderzucker

1. Für die rote Füllung Cranberrys mit Saft und Zucker
in einem hohen Rührbecher mit einem Pürierstab zu einer
breiähnlichen Masse pürieren.

2. Für die grüne Füllung Pistazienkerne, Marzipan, Vanillin-
Zucker und Speisefarbe ebenfalls mit dem Pürierstab zu einer
breiähnlichen Masse pürieren.

3. Für den Teig Mehl mit Backpulver in einer Rührschüssel
mischen. Restliche Zutaten hinzufügen, mit einem Mixer
(Knethaken) zunächst kurz auf niedrigster, dann auf höchster
Stufe gut durcharbeiten. Anschließend auf einer leicht
bemehlten Arbeitsfläche kurz zu einem Teig verkneten.

4. Den Backofen vorheizen.
Ober-/Unterhitze: etwa 180 °C, Heißluft: etwa 160 °C

5. Den Teig auf der leicht bemehlten Arbeitsfläche zu einem
Rechteck (etwa 30 x 40 cm) ausrollen.

6. Butter zerlassen. Etwa 2 Esslöffel davon auf die Teigplatte
streichen. Die Cranberrymasse der Länge nach so auf eine
Teighälfte streichen, dass zur Mitte hin etwa 1 cm frei bleibt.
Die restliche Teighälfte auch der Länge nach mit der Pistazien-
masse bestreichen. Dabei darauf achten, dass zwischen den
Teighälften ein etwa 1 cm breiter Streifen frei bleibt.

7. Jeweils die bestrichenen Teighälften von außen nach
innen aufrollen. Die Teigrolle auf ein Backblech (mit
Backpapier belegt) legen. Die Teigrollen in der Mitte etwas
aneinanderdrücken. Die Oberflächen jeweils knapp ½ cm tief
mit einem spitzen Messer im Zick-Zack-Muster einschneiden.

8. Das Backblech in den vorgeheizten Backofen schieben. Die
Weihnachtsrolle **etwa 40 Minuten backen**.

9. Das Backblech auf einen Kuchenrost stellen. Die Gebäck-
rolle mit der restlichen flüssigen Butter bestreichen und mit
Puderzucker bestäuben. Weihnachtsrolle erkalten lassen.

Pro Stück: E: 4 g, F: 11 g, Kh: 26 g, kJ: 928, kcal: 221, BE: 2,0

Stollenhäppchen

44 Stück

Zubereitungszeit: 30 Minuten **Backzeit:** etwa 12 Minuten je Backblech
Haltbarkeit: etwa 2 Wochen

Für den Teig:
250 g Weizenmehl
2 gestr. TL Dr. Oetker Backin
75 g Zucker
1 Pck. Dr. Oetker Vanillin-Zucker
je 1 Pck. Dr. Oetker Finesse
Weihnachts-Aroma und
Geriebene Zitronenschale

1 Ei (Größe M)
100 g Butter oder Margarine
(zimmerwarm)
125 g Magerquark
50 g fein gehacktes Zitronat (Sukkade)
100 g Rosinen
50 g Korinthen
50 g abgezogene, gem. Mandeln

Zum Bestäuben:
etwas Puderzucker

1. Den Backofen vorheizen.
Ober-/Unterhitze: etwa 180 °C, Heißluft: etwa 160 °C

2. Für den Teig Mehl mit Backpulver in einer Rührschüssel mischen. Zucker, Vanillin-Zucker, Aroma, Zitronenschale, Ei, Butter oder Margarine und den Quark hinzufügen. Die Zutaten mit einem Mixer (Knethaken) zunächst kurz auf niedrigster, dann auf höchster Stufe zu einem Teig verarbeiten.

3. Anschließend Zitronat, Rosinen, Korinthen und Mandeln auf einer leicht bemehlten Arbeitsfläche unterkneten.

4. Den Teig zunächst zu 2 Rollen (je etwa 22 cm lang) formen. Die Teigrollen dann in je 1 cm breite Stücke schneiden und diese zu Kugeln formen. Die Teigkugeln auf Backbleche (mit Backpapier belegt) setzen, dabei genügend Abstand zwischen den Kugeln lassen.

5. Die Backbleche nacheinander (bei Heißluft zusammen) in den vorgeheizten Backofen schieben. Die Häppchen **etwa 12 Minuten je Backblech backen**.

6. Die gebackenen Stollenhäppchen mit dem Backpapier auf einen Kuchenrost ziehen und sofort mit Puderzucker bestäuben. Die Stollenhäppchen erkalten lassen.

Tipp: Das beste Backergebnis bekommen Sie mit Ober-/Unterhitze.

Kleine Lebkuchenbrote

8 Stück

Zubereitungszeit: 40 Minuten **Kühlzeit:** etwa 1 Stunde
Backzeit: etwa 15 Minuten je Backblech **Haltbarkeit:** etwa 2 Wochen

Für den Teig:
100 g flüssiger Honig
100 g Zucker
3 EL Wasser
1 Ei (Größe M)

420 g Weizenmehl
1–2 TL Lebkuchengewürz
½ TL gem. schwarzer Pfeffer
1 TL Natron

Für die Füllung:
350 g getrocknete Pflaumen
100 ml kochendes Wasser
100 g Haselnusskerne
1 TL gem. Zimt

1. Für den Teig Honig, Zucker und 3 Esslöffel Wasser in einem Topf unter Rühren erwärmen, bis sich der Zucker gelöst hat. Die Masse in eine Rührschüssel geben und erkalten lassen. Das Ei unterrühren.

2. Mehl mit Lebkuchengewürz, Pfeffer und Natron mischen und hinzufügen. Die Zutaten mit den Händen zu einem glatten Teig verkneten. Den Teig in Frischhaltefolie gewickelt etwa 1 Stunde in den Kühlschrank legen.

3. Für die Füllung die Pflaumen grob hacken, in eine Schale geben und mit 100 ml kochendem Wasser übergießen. Nusskerne grob hacken. 2 Esslöffel davon zum Bestreuen beiseitelegen. Die restlichen Nusskerne und den Zimt mit den Pflaumenstücken vermischen.

4. Den Backofen vorheizen.
Ober-/Unterhitze: etwa 180 °C, Heißluft: etwa 160 °C

5. Den Teig auf einer leicht bemehlten Arbeitsfläche nochmals kurz durchkneten und anschließend etwa ½ cm dick ausrollen. Aus der Teigplatte 8 Kreise (Ø etwa 11 cm) ausstechen. Die Pflaumenfüllung jeweils in die Mitte der Teigkreise geben. Die Seiten der einzelnen Kreise nach oben einschlagen, sodass die Pflaumenfüllung eingepackt ist.

6. Die Lebkuchenbrote umdrehen und etwas länglich drücken. Die Brote mit einem Messer 3–4-mal schräg eindrücken, mit etwas Wasser bestreichen und mit den beiseitegelegten Nusskernen bestreuen.

7. Die Lebkuchenbrote mit etwas Abstand auf Backbleche (mit Backpapier belegt) setzen. Die Backbleche nacheinander (bei Heißluft zusammen) in den vorgeheizten Backofen schieben. Die Lebkuchenbrote **etwa 15 Minuten je Backblech backen**.

8. Die Lebkuchenbrote mit dem Backpapier auf Kuchenroste ziehen. Lebkuchenbrote erkalten lassen.

Tipp: Die Lebkuchenbrote in einer Dose kühl und trocken aufbewahren.

Pro Stück: E: 9 g, F: 10 g, Kh: 87 g, kJ: 1995, kcal: 477, BE: 7,5

Mini-Panettone

8–10 Stück

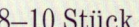

Zubereitungszeit: 30 Minuten **Ruhe-/Gehzeit:** 21–23 Stunden
Backzeit: 25–30 Minuten **Haltbarkeit:** 2–3 Tage

Für den Hefeteigansatz:
10 g frische Hefe oder
½ Pck. Dr. Oetker Trockenbackhefe
50 ml warmes Wasser
30 g Zucker
50 g Weizenmehl (Type 550)

Für den Sirup:
2 Bio-Zitronen
(unbehandelt, ungewachst)

2 Bio-Orangen
(unbehandelt, ungewachst)
80 g Zucker

Außerdem:
250 g Weizenmehl (Type 550)
200 g Weizenmehl (Type 405)
1 Prise Salz
5 Eigelb (Größe M)
2 Eier (Größe M)

200 g Butter
100 g Orangeat, 100 g Rosinen

Zum Bestreuen und Bestreichen:
2 EL Weizenmehl
50 g zerlassene Butter

Außerdem:
8–10 Dessertringe (Ø etwa 7 ½ cm)
8–10 Büroklammern

1. (Trocken-)hefe mit Wasser, Zucker und Mehl mit einem Schneebesen glatt rühren. Mit Frischhaltefolie zugedeckt etwa 12 Stunden ruhen lassen (Zimmertemperatur).

2. Zitrusfrüchte dünn schälen, auspressen, dann insgesamt 200 ml Saft abmessen (evtl. mit Wasser auffüllen), mit Schale und Zucker einmal aufkochen lassen, vom Herd nehmen, zugedeckt 12 Stunden ziehen lassen.

3. Den Sirup durch ein Sieb zum Hefeansatz gießen (Schalen entfernen). Mehle, Salz, Eigelb und Eier hinzugeben, mit einem Mixer (Knethaken) auf niedrigster Stufe so lange kneten, bis der Teig glatt ist. Dann mindestens 5 Minuten auf höchster Stufe kneten. Dabei nach und nach die Butter einarbeiten und so lange kneten, bis der Teig zäh und elastisch ist. Teig zugedeckt an einem warmen Ort etwa 3 Stunden gehen lassen.

4. In der Zwischenzeit Orangeat und Rosinen 30 Minuten in warmem Wasser einweichen, dann in einem Sieb abtropfen lassen. Orangeat und Rosinen unter den Teig kneten.

5. Ein Backblech mit 3 Lagen Backpapier belegen. Die Dessertringe daraufstellen. 8–10 Backpapierstreifen (20 cm breit, 23 cm lang) je 1-mal auf 10 x 23 cm falten, innen an die Dessertringe (gefettet) legen, mit Klammern befestigen.

6. Teig leicht mit Mehl bestäuben, zu einer Rolle formen. Erst in 8–10 Stücke teilen, dann zu Kugeln formen und in die Ringe geben. Den Teig zugedeckt 6–8 Stunden gehen lassen (Zimmertemperatur) – das Volumen soll sich verdoppeln.

7. Den Backofen vorheizen.
Ober/Unterhitze: 180 °C, Heißluft: 160 °C

8. Je ein Kreuz in die Teigoberflächen schneiden. Die Teighautviertel, die sich gebildet haben, hochheben, darunter mit Butter bestreichen. Haut zurücklegen. Alle Panettone mit der restlichen Butter bestreichen. Das Backblech in den vorgeheizten Backofen schieben. Panettone **25–30 Minuten backen**. Dann mit dem Backpapier auf einen Kuchenrost ziehen und erkalten lassen. Die Dessertringe lösen.

Pro Stück: E: 11 g, F: 28 g, Kh: 72 g, kJ: 2483, kcal: 593, BE: 6,0

Kuchen, Torten
& kleine Köstlichkeiten

...eben alles, was zum Adventskaffee
oder an den gemütlichen Nachmittagen
der Feiertage das Herz erfreut.
Nussig, cremig, würzig oder mit
Schokoschmelz: kulinarische
Weihnachtsgedichte für die süßen Seiten
der schönsten Zeit des Jahres.

Gefüllter Honigkuchen

30 Stücke

Zubereitungszeit: 1 Stunde, ohne Abkühlzeit **Backzeit:** etwa 20 Minuten
Haltbarkeit: 3–4 Wochen

Für den Teig:
200 g flüssiger Honig
100 g Zucker
1 Pck. Dr. Oetker Vanillin-Zucker
1 Prise Salz
50 g Butter
1 EL Wasser
1 Ei (Größe M)
1 gestr. TL gem. Zimt
2 Tropfen Bittermandel-Aroma

500 g Weizenmehl
1 Pck. Dr. Oetker Backin

Für die Füllung:
etwa 375 g Pflaumenmus

Zum Bestreichen:
1 Eigelb
3 EL Schlagsahne

Für den Guss:
100 g Puderzucker
1–2 EL Zitronensaft oder Wasser

Zum Garnieren:
100 g abgezogene, ganze Mandeln
50 g Belegkirschen

1. Für den Teig Honig mit Zucker, Vanillin-Zucker, Salz, Butter und Wasser in einem Topf unter Rühren langsam zerlassen, bis der Zucker gelöst ist. Die Honigmasse in eine Rührschüssel geben und lauwarm abkühlen lassen.

2. Den Backofen vorheizen.
Ober-/Unterhitze: etwa 180 °C, Heißluft: etwa 160 °C

3. Unter die fast erkaltete Masse mit einem Mixer (Rührstäbe) auf höchster Stufe Ei, Zimt und Aroma rühren. Mehl mit Backpulver mischen und esslöffelweise auf mittlerer Stufe unterrühren.

4. Die Hälfte des Teiges zwischen 2 Lagen Frischhaltefolie zu einem Rechteck (etwa 20 x 30 cm) ausrollen. Die Teigplatte auf ein Backblech (gefettet, mit Backpapier belegt) legen. Die Frischhaltefolie dabei entfernen.

5. Einen Backrahmen um den Teig stellen. Den Teig am Rand etwas hochdrücken. Die Teigplatte gleichmäßig mit

Pflaumenmus bestreichen. Die zweite Teighälfte wie unter Punkt 4 beschrieben ausrollen, ohne Folie auf die Füllung legen und an den Rändern mit bemehlten Händen leicht festdrücken. Mit einer Gabel mehrmals einstechen.

6. Den Kuchen mit verschlagener Eigelbsahne bestreichen. Das Backblech in den vorgeheizten Backofen schieben. Honigkuchen **etwa 20 Minuten backen.**

7. Backblech auf einen Kuchenrost stellen. Auf dem Kuchen mit einem Messer Stücke (4 x 5 cm) markieren.

8. Für den Guss Puderzucker mit Zitronensaft oder Wasser dickflüssig verrühren. Mandeln und Belegkirschen mit dem Guss „festkleben" oder den Kuchen gleichmäßig mit Guss bestreichen und mit Belegkirschen und Mandeln garnieren. Den Kuchen erkaltet in Stücke schneiden.

Tipp: Für einen Schoko-Guss-Überzug geben Sie diesen erst auf den erkalteten Kuchen.

Pro Stück: E: 3 g, F: 4 g, Kh: 32 g, kJ: 741, kcal: 177, BE: 2,5

Englischer Weihnachtskuchen

12 Stücke

Zubereitungszeit: 1 ½ Stunden, ohne Abkühlzeit **Backzeit:** etwa 2 Stunden und 45 Minuten
Haltbarkeit: 3–4 Wochen

Für den Rührteig:
*250 g Butter oder Margarine
(zimmerwarm)
250 g brauner Zucker
1 Pck. Dr. Oetker
Bourbon-Vanille-Zucker
½ Röhrchen Zitronen-Aroma
5 EL Rum
abgeriebene Schale von 1 Bio-Zitrone
(unbehandelt, ungewachst)
½ TL gem. Zimt
1 Msp. ger. Muskatnuss*

*5 Eier (Größe M)
250 g Weizenmehl
1 Pck. Dr. Oetker Backin
je 300 g Rosinen und Korinthen
je 100 g fein gehacktes Zitronat
(Sukkade) und fein gehacktes Orangeat
50 g gehackte Mandeln
150 g fein geschnittene rote
Belegkirschen*

4 EL Aprikosenkonfitüre

Für Rand und Decke aus Marzipan:
*200 g Marzipan-Rohmasse
100 g Puderzucker*

Für den Guss:
300 g Puderzucker, etwas Wasser

Zum Garnieren:
*150 g Marzipan-Rohmasse
50 g Puderzucker
etwas rote Speisefarbe
einige Silberperlen*

1. Den Boden einer Springform (Ø 24 cm) mit Backpapier belegen, den Rand mit einem doppelt gelegten Streifen Backpapier auslegen, mit einer Büroklammer fixieren. Den Backofen vorheizen.
Ober-/Unterhitze: etwa 140 °C, Heißluft: etwa 120 °C

2. Aus Fett, Zucker, Vanille-Zucker, Aroma, Rum, Zitronen-schale, Zimt, Muskat, Eiern, Mehl und Backpulver wie auf Seite 139 beschrieben einen Rührteig zubereiten. Rosinen, Korinthen, Zitronat, Orangeat, Mandeln und Belegkirschen unterrühren.

3. Den Teig in der Springform glatt streichen, Büroklammer entfernen. Form auf dem Rost in den vorgeheizten Backofen schieben. Den Kuchen **etwa 2 Stunden und 45 Minuten backen**.

4. Den Kuchen aus der Form lösen, auf einen Kuchenrost setzen. Die Konfitüre durch ein Sieb streichen. Den heißen Kuchen damit bestreichen. Kuchen erkalten lassen.

5. Für Decke und Rand des Kuchens Marzipan-Rohmasse mit Puderzucker verkneten. In 2 gleich große Portionen teilen. Eine Portion auf einer mit Puderzucker bestäubten Arbeitsfläche zu einer dünnen, runden Platte (Ø etwa 24 cm) ausrollen, auf den Kuchen legen. Aus der restlichen Marzipanmasse einen etwa 72 cm langen Streifen in Höhe des Kuchenrandes ausrollen, um den Kuchen legen und gut andrücken.

6. Für den Guss Puderzucker mit so viel Wasser verrühren, dass ein dickflüssiger Guss entsteht. Den Kuchen damit überziehen. Guss antrocknen lassen.

7. Zum Garnieren Marzipan mit Puderzucker und Speisefarbe verkneten, auf einer mit Puderzucker bestäubten Arbeitsfläche dünn ausrollen. Mit verschiedenen Ausstechformen Eiskristalle, Rehe und einen Elch ausstechen. Die Tortenoberfläche und den Tortenrand damit belegen, mit Silberperlen garnieren. Guss fest werden lassen.

Pro Stück: E: 11 g, F: 33 g, Kh: 150 g, kJ: 4028, kcal: 963, BE: 12,5

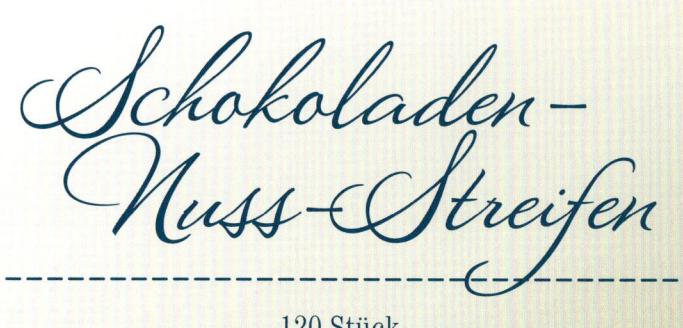

Schokoladen-Nuss-Streifen

120 Stück

Zubereitungszeit: 50 Minuten, ohne Kühlzeit **Backzeit:** 25–30 Minuten
Haltbarkeit: etwa 2 Wochen

Für den Teig:
200 g flüssiger Honig
100 g Zucker
1 Pck. Dr. Oetker Vanillin-Zucker
125 g Butter oder Margarine
2 Eier (Größe M)
4–5 EL Milch
½ Röhrchen Zitronen-Aroma

1 gestr. TL gem. Zimt
1 Msp. gem. Nelken
2 geh. EL Vollmilch-Raspelschokolade
400 g Weizenmehl
1 Pck. Dr. Oetker Pudding-Pulver
Schokoladen-Geschmack
3 gestr. TL Dr. Oetker Backin
375 g grob gehackte Haselnusskerne

Für den Guss:
200 g Puderzucker
1 EL Weinbrand
3 EL heiße Milch

1. Für den Teig Honig mit Zucker, Vanillin-Zucker und Butter oder Margarine in einem Topf unter Rühren langsam erwärmen, bis der Zucker gelöst und Butter oder Margarine geschmolzen sind. Die Honigmasse in eine Rührschüssel geben und kalt stellen.

2. Den Backofen vorheizen.
Ober-/Unterhitze: etwa 180 °C, Heißluft: etwa 160 °C

3. Unter die fast erkaltete Masse mit einem Mixer (Rühr-stäbe) auf höchster Stufe nach und nach Eier, Milch, Aroma, Zimt, Nelken und Raspelschokolade rühren.

4. Das Mehl mit dem Pudding-Pulver und Backpulver mischen, in 2 Portionen auf mittlerer Stufe kurz unterrühren. Die Haselnusskerne unterheben.

5. Einen Backrahmen auf ein Backblech (30 x 40 cm, gefettet, mit Backpapier belegt) stellen. Den Teig hineingeben und glatt streichen. Den Teig mit Wasser bestreichen. Das Backblech in den vorgeheizten Backofen schieben. Die Gebäckplatte **25–30 Minuten backen**.

6. Das Backblech auf einen Kuchenrost stellen.

7. Für den Guss Puderzucker mit Weinbrand und Milch zu einer dickflüssigen Masse verrühren. Die warme Gebäckplatte damit bestreichen und erkalten lassen. Die Gebäckplatte in etwa 2 x 6 cm lange Streifen schneiden.

Tipp: Wenn Sie auf Alkohol verzichten möchten, lassen Sie für den Guss den Weinbrand weg und nehmen stattdessen 1 Esslöffel mehr Milch.

Pro Stück: E: 1 g, F: 3 g, Kh: 7 g, kJ: 249, kcal: 60, BE: 0,6

Ingwer-Schoko-Gebäck

40 Stücke

Zubereitungszeit: 20 Minuten, ohne Abkühlzeit **Backzeit:** 20–25 Minuten
Haltbarkeit: etwa 2 Wochen

Für den Rührteig:
200 g Rosinen
125 g Butter oder Margarine
(zimmerwarm)
200 g Zucker
1 Pck. Dr. Oetker Vanillin-Zucker

2 TL gem. Ingwer
4 Eier (Größe M)
250 g Weizenmehl
1 gestr. TL Dr. Oetker Backin
250 g Zartbitter-Raspelschokolade

Für den Guss:
150 g Zartbitter-Kuvertüre
2 TL Speiseöl, z. B. Sonnenblumenöl

evtl. einige Belegkirschen

1. Den Backofen vorheizen.
Ober-/Unterhitze: etwa 180 °C, Heißluft: etwa 160 °C

2. Für den Teig Rosinen klein schneiden. Butter oder Margarine mit einem Mixer (Rührstäbe) auf höchster Stufe geschmeidig rühren. Nach und nach Zucker, Vanillin-Zucker und Ingwer unterrühren. So lange rühren, bis eine gebundene Masse entstanden ist.

3. Die Eier nach und nach unterrühren (jedes Ei etwa ½ Minute). Mehl mit Backpulver mischen, in 2 Portionen kurz auf mittlerer Stufe kurz unterrühren. Rosinen und Raspelschokolade unterheben.

4. Den Teig auf ein Backblech (30 x 40 cm, gefettet, mit Backpapier belegt) geben und glatt streichen. Das Backblech in den vorgeheizten Backofen schieben. Den Kuchen **20–25 Minuten backen.**

5. Das Backblech auf einen Kuchenrost stellen. Den Kuchen erkalten lassen und anschließend in etwa 40 gleich große Stücke schneiden.

6. Für den Guss Kuvertüre in kleine Stücke hacken. Zwei Drittel davon mit dem Speiseöl in einem Topf im Wasserbad bei schwacher Hitze unter Rühren schmelzen. Den Topf aus dem Wasserbad nehmen. Die restliche Kuvertüre darin unter Rühren schmelzen.

7. Das Ingwer-Schoko-Gebäck mit dem Guss bestreichen und nach Belieben mit halbierten Belegkirschen garnieren. Den Guss fest werden lassen.

Pro Stück: E: 2 g, F: 6 g, Kh: 18 g, kJ: 582, kcal: 139, BE: 1,5

Zebra-Gewürzkuchen

15 Stücke

Zubereitungszeit: 20 Minuten, ohne Abkühlzeit **Backzeit:** etwa 45 Minuten
Haltbarkeit: etwa 5 Tage

Zum Vorbereiten:
200 g vorgegarte Rote Bete (aus dem Vakuum-Pack)
100 ml Orangensaft
1 gestr. TL Natron
100 g flüssiger Honig
2 Eier (Größe M)
30 g neutrales Speiseöl

Für den Teig:
150 g Weizenmehl
50 g Hartweizengrieß
2–3 gestr. TL Lebkuchengewürz
80 g gem. Haselnusskerne
20 g brauner Zucker
1 Pck. Dr. Oetker Vanillin-Zucker
1 Prise Salz
20 g Puderzucker zum Bestäuben

1. Den Backofen vorheizen.
Ober-/Unterhitze: etwa 180 °C, Heißluft: etwa 160 °C

2. Zum Vorbereiten die Rote Bete in Stücke schneiden. Rote-Bete-Stücke mit Orangensaft und Natron in einen hohen Rührbecher geben und fein pürieren. Honig, Eier und Speiseöl dazugeben und kurz darunter pürieren.

3. Für den Teig Mehl mit Grieß, Lebkuchengewürz, Nüssen, Zucker, Vanillin-Zucker und Salz in einer Schüssel mischen.

4. Das Rote-Bete-Püree zu der Mehlmischung geben und mit einem Mixer (Rührstäbe) auf niedrigster Stufe kurz unterrühren.

5. Den Teig in eine Kastenform (25 x 11 cm, gefettet, mit passend geschnittenem Backpapier ausgelegt) geben und glatt streichen. Die Form auf dem Rost in den vorgeheizten Backofen schieben. Den Gewürzkuchen **etwa 45 Minuten backen**.

6. Die Form auf einen Kuchenrost stellen. Den Kuchen etwa 5 Minuten in der Form abkühlen lassen. Anschließend vorsichtig aus der Form stürzen, Backpapier vorsichtig abziehen, Kuchen umdrehen und auf dem Kuchenrost erkalten lassen.

7. Für das Zebramuster mehrere Papierstreifen auf den Kuchen legen. Den Kuchen mit Puderzucker bestäuben, dann die Streifen vorsichtig wieder entfernen.

Pro Stück: E: 4 g, F: 6 g, Kh: 20 g, kJ: 630, kcal: 151, BE: 1,5

Christkindels Möhrentorte

12–16 Stücke

Zubereitungszeit: 50 Minuten, ohne Abkühlzeit **Backzeit:** 45–55 Minuten
Haltbarkeit: etwa 5 Tage

Für den Teig:
7 Eigelb (Größe M)
300 g brauner Zucker
400 g abgezogene, gem. Mandeln
300 g fein geraspelte Möhren
75 g Speisestärke
½ TL gem. Zimt
1 Msp. gem. Nelken

1 Msp. gem. Kardamom
1 Prise Salz
7 Eiweiß (Größe M)

Für den Guss:
200 g Zartbitter-Kuvertüre
2 TL Speiseöl, z. B. Sonnenblumenöl

Zum Garnieren:
100 g Marzipan-Rohmasse
25 g Puderzucker
goldene Zuckerperlen
lange, dünne Kerzen
etwas Goldstaub

1. Den Backofen vorheizen.
Ober-/Unterhitze: etwa 180 °C, Heißluft: etwa 160 °C

2. Für den Teig Eigelb und Zucker mit einem Mixer (Rührstäbe) sehr schaumig schlagen. Mandeln, Möhren, Stärke, Zimt, Nelken, Kardamom und Salz vorsichtig unterrühren. Das Eiweiß sehr steif schlagen und unterheben.

3. Den Teig in 2 Springformen (Ø 22 cm und 16 cm, Böden gefettet, mit Backpapier belegt) glatt streichen. Die Formen nebeneinander auf dem Rost in den vorgeheizten Backofen schieben. Die Böden **45–55 Minuten backen**.

4. Die Gebäckböden aus den Formen lösen und auf mit Backpapier belegte Kuchenroste stürzen. Das mitgebackene Backpapier jeweils entfernen. Tortenböden erkalten lassen.

5. Für den Guss die Kuvertüre in kleine Stücke hacken. Zwei Drittel davon mit dem Speiseöl in einem Topf im Wasserbad bei schwacher Hitze unter Rühren schmelzen. Den Topf aus dem Wasserbad nehmen und die restliche Kuvertüre darin unter Rühren schmelzen.

6. Die Gebäckböden mit dem Guss überziehen. Den Guss etwas fest werden lassen. Den kleinen Gebäckboden auf den großen Gebäckboden setzen.

7. Zum Garnieren Marzipan mit Puderzucker verkneten und in 3 Portionen teilen. Die Marzipanportionen einzeln zwischen 2 Lagen Frischhaltefolie ausrollen. Mit Ausstechformen Sterne und Monde ausstechen. Die Torte mit den Sternen und Monden sowie mit Goldperlen und Kerzen garnieren. Guss fest werden lassen. Die Torte mit Goldstaub bestäuben.

Pro Stück: E: 11 g, F: 28 g, Kh: 39 g, kJ: 1895, kcal: 453, BE: 3,5

Glühwein-Dreispitze

60 Stück

Zubereitungszeit: 30 Minuten, ohne Abkühlzeit **Backzeit:** etwa 25 Minuten
Haltbarkeit: etwa 5 Tage

Für den Rührteig:
250 g Butter oder Margarine
(zimmerwarm)
250 g Zucker
1 Pck. Dr. Oetker Vanillin-Zucker
4 Eier (Größe M)

250 g Weizenmehl
1 Pck. Dr. Oetker Backin
125 ml kalter Glühwein
100 g gehackte Zartbitter- oder
Edelbitter-Schokolade
(mindestens 50 % Kakaoanteil)

Zum Bestreuen:
120 g gehackte Mandeln

Für die Glasur:
200 g Puderzucker
3–4 EL kalter Glühwein

1. Den Backofen vorheizen.
Ober-/Unterhitze: etwa 200 °C, Heißluft: etwa 180 °C

2. Für den Teig Butter oder Margarine mit einem Mixer (Rührstäbe) auf höchster Stufe geschmeidig rühren. Nach und nach Zucker und Vanillin-Zucker unterrühren. So lange rühren, bis eine gebundene Masse entstanden ist.

3. Die Eier nach und nach unterrühren (jedes Ei etwa ½ Minute). Mehl mit Backpulver mischen und abwechselnd mit dem Glühwein auf mittlerer Stufe kurz unterrühren. Anschließend die Schokolade ebenfalls kurz unterrühren.

4. Den Teig auf einem Backblech (30 x 40 cm, gefettet, mit Backpapier belegt) glatt streichen. Vor den Teig einen mehrfach geknickten Streifen Alufolie legen. Das Backblech in den vorgeheizten Backofen schieben. Die Gebäckplatte **etwa 25 Minuten backen**.

5. Die Gebäckplatte vom Rand lösen und den Alufolienstreifen entfernen. Die Gebäckplatte mit dem Backpapier auf einen Kuchenrost ziehen und etwas abkühlen lassen.

6. Zum Bestreuen Mandeln in einer Pfanne ohne Fett unter Wenden goldbraun rösten und anschließend auf einem Teller erkalten lassen.

7. Für die Glasur Puderzucker mit Glühwein zu einer dickflüssigen Masse verrühren. Die noch warme Gebäckplatte damit bestreichen und mit den Mandeln bestreuen. Guss fest werden lassen.

8. Das Gebäck mit einem scharfen Messer zunächst in Quadrate und anschließend in Dreiecke schneiden.

Tipps: Unter den Teig zusätzlich 20 g gesiebten Backkakao und 75 g Korinthen rühren. Statt auf einem Backblech kann der Teig auch in einer Kranzform oder Springform mit Rohrboden (Ø 22 cm) gebacken werden. Dann beträgt die Backzeit bei gleicher Backofentemperatur etwa 50 Minuten.

Weihnachtlicher
Kalter Hund

- -

15 Stücke

Zubereitungszeit: 1 Stunde, ohne Abkühlzeit **Kühlzeit:** 3–4 Stunden
Backzeit: 12–15 Minuten je Backblech **Haltbarkeit:** etwa 5 Tage

Für den Knetteig:
250 g Weizenmehl
50 g gesiebter Backkakao
75 g gesiebter Puderzucker
1 Prise Salz
150 g Butter (zimmerwarm)
1 Pck. Dr. Oetker Vanillin-Zucker
1 Ei (Größe M)
1 EL Milch

Für die Füllung:
150 g Vollmilch-Kuvertüre
150 g Zartbitter-Kuvertüre
125 g Schlagsahne
125 g Butter (zimmerwarm)
1 EL Kirschsaft oder -wasser

Zum Bestreichen:
75 g Schwarzkirschkonfitüre

Zum Bestäuben:
etwas Backkakao
etwas Puderzucker

1. Für den Teig Mehl mit Kakao in einer Rührschüssel mischen. Puderzucker, Salz, Butter, Vanillin-Zucker, Ei und Milch hinzufügen. Die Zutaten mit einem Mixer (Knethaken) zunächst kurz auf niedrigster, dann auf höchster Stufe gut durcharbeiten.

2. Anschließend auf einer leicht bemehlten Arbeitsfläche kurz zu einem Teig verkneten. Den Teig in Frischhaltefolie gewickelt etwa 30 Minuten in den Kühlschrank legen.

3. In der Zwischenzeit für die Füllung beide Kuvertüresorten in kleine Stücke hacken. Zwei Drittel davon mit der Sahne in einem Topf im Wasserbad bei schwacher Hitze unter Rühren schmelzen. Den Topf aus dem Wasserbad nehmen und die restliche Kuvertüre darin unter Rühren schmelzen. Kuvertüre abkühlen, aber nicht fest werden lassen.

4. Butter in einer Rührschüssel mit dem Mixer (Rührstäbe) schaumig rühren, Kuvertüre unterrühren. Kirschsaft oder -wasser hinzufügen. Die Creme zugedeckt erkalten lassen, aber nicht in den Kühlschrank stellen.

5. Den Backofen vorheizen.
Ober-/Unterhitze: etwa 180 °C, Heißluft: etwa 160 °C

6. Den Teig in 6 gleich große Portionen teilen. 5 Teigportionen jeweils auf der leicht bemehlten Arbeitsfläche zu rechteckigen Platten ausrollen: 2 Platten etwa 21 x 7 cm, 2 Platten etwa 23 x 8 cm, 1 Platte etwa 24 x 10 cm.

7. Den restlichen Teig auf der leicht bemehlten Arbeitsfläche knapp ½ cm dick ausrollen. Daraus mit Ausstechformen unterschiedlich große Sterne ausstechen.

8. Die Teigplatten auf Backbleche (mit Backpapier belegt) legen. Die Teigsterne in die Zwischenräume der Teigplatten legen. Die Backbleche nacheinander (bei Heißluft zusammen) in den vorgeheizten Backofen schieben. Die Gebäckplatten und -sterne **12–15 Minuten je Backblech backen**.

9. Die Gebäckplatten und -sterne mit dem Backpapier von den Backblechen auf Kuchenroste ziehen. Gebäckplatten und -sterne erkalten lassen.

Pro Stück: E: 5 g, F: 26 g, Kh: 34 g, kJ: 1642, kcal: 393, BE: 3,0

10. Zum Bestreichen Konfitüre in einem kleinen Topf pürieren und unter Rühren kurz aufkochen lassen. Die Gebäckoberflächen damit bestreichen.

11. Ein Fünftel der weichen Kuvertürecreme in einer Kastenform (25 x 11 cm, mit Speiseöl gefettet, mit Frischhaltefolie ausgelegt) mit einem Esslöffel glatt streichen. Eine Gebäckplatte (21 x 7 cm) mit der mit Konfitüre bestrichenen Seite nach unten auf die Creme legen, etwas andrücken. Die restlichen Platten nacheinander mit der Creme in die Form schichten (zuerst 1 Platte 21 x 7 cm, danach 2 Platten 23 x 8 cm, zuletzt 1 Platte 24 x 10 cm).

12. Die Form mit Frischhaltefolie belegen. Den Kalten Hund 3–4 Stunden zugedeckt in den Kühlschrank stellen.

13. Den Kuchen aus der Form lösen und auf eine Kuchenplatte stürzen, Frischhaltefolie entfernen. Den Kalten Hund mit Kakao bestäuben. Die Gebäcksterne mit Puderzucker bestäuben, auf die Kuchenoberfläche legen und anschließend etwas andrücken.

Tipps: Den Kalten Hund mit Frischhaltefolie zugedeckt im Kühlschrank aufbewahren. Schneiden Sie den Kuchen am besten mit einem vorgewärmten Messer in Scheiben.

Mohn-Punschtorte

12–16 Stücke

Zubereitungszeit: 1 Stunde, ohne Abkühlzeit **Kühlzeit:** etwa 3 Stunden
Backzeit: etwa 35 Minuten **Haltbarkeit:** etwa 2 Tage

Für den Rührteig:
150 g Butter oder Margarine
(zimmerwarm)
125 g Zucker
1 Pck. Dr. Oetker
Bourbon-Vanille-Zucker
1 Msp. gem. Zimt
4 Eier (Größe M)
125 g Weizenmehl
3 gestr. TL Dr. Oetker Backin
50 g Mohnsamen

Für die Füllung:
385 g abgetropfte Pflaumenhälften
(aus dem Glas)
250 ml Pflaumensaft
(aus dem Glas)
20 g Zucker
1 Pck. ungezuckerter Tortenguss, klar

Für die Punschcreme:
6 Blatt weiße Gelatine
250 ml kalter Glühwein

400 g Schlagsahne (mind. 30 % Fett)
30 g Zucker (je nach Süße
des Glühweins)
etwas gem. Zimt

Zum Garnieren:
100 g Zartbitter-Kuvertüre
1–2 TL Speiseöl, z. B. Sonnenblumenöl

1. Den Backofen vorheizen.
Ober-/Unterhitze: etwa 180 °C, Heißluft: etwa 160 °C

2. Für den Teig Butter oder Margarine mit einem Mixer
(Rührstäbe) auf höchster Stufe geschmeidig rühren. Nach und
nach Zucker, Vanille-Zucker und Zimt unterrühren. So lange
rühren, bis eine gebundene Masse entstanden ist.

3. Eier nach und nach unterrühren (jedes Ei etwa ½ Minute).
Mehl mit Backpulver und Mohn mischen, auf mittlerer Stufe
kurz unterrühren. Den Teig in einer Springform (Ø 26 cm,
Boden gefettet, mit Backpapier belegt) glatt streichen. Die
Form auf dem Rost in den vorgeheizten Backofen schieben.
Den Tortenboden **etwa 35 Minuten backen**.

4. Den Tortenboden aus der Form lösen, auf einen mit
Backpapier belegten Kuchenrost stürzen und erkalten
lassen. Anschließend mitgebackenes Backpapier abziehen.
Tortenboden einmal waagerecht durchschneiden.

5. Den unteren Tortenboden auf eine Tortenplatte legen,
einen Tortenring darumstellen.

6. Für die Füllung von den Pflaumenhälften den Saft auffangen, 250 ml davon abmessen. Die Pflaumenhälften auf dem
unteren Boden verteilen, dabei einen etwa 1 cm breiten Rand
frei lassen. Aus Pflaumensaft, Zucker und Tortengusspulver
einen Guss nach Packungsanleitung zubereiten. Den Guss auf
den Pflaumenhälften verteilen. Guss fest werden lassen.

7. Für die Punschcreme Gelatine nach Packungsanleitung
einweichen. Gelatine leicht ausdrücken und in einem Topf
bei schwacher Hitze unter Rühren auflösen. Den Topf von der
Kochstelle nehmen. Nach und nach Glühwein unter Rühren
hinzufügen. Flüssigkeit in den Kühlschrank stellen.

8. Sahne mit Zucker und Zimt steif schlagen. Sobald die
Glühweinflüssigkeit anfängt fest zu werden, die Zimtsahne
unterheben.

Pro Stück: E: 6 g, F: 24 g, Kh: 33 g, kJ: 1583, kcal: 379, BE: 2,5

9. Zwei Drittel der Punschcreme auf den Pflaumenbelag geben, glatt streichen. Oberen Tortenboden darauflegen und leicht andrücken. Restliche Punschcreme darauf glatt streichen. Die Torte zugedeckt etwa 3 Stunden in den Kühlschrank stellen.

10. Zum Garnieren Kuvertüre in kleine Stücke hacken. Zwei Drittel davon mit dem Speiseöl in einem Topf im Wasserbad bei schwacher Hitze unter Rühren schmelzen. Den Topf aus dem Wasserbad nehmen und die restliche Kuvertüre darin unter Rühren schmelzen. Anschließend die Kuvertüre dünn auf Backpapier streichen. Kuvertüre fest werden lassen (aber nicht in den Kühlschrank stellen).

11. Aus der Kuvertürenplatte mit einer oder mehreren Ausstechformen Motive (z. B. Sterne) ausstechen. Die Torte vorsichtig aus dem Tortenring lösen. Tortenrand und -oberfläche mit den Schokomotiven garnieren.

Tipps: Die Mohn-Punsch-Torte ist ohne die Schokoladenmotive gefriergeeignet. Kräftiger in der Farbe wird die Punschcreme, wenn Sie die Creme mit 1 Päckchen gemahlener roter Gelatine nach Packungsanleitung zubereiten. Schneller geht es, wenn Sie die Schokoladenmotive nicht selbst zubereiten. In gut sortierten Supermärkten und im Fachhandel finden Sie eine große Auswahl an weihnachtlichen Schokoladenmotiven.

Mandeltorte

16 Stücke

Zubereitungszeit: 1 Stunde und 20 Minuten, ohne Kühlzeit **Backzeit:** etwa 55 Minuten
Haltbarkeit: etwa 2 Tage

Für den Knetteig:
150 g Weizenmehl
40 g Zucker
1 Pck. Dr. Oetker Vanillin-Zucker
100 g Butter oder Margarine

Für den Biskuitteig:
5 Eigelb (Größe M)
4 EL Orangensaft
175 g Zucker
1 Pck. Dr. Oetker Vanillin-Zucker
abgeriebene Schale von 1 Bio-Orange
(unbehandelt, ungewachst)

5 Eiweiß (Größe M)
50 g Weizenmehl
50 g Speisestärke
1 gestr. TL Dr. Oetker Backin
300 g geröstete, abgezogene,
gem. Mandeln

Für den Krokant:
1 Msp. Butter
25 g Zucker
50 g gehackte Mandeln

6 EL Orangenmarmelade

Für die Füllung I:
1 Pck. Vanilla Tortencreme
(Cremepulver)
300 ml Milch (3,5 % Fett)
200 g Butter (zimmerwarm)

Für die Füllung II:
100 g Marzipan-Rohmasse
10 g Puderzucker

100 g abgezogene, halbierte,
leicht geröstete Mandeln

1. Den Backofen vorheizen.
Ober-/Unterhitze: etwa 180 °C, Heißluft: etwa 160 °C

2. Für den Knetteig alle Zutaten mit einem Mixer (Knethaken) zunächst kurz auf niedrigster, dann auf höchster Stufe gut durcharbeiten. Dann auf einer leicht bemehlten Arbeitsfläche kurz zu einem Teig verkneten, auf dem Boden einer Springform (Ø 26 cm, gefettet) ausrollen, mehrmals mit einer Gabel einstechen. Die Form (mit Rand) auf dem Rost in den vorgeheizten Backofen schieben. Den Boden **etwa 15 Minuten backen**.

3. Formrand entfernen. Knetteigboden sofort vom Formboden lösen, aber darauf auf einem Kuchenrost erkalten lassen.

4. Für den Biskuitteig Eigelb und Saft mit dem Mixer (Rührstäbe) schaumig schlagen. Nach und nach zwei Drittel des Zuckers mit Vanillin-Zucker und Orangenschale so lange

unterschlagen, bis eine cremige Masse entstanden ist. Eiweiß steif schlagen, restlichen Zucker kurz unterschlagen, auf die Eigelbcreme geben. Mehl mit Stärke, Backpulver und Mandeln mischen, mit einem Schneebesen unterheben.

5. Den Teig in einer Springform (Ø 26 cm, Boden gefettet, mit Backpapier belegt) glatt streichen. Die Form auf dem Rost in den vorgeheizten Backofen schieben. Den Biskuitboden bei gleicher Backofentemperatur **etwa 40 Minuten backen**.

6. Den Boden auf einen mit Backpapier belegten Kuchenrost stürzen, erkalten lassen. Mitgebackenes Backpapier abziehen. Biskuitboden 2-mal waagerecht durchschneiden.

7. Butter und Zucker unter Rühren erhitzen, bis der Zucker schwach gebräunt ist. Mandeln so lange unterrühren, bis der Krokant leicht gebräunt ist. Auf ein mit Speiseöl bestrichenes Backblech streichen, erkalten lassen. Krokant fein zerstoßen.

Pro Stück: E: 12 g, F: 39 g, Kh: 47 g, kJ: 2454, kcal: 586, BE: 4,0

8. Knetteigboden auf eine Tortenplatte legen, mit 2 Esslöffeln Marmelade bestreichen. Den unteren Biskuitboden darauflegen, mit 2 Esslöffeln Marmelade bestreichen.

9. Für die Füllung I aus den Zutaten eine Creme nach Packungsanleitung zubereiten. Für die Füllung II Marzipan auf einer mit Puderzucker bestäubten Arbeitsfläche zu einer runden Platte (Ø etwa 26 cm) ausrollen, auf den unteren bestrichenen Biskuitboden legen. Erst restliche Marmelade, dann 5 Esslöffel der Füllung I darauf verstreichen.

10. Den mittleren Biskuitboden darauflegen und mit der Hälfte der restlichen Creme bestreichen. Den oberen Biskuitboden darauflegen und leicht andrücken. Die Mandeltorte mit der restlichen Creme bestreichen. Den Tortenrand mit dem vorbereiteten Mandelkrokant bestreuen.

11. Die halbierten Mandeln vorsichtig leicht schräg in die Torte stecken. Die Mandeltorte bis zum Servieren zugedeckt in den Kühlschrank stellen.

Weihnachtstorte mit Spekulatius

16 Stücke

Zubereitungszeit: 45 Minuten **Kühlzeit:** etwa 3 Stunden
Haltbarkeit: etwa 2 Tage

Zum Garnieren:
200 g Zartbitter Schokolade
(etwa 50 % Kakaoanteil)
1 TL Speiseöl, z. B. Sonnenblumenöl

Für den Boden:
50 g Zartbitter-Schokolade
(etwa 50 % Kakaoanteil)

75 g Butter
250 g Mandel- oder Gewürz-Spekulatius

Für den Belag:
6 Blatt weiße Gelatine
600 g Doppelrahm-Frischkäse
75 g Zucker
100 ml Milch (3,5 % Milch)

1 Pck. Dr. Oetker
Bourbon-Vanille-Zucker
360 g Apfelkompott (selbst gemacht
oder aus dem Glas)
gut 1 Msp. gem. Nelken
gut 1 Msp. gem. Zimt
gut 1 Msp. gem. Kardamom

1. Schokolade (200 g) in kleine Stücke brechen, mit dem Öl in einem Topf im Wasserbad bei schwacher Hitze unter Rühren schmelzen. Ein Viertel davon etwa 2 mm dünn auf Backpapier streichen, fest werden lassen. 8–10 Sterne unterschiedlicher Größe ausstechen. Restliche flüssige Schokolade für den Belag beiseitestellen.

2. Schokolade (50 g) in kleine Stücke brechen. Butter in einem Topf zerlassen. Den Topf von der Kochstelle nehmen. Die Schokolade darin unter Rühren schmelzen. 10–14 Spekulatius vorsichtig quer halbieren und dicht aneinander innen an einen Springformrand stellen (um zu testen, wie viele Kekshälften benötigt werden). Die Kekse wieder herausnehmen, beiseitelegen. Restliche Kekse in einen Gefrierbeutel füllen. Beutel fest verschließen. Kekse mit einer Teigrolle fein zerbröseln und sorgfältig unter die Butter-Schoko-Masse rühren.

3. Eine Tortenplatte mit Tortenspitze oder Backpapier belegen und einen Springformrand (Ø 26 cm) daraufstellen. Die Brösel-Schoko-Masse darin verteilen, mit einem Löffel zu einem Boden fest andrücken, in den Kühlschrank stellen.

4. Gelatine nach Packungsanleitung einweichen. Frischkäse mit Zucker, Milch und Vanille-Zucker verrühren. Gelatine leicht ausdrücken, in einem Topf bei schwacher Hitze unter Rühren auflösen. Gelatine zunächst mit 3 Esslöffeln Frischkäse verrühren, dann unter den restlichen Frischkäse rühren.

5. Die vorbereiteten Kekshälften wieder an den Springformrand stellen. Knapp ein Drittel Frischkäse mit dem Apfelkompott verrühren, dann vorsichtig auf dem vorbereiteten Brösel-Schoko-Boden glatt streichen.

6. Die beiseitegestellte flüssige Schokolade evtl. nochmals kurz erwärmen und unter die restliche Frischkäsemasse rühren. Nelken, Zimt und Kardamom ebenfalls unterrühren. Die gewürzte Schoko-Frischkäse-Masse vorsichtig esslöffelweise auf die Apfelmus-Frischkäse-Masse geben und glatt streichen.

7. Die Torte zugedeckt etwa 3 Stunden in den Kühlschrank stellen. Anschließend den Springformrand lösen und entfernen. Die Weihnachtstorte vor dem Servieren mit den Schokoladensternen garnieren.

Pro Stück: E: 7 g, F: 26 g, Kh: 26 g, kJ: 1536, kcal: 367, BE: 2,0

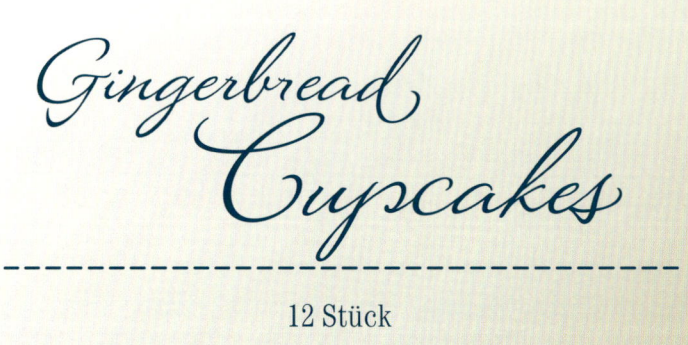

Gingerbread Cupcakes

12 Stück

Zubereitungszeit: 40 Minuten, ohne Abkühlzeit **Kühlzeit:** etwa 1 Stunde
Backzeit: 25–30 Minuten **Haltbarkeit:** 1–2 Tage

Zum Vorbereiten:
1 Bio-Orange
(unbehandelt, ungewachst)

Für den Teig:
150 g Butter oder Margarine
(zimmerwarm)
120 g Zucker
2 EL Orangenmarmelade
mit Stückchen

3 Eier (Größe M)
100 g nicht abgezogene, gem. Mandeln
80 g Weizenmehl
1 gestr. TL Dr. Oetker Backin
1 gestr. TL Lebkuchengewürz

Für das Topping:
250 g Mascarpone
(ital. Frischkäse – zimmerwarm)
50 g Crème légère (zimmerwarm)

80 g Orangenmarmelade
mit Stückchen
12 Russisch-Brot-Buchstaben
zum Garnieren (Fertigprodukt oder
selbst gemacht – Rezept S. 26/27)

Außerdem:
1 Muffinform (für 12 Muffins)
12 Muffin-Papierbackförmchen

1. Zum Vorbereiten die Orange heiß abwaschen, abtrocknen und die Schale fein abreiben. Anschließend die Schale so abschneiden, dass die weiße Haut mitentfernt wird. Die Orange filetieren. Die Orangenfilets zugedeckt beiseitestellen.

2. Den Backofen vorheizen.
Ober-/Unterhitze: etwa 180 °C, Heißluft: etwa 160 °C

3. Für den Teig Butter oder Margarine mit Zucker, Orangenschale und Orangenmarmelade in eine Rührschüssel geben. Die Zutaten mit einem Mixer (Rührstäbe) zunächst kurz auf niedrigster, dann auf höchster Stufe in etwa 4 Minuten schaumig schlagen. Die Eier nach und nach auf höchster Stufe unterrühren (jedes Ei etwa ½ Minute).

4. Mandeln mit Mehl, Backpulver und Gewürz gut mischen und unter die Eier-Fett-Masse heben.

5. Den Teig gleichmäßig in den Mulden der Muffinform (mit Papierbackförmchen ausgelegt) verteilen. Die Form auf dem Rost in den vorgeheizten Backofen schieben. Die Cupcakes **25–30 Minuten backen**.

6. Die Form auf einen Kuchenrost stellen. Cupcakes nach etwa 5 Minuten aus der Form lösen und auf dem Kuchenrost erkalten lassen.

7. Für das Topping Mascarpone mit Crème légère und Marmelade kurz mit einem Schneebesen verrühren. Die Orangencreme mit einem Esslöffel auf den Cupcakes verteilen. Die Cupcakes zugedeckt, sodass die Creme nicht zerdrückt wird, etwa 1 Stunde in den Kühlschrank stellen.

8. Die Cupcakes vor dem Servieren mit den Russisch-Brot-Buchstaben garnieren. Die Orangenfilets dazu servieren.

Pro Stück: E: 5 g, F: 25 g, Kh: 23 g, kJ: 1428, kcal: 341, BE: 2,0

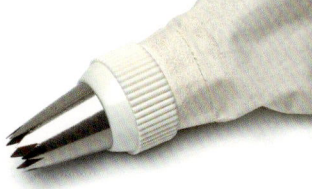

Orangen-Schichttorte

16 Stücke

Zubereitungszeit: 1 Stunde und 20 Minuten, ohne Abkühlzeit
Backzeit: etwa 10 Minuten je Boden **Haltbarkeit:** 1–2 Tage

Für den Rührteig:
175 g Butter oder Margarine (zimmerwarm)
175 g Zucker
1 Pck. Dr. Oetker Vanillin-Zucker
1 Prise Salz
3 Eier (Größe M)

150 g Weizenmehl
30 g Speisestärke
1 gestr. TL Dr. Oetker Backin

Für den Guss:
150 g Zartbitter-Kuvertüre
20 g Kokosfett

Für die Füllung:
2 Pck. Galetta Vanille-Geschmack (Puddingpulver ohne Kochen)
300 ml Orangensaft
750 g Schlagsahne (mind. 30 % Fett)

16 vorbereitete Orangenfilets

1. Den Backofen vorheizen.
Ober-/Unterhitze: etwa 180 °C, Heißluft: etwa 160 °C

2. Für den Teig Butter oder Margarine mit einem Mixer (Rührstäbe) auf höchster Stufe geschmeidig rühren. Nach und nach Zucker, Vanillin-Zucker und Salz unterrühren. So lange rühren, bis eine gebundene Masse entstanden ist. Eier nach und nach unterrühren (jedes Ei etwa ½ Minute).

3. Mehl mit Stärke und Backpulver mischen, auf mittlerer Stufe kurz unterrühren. Aus dem Teig 4 Tortenböden backen. Dazu jeweils ein Viertel des Teiges auf je einem Springformboden (Ø 26 cm, Boden gefettet) glatt streichen. Die Böden ohne Springformrand backen. Die Springformböden nacheinander (bei Heißluft 2 Böden zusammen) auf dem Rost in den vorgeheizten Backofen schieben. Jeden Gebäckboden **etwa 10 Minuten backen**.

4. Die Gebäckböden sofort von den Springformböden lösen und einzeln auf Kuchenrosten erkalten lassen.

5. Für den Guss Kuvertüre in kleine Stücke hacken. Zwei Drittel davon mit dem Kokosfett in einem Topf im Wasserbad bei schwacher Hitze unter Rühren schmelzen. Die Gebäckböden damit bestreichen. Einen Gebäckboden sofort in 16 Tortenstücke schneiden. Den Guss gut trocknen lassen.

6. Für die Füllung inzwischen aus Pudding-Pulver, Orangensaft und Sahne einen Pudding nach Packungsanleitung – aber mit den hier angegebenen Zutaten und Mengen – zubereiten.

7. Die Puddingmasse in einen Spritzbeutel mit großer Sterntülle füllen. 3 Gebäckböden mit der Creme bespritzen und zu einer Torte zusammensetzen.

8. Die 16 Tortenstücke auf den obersten mit Creme bespritzten Gebäckboden legen und mit Orangenfilets garnieren.

Tipp: Die Tortenoberfläche können Sie zusätzlich schön dick mit Kakaopulver bestäuben. Die Orangenfilets legen Sie dann erst danach auf die Schichttorte.

Pro Stück: E: 4 g, F: 30 g, Kh: 38 g, kJ: 1853, kcal: 442, BE: 3,0

Bûche de Noël
(Weihnachtsbaumstamm)

16 Stücke

Zubereitungszeit: 45 Minuten, ohne Kühlzeit **Backzeit:** etwa 8 Minuten je Backblech
Haltbarkeit: etwa 1 Tag

Für den Biskuitteig:
4 Eier (Größe M)
2 Eigelb (Größe M)
1 EL heißes Wasser
75 g Zucker
1 Pck. Dr. Oetker Finesse
Geriebene Zitronenschale
80 g Weizenmehl

Für die Creme:
100 g Zartbitter-Kuvertüre
100 g Zucker
6 EL Wasser (etwa 50 ml)
5 Eigelb (Größe M)
250 g Butter (zimmerwarm)
30 g gesiebter Backkakao

Zum Garnieren:
einige Schokoladen-Dekorblätter
1 TL Backkakao

1. Den Backofen vorheizen.
Ober-/Unterhitze: etwa 200 °C, Heißluft: nicht
empfehlenswert!

2. Für den Biskuitteig Eier, Eigelb und Wasser in eine
Rührschüssel geben und mit einem Mixer (Rührstäbe) auf
höchster Stufe in 1 Minute schaumig schlagen. Zucker mit
Zitronenschale mischen, in 1 Minute einstreuen, dann noch
etwa 2 Minuten schlagen. Anschließend das Mehl kurz auf
niedrigster Stufe unterrühren.

3. Die Hälfte des Teiges dünn auf einem Backblech
(30 x 40 cm, gefettet, mit Backpapier belegt) glatt streichen.
Das Backblech in den vorgeheizten Backofen schieben. Die
Biskuitplatte **etwa 8 Minuten backen**.

4. Die Biskuitplatte vom Backblechrand lösen und auf ein
mit Zucker bestreutes Backpapier stürzen. Das mitgebackene
Backpapier mit kaltem Wasser bestreichen und vorsichtig, aber
schnell abziehen. Die Biskuitplatte mit dem Backpapier von
der längeren Seite aus aufrollen.

5. Aus dem restlichen Teig wie beschrieben eine zweite
Biskuitplatte backen und ebenfalls wie beschrieben aufrollen.
Die Biskuitrollen erkalten lassen.

6. Für die Creme die Kuvertüre in kleine Stücke hacken. Zwei
Drittel davon in einem Topf im Wasserbad bei schwacher Hitze
unter Rühren schmelzen. Den Topf aus dem Wasserbad nehmen
und die restliche Kuvertüre darin unter Rühren schmelzen.
Kuvertüre abkühlen lassen.

7. Zucker mit Wasser in einem Topf unter Rühren zum Kochen
bringen, in etwa 5 Minuten sirupartig einkochen lassen. Den
Topf von der Kochstelle nehmen. Eigelb in einer Rührschüssel
mit dem Mixer (Rührstäbe) cremig schlagen. Den heißen
Zuckersirup in einem langsamen Strahl hinzugießen und so
lange weiterschlagen, bis die Eigelbcreme Zimmertemperatur
hat. Die Creme beiseitestellen.

8. Die Butter mit dem Mixer (Rührstäbe) weiß-schaumig
schlagen. Kuvertüre und Kakao unterrühren. Die beiseitegestellte Eigelbcreme nach und nach unterrühren.

Pro Stück: E: 4 g, F: 20 g, Kh: 17 g, kJ: 1173, kcal: 281, BE: 2,0

9. Die Biskuitrollen vorsichtig wieder auseinanderrollen und jeweils etwa 5 Esslöffel der Schokoladencreme daraufstreichen. Eine Biskuitplatte von der längeren Seite aus wieder aufrollen und an die Längskante der zweiten Biskuitplatte legen. Die Rolle in die zweite Biskuitplatte einrollen und diese große Rolle auf eine Servierplatte legen. Die restliche Schokoladencreme mit einem Esslöffel auf die Biskuitrolle geben und verstreichen. Die Biskuitrolle zugedeckt etwa 1 Stunde in den Kühlschrank stellen.

10. Zum Garnieren den Weihnachtsbaumstamm mit Schokoladen-Dekorblättern garnieren und mit dem Kakao bestäuben.

Tipps: Von der Biskuitrolle nach Belieben 4 Scheiben abschneiden und als Äste seitlich an die Rolle drücken (siehe Foto). Nehmen Sie den Kuchen 2–3 Stunden vor dem Servieren aus dem Kühlschrank. Für **selbst gemachte Schoko-Dekorblätter** 100 g Zartbitter-Kuvertüre wie unter Punkt 6 beschrieben schmelzen. Etwa 12 frische Lorbeer- oder Ilexblätter (= Stechpalmenblätter, jeweils ungespritzt, abgespült und trocken getupft) auf der Unterseite mit der Kuvertüre bestreichen, auf Backpapier legen. Kuvertüre anziehen lassen. Dann die Lorbeer- oder Ilexblätter vorsichtig von den erstarrten Kuvertüreblättern abziehen. Sie können die getrockneten Schokoblätter auch noch mit etwas Goldpuder bestreichen.

Geschenke & Getränke

Wenn's draußen friert, kuscheln wir uns in warme Decken oder einfach ganz nah aneinander. Die Hände wärmen wir an einer Tasse heißem Punsch und hüllen vor dem Kaminfeuer selbst gemachte Weihnachtsleckereien in wunderschöne Verpackungen.

Broken Heart Rice Mix

Soulfood in a Bottle: Milchreis

----

3 Flaschen je 250 ml Inhalt (je 4 Portionen)

Zubereitungszeit: 10–15 Minuten **Haltbarkeit:** mindestens 6 Monate

3 Vanilleschoten
300 g Milchreis

Für den Schoko-Toffee-Mix
(im Foto rechts und vorne):
40 g brauner Zucker
5 g gesiebter Backkakao
50 g Kuvertüre Fix Zartbitter
3 Butter-Sahne-Toffees
(etwa 25 g)

Für den Vanille-Zimt-Mix
(im Foto ganz hinten):
1 Pck. Dr. Oetker Finesse Natürliche
Zitronenschale
1 Zimtstange
65 g brauner Kandiszucker,
grob zerstoßen

Für den Himbeer-Nougat-Mix
(im Foto links):
60 g Himbeerbonbons
25 g französischer Nougat oder
türkischer Honig (Halva),
grob gewürfelt

Außerdem:
3 Glasflaschen (mit weitem Hals) zum
Verschließen (je etwa 250 ml Inhalt)

1. Die Vanilleschoten und den Milchreis in 3 gleich große Portionen teilen.

2. Für den **Schoko-Toffee-Mix** Zucker mit Kakao in einer Schüssel mischen. Kakaozucker zuerst in die Flasche füllen. 1 Vanilleschote hineinstecken. Anschließend 1 Portion Reis, dann die Kuvertüre-Chips und zuletzt die klein geschnittenen Toffees in eine Flasche schichten.

3. Für den **Vanille-Zimt-Mix** 1 Portion Milchreis mit Zitronenschale mischen, in eine Flasche füllen. Zimtstange und 1 Vanilleschote hineinstecken. Zuletzt den Kandis daraufgeben.

4. Für den **Himbeer-Nougat-Mix** Bonbons im Blitzhacker zerkleinern, dann in die letzte Flasche geben und die letzte Vanilleschote hineinstecken. Erst den Reis, dann den Nougat bzw. Honig daraufgeben.

5. Alle Flaschen verschließen und mit einem Etikett sowie einer Zubereitungsanleitung (bei allen Mischungen gleich) versehen: „Den Mix in einen Topf schütten. Die enthaltene Vanilleschote längs halbieren. Das Mark mit dem Messerrücken herausschaben. Mark und Schotenhälften zurück in den Topf geben. 750 ml Milch (1,5 oder 3,5 % Fett) dazugießen. Die Zutaten unter Rühren zum Kochen bringen. Anschließend den Reis bei ganz schwacher Hitze offen etwa 30 Minuten köcheln lassen, dabei gelegentlich umrühren. Den Topf vom Herd nehmen und den Milchreis zugedeckt etwa 30 Minuten ziehen lassen. Vanilleschote (und Zimtstange) entfernen. Den Milchreis genießen!"

Tipps: Verwenden Sie zum Einfüllen der „feinen" Zutaten ein zum Trichter gedrehtes Stück Papier (etwa DIN-A4-Größe). Aus dem Inhalt einer Flasche lassen sich etwa 4 Dessertportionen Milchreis zubereiten.

Pro Portion Schoko-Toffee-Reis (fertig zubereitet): E: 10 g, F: 11 g, Kh: 49 g, kJ: 1399, kcal: 333, BE: 4,0
Pro Portion Vanille-Zimt-Reis (fertig zubereitet): E: 8 g, F: 5 g, Kh: 46 g, kJ: 1105, kcal: 263, BE: 4,0
Pro Portion Himbeer-Nougat-Reis (fertig zubereitet): E: 9 g, F: 6 g, Kh: 48 g, kJ: 1165, kcal: 277, BE: 4,0

Mandellikör

etwa 800 ml

Zubereitungszeit: 20 Minuten, ohne Abkühlzeit **Durchziehzeit:** etwa 2 Wochen
Haltbarkeit: etwa 6 Monate

Für den Mandellikör:
150 g abgezogene, ganze Mandeln
1 kleine Zimtstange
1 Stück Sternanis
3 Tropfen Bittermandel-Aroma
125 g brauner Kandis
700 ml Weinbrand (40 Vol.-%)

Außerdem:
1 verschließbares Glas

Zum Verschenken:
1 verschließbare Flasche oder
1 verschließbares Glas

1. Die Mandeln grob hacken und in einer Pfanne ohne Fett unter Wenden goldbraun rösten. Mandeln erkalten lassen.

2. Mandeln mit Zimtstange, Sternanis und Aroma in ein gründlich gereinigtes, gespültes Glas geben. Kandis hinzugeben und mit dem Weinbrand übergießen.

3. Das Glas fest verschließen. Den Liköransatz anschließend an einem kühlen, dunklen Ort (am besten im Keller) etwa 2 Wochen durchziehen lassen.

4. Anschließend den Likör durch ein mit einem sauberen Geschirrtuch ausgelegtes Sieb gießen und auffangen. Mandellikör in ein gründlich gereinigtes, gespültes Glas oder eine Flasche füllen. Glas oder Flasche mit dem Verschluss fest verschließen und im Kühlschrank aufbewahren.

Variante: Für einen **Vanille-Mandel-Likör** das Mark von 1–2 Vanilleschoten (auch die Schoten) und 2 Päckchen. Dr. Oetker Bourbon-Vanille-Zucker mit in den Ansatz geben. Nach dem Filtern und Abfüllen die Vanilleschoten wieder in die gefüllten Flaschen geben. Die Vanilleschoten geben dann weiterhin ihr Aroma ab.

Insgesamt: E: 0 g, F: 1 g, Kh: 136 g, kJ: 923, kcal: 2153, BE: 11,5

mit viel Liebe hergestellt

Lebkuchenlikör

----

etwa 750 ml

Zubereitungszeit: 15 Minuten **Haltbarkeit:** 3–6 Monate

*100 g Zartbitter-Schokolade
(mind. 50 % Kakaoanteil)
400 g haltbare Schlagsahne
100 g gesiebter Puderzucker
2 gestr. TL Lebkuchengewürz
200 ml Doppelkorn (38 Vol.-%)*

Außerdem:
*gründlich gereinigte,
verschließbare Glasflaschen*

1. Die Zartbitter-Schokolade in kleine Stücke brechen. Die Schokoladenstücke mit der Sahne in einem kleinen Topf im heißen Wasserbad bei schwacher Hitze unter Rühren schmelzen.

2. Den Puderzucker hinzufügen und so lange rühren, bis er vollständig aufgelöst ist. Den Topf von der Kochstelle nehmen. Das Lebkuchengewürz und den Doppelkorn gut mit der Schokoladen-Sahne-Mischung verrühren.

3. Den Likör in gründlich gereinigte, gespülte Flaschen füllen. Die Flaschen gut verschließen. Den Lebkuchenlikör im Kühlschrank aufbewahren oder sofort genießen.

Variante: Für etwa 1 Liter **Eierlikör** (Foto Seite 161) 6 ganz frische Eigelb (Größe M, mindestens 23 Tage Resthaltbarkeit!) mit 160 g gesiebtem Puderzucker und 1 Päckchen Dr. Oetker Vanillin-Zucker mit einem Mixer (Rührstäbe) in etwa 5 Minuten zu einer cremigen Masse aufschlagen. 170 ml Kondensmilch (10 % Fett) unterschlagen, anschließend 500 ml Doppelkorn nach und nach unterrühren. Den Eierlikör durch ein Sieb in gründlich gereinigte, gespülte Glasflaschen füllen. Die Flaschen mit je einem Flaschenverschluss fest verschließen. Den Eierlikör im Kühlschrank aufbewahren. Er ist etwa 14 Tage haltbar. Den Eierlikör vor dem Servieren kräftig durchschütteln. Zusätzlich je 1 Prise gemahlenen Zimt und Koriander zum Eierlikör geben.

Aromasalze

----

je 200–250 g

Haltbarkeit: 3–4 Monate

1. Für etwa 250 g **Balsamicosalz** (im Foto ganz oben) 60 ml Balsamicoessig auf etwa 20 ml einkochen und abkühlen lassen. Den Backofen vorheizen (Ober-/Unterhitze: etwa 120 °C, Heißluft: etwa 100 °C). 200 g grobes Meersalz unter den Balsamicosirup mischen, anschließend auf einem Backblech (mit Backpapier belegt) gut verteilen. Das Backblech in den vorgeheizten Backofen schieben. Das Balsamicosalz **3–4 Stunden trocknen lassen,** dabei die Salzkristalle immer wieder mit einer Gabel voneinander lösen. Anschließend das Balsamicosalz über Nacht im Backofen bei geöffneter Backofentür erkalten lassen. Das Balsamicosalz in vorbereiteten Gläsern luftdicht verschließen und mit folgendem Serviertipp verschenken: „Zum Würzen von Tomate mit Mozzarella oder Tomaten-Bruschetta."

Insgesamt: E: 0 g, F: 0 g, Kh: 11 g, kJ: 195, kcal: 46, BE: 1,0

2. Für etwa 200 g **Tomatensalz** (im Foto rechts) den Backofen vorheizen (Ober-/Unterhitze: etwa 80 °C, Heißluft: etwa 60 °C). 100 g getrocknete, fein gehackte Tomaten auf einem Backblech (mit Backpapier belegt) verteilen. Die Tomaten im vorgeheizten Backofen **2–3 Stunden trocknen lassen,** dabei hin und wieder wenden. Die Tomaten im geöffneten Backofen über Nacht erkalten lassen. Am nächsten Tag die getrockneten Tomaten zusammen mit 200 g grobem Meersalz und 2 kleinen, getrockneten Chilischoten im Blitzhacker bis zur gewünschten Körnung zerkleinern. Anschließend das Tomatensalz in luftdichten Gläsern verschließen und mit einem Serviertipp verschenken: „Schmeckt super zu Tomate-Mozzarella, Tomaten-Oliven-Bruschetta und einfachen Tomaten- oder Gurkenbroten."

Insgesamt: E: 8 g, F: 1 g, Kh: 27 g, kJ: 737, kcal: 176, BE: 2,5

3. Für etwa 240 g **Orangensalz** (im Foto ganz unten) den Backofen vorheizen (Heißluft: etwa 60 °C, Ober-/Unterhitze nicht empfehlenswert!). 5 Bio-Orangen (unbehandelt, ungewachst) heiß abwaschen und abtrocknen. Die Schale mit einem Sparschäler dünn abschälen (ohne das Weiße der Früchte). Die Orangenschale auf dem Rost (mit Backpapier belegt) in den vorgeheizten Backofen schieben und **3–4 Stunden trocknen lassen.** Die Schale im Backofen über Nacht erkalten lassen. Am nächsten Tag die Orangenschale grob zerbrechen, mit 200 g grobem Meersalz und 20 g Zucker im Blitzhacker bis zur gewünschten Körnung zerkleinern. Orangensalz in luftdichten Gläsern verschließen und mit einem Serviertipp verschenken: „Schmeckt super zu Gemüse, Geflügel oder Fisch. Bestens geeignet zum Verfeinern von Dressings."

Insgesamt: E: 1 g, F: 0 g, Kh: 32 g, kJ: 596, kcal: 142, BE: 2,5

4. Für etwa 240 g **Olivensalz** (im Foto links) den Backofen vorheizen (Ober-/Unterhitze: etwa 120 °C, Heißluft: etwa 100 °C). 40 g Tapenade mit 200 g grobem Meersalz gut vermischen und auf einem Backblech (mit Backpapier belegt) verteilen. Das Salz im Backofen **etwa 1 Stunde trocknen lassen**, dabei immer wieder wenden, damit es nicht mehr zusammen klebt und klumpt. Olivensalz über Nacht im geöffneten Backofen erkalten lassen. Das Salz in luftdichten Gläser verschließen, mit folgendem Serviertipp verschenken: „Zum Würzen von Tomate mit Mozzarella oder Tomaten-Bruschetta."

Insgesamt: E: 0 g, F: 13 g, Kh: 1 g, kJ: 488, kcal: 119, BE: 0,0

Zum Verschenken: Verschenken Sie die Aromasalze in gut verschließbaren Gläsern und versehen Sie diese mit Anhängern, Aufklebern oder Banderolen, die sie entsprechend beschriften und/oder bestempeln. Auch selbst beschriftete Eisstiele aus Holz, die Sie in die Salze stecken, (z. B. erhältlich im Internethandel) sehen hübsch aus.

Punsch-aufstrich

3 Gläser je 340 ml Inhalt

Zubereitungszeit: 20 Minuten **Haltbarkeit:** 3–4 Monate

Für den Aufstrich:
250 ml frisch gepresster Orangensaft
500 ml roter Traubensaft (ungesüßt)
400 g brauner Zucker
1 Beutel Gelfix 2:1
Saft von 1 Zitrone
3 Gewürznelken
8 Tropfen Rum-Aroma

Außerdem:
vorbereite, verschließbare Gläser,
z. B. mit Twist-off-Deckeln®

1. Für den Aufstrich den Orangensaft durch ein Sieb in einen Kochtopf gießen. Den Traubensaft hinzugeben. Von der abgewogenen Zuckermenge 2 Esslöffel abnehmen, erst mit Gelfix mischen, dann mit dem Saftgemisch und dem Zitronensaft verrühren.

2. Die Zutaten unter ständigem Rühren bei starker Hitze zum Kochen bringen. Sobald alles unter ständigem Rühren durch und durch sprudelnd kocht, den restlichen Zucker und die Gewürznelken zufügen.

3. Alles unter ständigem Rühren wieder zum Kochen bringen, mindestens 1 Minute unter ständigem Rühren kochen lassen und anschließend von der Kochstelle nehmen. Das Rum-Aroma unterrühren. Das Kochgut evtl. abschäumen und die Gewürznelken entfernen.

4. Den Punschaufstrich sofort randvoll in vorbereitete Gläser mit Twist-off-Deckeln® füllen, verschließen, umdrehen und etwa 5 Minuten auf den Deckeln stehen lassen.

Zum Verschenken: Eine verschließbare Holzkiste mit Holzwolle auslegen und die mit Geschenkanhängern versehenen Gläser (nicht vergessen, auch auf die Gläser zu schreiben, was drin ist) so hineinstellen, dass sie nicht verrutschen können. Ausreichend Holzwolle auf die Gläser legen und die Kiste gut verschließen, nach Belieben rustikal in Packpapier verpacken und mit Paket- und Geschenkband dekorieren. Schön sieht es aus, wenn Sie die Gläserdeckel mit rund ausgeschnittenen (evtl. mit einer Zackenschere ausschneiden) Packpapierstücken ummanteln und mit Bändchen verschließen. Auch selbst bestempelte, selbst klebende Bänder, die Sie einfach um die Gläser wickeln, machen viel her.

Honignüsse

----

4 Gläser je etwa 200 g

Zubereitungszeit: 20 Minuten, ohne Abkühlzeit **Durchziehzeit:** 3–4 Tage
Haltbarkeit: 3–4 Monate

Für die Honignüsse:
50 g Pinienkerne
100 g Walnusskerne
100 g Haselnusskerne
1 Vanillestange
500 g flüssiger Honig,
z. B. Wald- oder Akazienhonig
3 EL Rum (40 Vol.-%)

Außerdem:
4 vorbereitete Gläser mit
Twist-off-Deckeln®

1. Pinien-, Walnuss- und Haselnusskerne evtl. in 2 Portionen in einer großen Pfanne ohne Fett unter Wenden leicht rösten, auf einen Teller geben und erkalten lassen.

2. Die Nüsse nach Belieben etwas kleiner hacken, dann in einer Schüssel gut mischen, in 4 gleich große Portionen teilen und in die mit heißem Wasser ausgespülten und sehr gut abgetrockneten Gläser füllen.

3. Die Vanilleschote längs aufschneiden und das Mark mit dem Messerrücken herausschaben. Honig mit Rum verrühren, das Vanillemark unterrühren.

4. Die halbierten Vanilleschoten nochmals halbieren. Je 1 Stück Vanilleschote in jedes Glas geben. Dann die Honigmischung auf den Nüssen in den Gläsern verteilen. Die Gläser mit den Deckeln gut verschließen, auf den Kopf stellen und 3–4 Tage so ziehen lassen.

Tipp: Die Honignüsse passen auch sehr gut zu einem Weihnachtsbrunchbuffet.

Zum Verschenken: Die Gläser schön beschriften und weihnachtlich verpacken. Ein Serviertipp für den Beschenkten sollte natürlich auch mitverschenkt werden, zum Beispiel: „Die Honignüsse mit frisch gebackenen Waffeln und griechischem Sahnejoghurt genießen … mmh!" Ein Rezept für Marzipan-Sahne-Waffeln finden Sie auf den Seiten 270/271 in diesem Buch.

Pro Glas: E: 12 g, F: 40 g, Kh: 98 g, kJ: 3422, kcal: 817, BE: 8,0

Gewürz-mischungen

je 100–580 g

Haltbarkeit: 3–4 Monate

1. Für etwa 580 g **Gomasio** (asiatische Sesam-Salz-Mischung, im Foto ganz oben) 500 g ungeschälten Sesamsamen zusammen mit 80 g grobem Meersalz in einer großen Pfanne ohne Fett bei mittlerer Hitze unter Wenden goldgelb rösten (nicht zu dunkel rösten, da die Gewürzmischung sonst bitter wird). Die Gewürzmischung auf einen Teller geben und erkalten lassen, anschließend im Mörser oder Blitzhacker zu einem groben Pulver verarbeiten (es schadet nicht, wenn einige Sesamsamen dabei ganz bleiben). Die Gewürzmischung in vorbereiteten Gläsern luftdicht verschließen. Zum Verschenken schön verpacken und mit Serviertipps versehen: „Gomasio über Salat oder Gemüsegerichte streuen. Auch ein einfaches Butterbrot mit Gurkenscheiben wird mit Gomasio zu etwas Besonderem."

Insgesamt: E: 89 g, F: 252 g, Kh: 52 g, kJ: 11695, kcal: 2825, BE: 4,5

2. Für etwa 100 g **Garam Masala** (indische Gewürzmischung, im Foto rechts) 15 grüne Kardamomkapseln, 1 grob zerbröselte Zimtstange, 1 Esslöffel ganze Gewürznelken, 6 Esslöffel schwarze Pfefferkörner, 3 Esslöffel Kreuzkümmelsamen, 1 Esslöffel Koriandersamen und 1 Esslöffel Fenchelsamen in einer Pfanne ohne Fett unter Wenden anrösten, auf einem Teller erkalten lassen. Anschließend mit ½ Esslöffel gemahlenem Kurkuma im Blitzhacker zu einem Pulver verarbeiten und in vorbereiteten Gläsern luftdicht verschließen. Garam Masala mit diesem Serviertipp verschenken: „Mit Garam Masala lassen sich Fleischgerichte arabisch würzen. Das Gewürz entweder in heißem Fett anrösten, dann das Fleisch dazugeben und anbraten oder das Gewürz am Ende des Garvorgangs dazugeben."

Insgesamt: E: 14 g, F: 12 g, Kh: 53 g, kJ: 1595, kcal: 381, BE: 4,5

3. Für gut 100 g **French-Fries-Gewürz** (Pommes-Gewürz, im Foto unten) 8 Esslöffel Salz, ½ Esslöffel Rauchsalz, 2 Esslöffel Paprikapulver rosenscharf, 1 Esslöffel indisches Currypulver und ½ Esslöffel Chilipulver im Blitzhacker kurz mixen, dann in vorbereiteten Gläsern luftdicht verschließen. Das French-Fries-Gewürz zum Beispiel zusammen mit Pommesschalen aus Porzellan und Pommesgabeln aus Holz und dem folgenden Serviertipp verschenken: „Die Pommes mit dem Gewürz in einer großen Schüssel gut durchschwenken. Schmeckt auch als Bratkartoffel-Gewürz super!"

Insgesamt: E: 4 g, F: 3 g, Kh: 11 g, kJ: 375, kcal: 90, BE: 1,0

4. Für etwa 220 g **Zatar** (arabische Gewürzmischung, im Foto links) 180 g ungeschälte Sesamsamen mit 2 Esslöffeln grobem Meersalz wie Gomasio (Punkt 1) zubereiten. Anschließend mit 6 Esslöffeln Sumach-Gewürz (erhältlich im türkischen Lebensmittelladen) und je 2 Esslöffeln Thymian, Oregano und Majoran (alles gerebelt) mischen, in luftdichte Gläser füllen und mit folgendem Serviertipp verschenken: „Zum Aromatisieren von Essig, Öl oder (Grill-)Marinaden und zum Würzen arabischer Gerichte. Fladen- oder Pitabrot in mit Zatar aromatisiertes Olivenöl dippen ... ein Genuss!"

Insgesamt: E: 42 g, F: 99 g, Kh: 46 g, kJ: 5152, kcal: 1242, BE: 4,0

Zum Verschenken: Die Gewürzmischungen in kleinen Porzellan- oder Steingutgefäßen oder in kleinen Tütchen verschenken. Mit ein paar hübschen Papieren zum Verschließen und Bestempeln und/oder selbst gemachten oder gekauften Anhängern oder Etiketten sind die kulinarischen Präsente fertig.

Zuckermischungen

je etwa 200 g

Haltbarkeit: 2–3 Monate

1. Für **Glühweinzucker** (im Foto vorne) zunächst den Backofen vorheizen (Heißluft: etwa 60 °C, Ober-/Unterhitze nicht empfehlenswert!). Je 1 Bio-Zitronen- und Bio-Orangenstück (unbehandelt, ungewachst) heiß abwaschen, abtrocknen und die Schalen mit einem Sparschäler dünn abschälen. Dabei darauf achten, dass das Weiße der Früchte nicht mit abgeschält wird. Zitronen-, Orangenschale und 1 Vanilleschote auf einem Stück Backpapier auf dem Rost in den vorgeheizten Backofen schieben. Alles **3–4 Stunden trocknen lassen**. Anschließend den Backofen ausstellen und die Zutaten über Nacht im Backofen erkalten lassen. Am nächsten Tag Zitronen-, Orangenschale und Vanilleschote zerbrechen und zusammen mit 1 Sternanis, 5 ganzen Gewürznelken, 1 Zimtstange, 8 Pimentkörnern und 200 g weißem Teekandis evtl. portionsweise im Blitzhacker grob zerkleinern. Den Glühweinzucker in gut verschließbare Gläser geben.

Insgesamt: E: 1 g, F: 1 g, Kh: 208 g, kJ: 3594, kcal: 858, BE: 17,5

2. Für **Safran-Chili-Zucker** (im Foto hinten) zunächst den Backofen vorheizen (Heißluft: etwa 60 °C, Ober-/Unterhitze nicht empfehlenswert!). 1 Vanilleschote (am besten bereits ausgekratzt und etwas getrocknet) auf einem Stück Backpapier auf dem Rost in den vorgeheizten Backofen schieben, **3–4 Stunden trocknen lassen**. Anschließend den Backofen ausstellen und die Vanilleschote über Nacht im Backofen trocknen und erkalten lassen. Am nächsten Tag die Vanilleschote grob zerbrechen und mit 0,1 g Safranfäden (aus dem Döschen), 3 kleinen, getrockneten Chilischoten (aus dem Gewürzregal) und 200 g weißem Teekandis evtl. portionsweise im Blitzhacker grob zerkleinern. Den Safran-Chili-Zucker anschließend in gut verschließbare Gläser geben.

Insgesamt: E: 1 g, F: 0 g, Kh: 205 g, kJ: 3507, kcal: 837, BE: 17,0

Zum Verschenken: Verschenken Sie den Glühweinzucker zusammen mit einer Flasche trockenem Rotwein und evtl. einer Gewürzmühle zum Mahlen des Zuckers (möglichst nicht mit Plastikmahlwerk). Vergessen Sie nicht, dem Beschenkten ein paar Serviertipps aufzuschreiben: „Das Glühweingewürz zaubert aus schlichtem Rotwein einen aromatischen Glühwein (je nach Geschmack 1–2 Teelöffel Glühweinzucker in 200 ml heißen Rotwein einrühren und auflösen). Der aromatische Glühweinzucker schmeckt unter Quark oder Joghurt gemischt köstlich, verleiht Obst und Eiscreme eine weihnachtliche Note und kann auch zum Backen von Kuchen und Plätzchen verwendet werden." – „Das exotische Aroma des Safran-Chili-Zuckers verfeinert Quark, Joghurt oder frisches Obst. Der Zucker eignet sich zudem hervorragend zum Abschmecken von Dressings, Dips und Saucen."

Hot Chocolate am Stiel

12 Stück

Zubereitungszeit: 25 Minuten, ohne Anziehzeit **Abkühlzeit:** über Nacht
Haltbarkeit: 1–2 Monate

Für die Schokoladen-Lollis:
250 g Zartbitter-Kuvertüre
250 g Vollmilch-Kuvertüre
1 TL gesiebter Backkakao
1 Pck. Dr. Oetker Bourbon-
Vanille-Zucker
1 TL gem. Zimt
½ TL Bittermandel-Aroma
(aus dem Röhrchen)

evtl. einige getrocknete Chiliflocken

Außerdem:
12 kleine Silikonförmchen,
z. B. Sterne und Herzen (Ø etwa 7 cm)
12 Teelöffel aus Holz, Metall,
Bambus oder Plastik

1. Für die Schokoladen-Lollis beide Kuvertüresorten in kleine Stücke hacken. Zwei Drittel beider Kuvertüresorten zusammen in einem Topf im Wasserbad bei schwacher Hitze unter Rühren schmelzen. Den Topf aus dem Wasserbad nehmen und die restliche Kuvertüre darin unter Rühren schmelzen.

2. Anschließend Kakao, Vanille-Zucker, Zimt und Aroma unterrühren. Die Kuvertüremasse in 12 gleich großen Portionen (je etwa 40 ml) mithilfe eines Teelöffels in den Förmchen verteilen. Die Oberfläche nach Belieben mit getrockneten Chiliflocken bestreuen.

3. Die Kuvertüremasse etwas fest werden lassen. Anschließend jeweils 1 Teelöffel in die Kuvertüre stecken. Die Lollis vollständig erkalten lassen, am besten über Nacht.

4. Die Schoko-Lollis vorsichtig aus den Förmchen lösen.

Tipps: Schneller geht es, wenn Sie Kuvertüre Fix Zartbitter und Kuvertüre Fix Vollmilch verwenden. Das sind kleine Kuvertüre-Drops, die nicht mehr gehackt werden müssen. Die Schoko-Lollis lassen sich auch von den Löffeln lutschen oder knabbern.

Zum Verschenken: Jeden Lolli in ein Muffin-Papier-backförmchen setzen und in einem Zellophantütchen verpacken. Die Schoko-Lollis zusammen mit einem schönen Trinkbecher für die heiße Schokolade verschenken. Das Rezept für die heiße Schokolade dazulegen: „Den Schoko-Lolli in 250 ml heiße Milch geben und unter Rühren darin auflösen. Schmeckt wunderbar!"

Schoko-Fondue

2 Gläser je 290 ml Inhalt

Zubereitungszeit: 20 Minuten, ohne Abkühlzeit **Haltbarkeit:** 1–2 Monate

Für die Schokolade:
250 g Zartbitter-Kuvertüre
250 g Vollmilch-Kuvertüre
½ TL gem. Zimt
1 Msp. gem. Nelken
1 Msp. gem. Piment (Nelkenpfeffer)
6 Tropfen Orangenöl

Außerdem:
2 hitzebeständige,
verschließbare Gläser
2 hübsche Kärtchen für das Rezept

1. Für die Schokolade beide Kuvertüresorten in kleine Stücke hacken. Zwei Drittel beider Kuvertüresorten zusammen in einem Topf im Wasserbad bei schwacher Hitze unter Rühren schmelzen. Den Topf aus dem Wasserbad nehmen und die restliche Kuvertüre darin unter Rühren schmelzen.

2. Anschließend Zimt, Nelken, Piment und Orangenöl unterrühren. Die Kuvertüremasse zu gleichen Teilen in den beiden vorbereiteten Gläsern verteilen und erkalten lassen. Anschließend die Gläser verschließen und hübsch verpacken.

3. Die Zubereitung für das Fondue auf die Kärtchen schreiben: „Das Glas mit der Schokolade offen auf ein Stövchen stellen und die Schokolade langsam schmelzen lassen, dabei ab und zu umrühren. Mithilfe von Fingerfood-Spießen klein geschnittenes Obst oder Marshmallows in die flüssige Schokolade tauchen, kurz abtropfen lassen und dann: Genießen!"

Tipps: Zum Eintauchen in die flüssige Schokolade eignet sich alles, was das Herz begehrt. Lecker sind beispielsweise Bananen-, Apfel- oder Birnenstückchen, Weintrauben oder Mandarinen. Auch Physalis (Kapstachelbeeren) schmecken wunderbar. Einfach die einzelnen Blattsegmente nach hinten klappen, als Stiel benutzen und die Kapstachelbeere in die Schokolade tauchen.

Zum Verschenken: Damit der Beschenkte das Schoko-Fondue gleich zubereiten kann, verschenken Sie die selbst gemachte Schokoladenmasse am besten zusammen mit einem passenden kleinen Stövchen, einigen hübschen Fingerfood-Spießen sowie Leckereien zum Tauchen. Dafür eignen sich Mini-Marshmallows (auf den Seiten 182/183 in diesem Buch finden Sie ein Rezept für Marshmallow-Herzen) oder Weihnachtskekse (z. B. Spekulatius – Rezept auf den Seiten 54/55 – oder Spitzgebäck – Rezept auf den Seiten 40/41).

Pro Glas: E: 18 g, F: 86 g, Kh: 125 g, kJ: 5685, kcal: 1365, BE: 10,5

im Schokoladen-
himmel...

Marshmallow-Herzen

28 Stück

Zubereitungszeit: 30 Minuten, ohne Abkühlzeit **Haltbarkeit:** etwa 4 Wochen

Zum Vorbereiten:
3 Pck. gem. Gelatine, weiß
125 ml kaltes Wasser

Für die Marshmallowmasse:
125 ml Wasser
400 g Zucker
2–3 Pck. Dr. Oetker Vanillin-Zucker
einige Tropfen rote Speisefarbe

Zum Stürzen und Bestreuen:
150–200 g Puderzucker

Zum Bestäuben:
1–2 EL Speisestärke

1. Zum Vorbereiten Gelatine in einen kleinen Topf geben. Das Wasser hinzugeben und die Gelatine nach Packungsanleitung quellen lassen. Ein Backblech oder Tablett (es soll in den Kühlschrank passen) leicht fetten und mit Backpapier belegen. Das Papier an den Rändern so knicken, dass ein etwa 2 cm hoher Rand entsteht.

2. Für die Marshmallows Wasser in einem Wasserkocher zum Kochen bringen. Zucker und Vanillin-Zucker in eine Rührschüssel geben.

3. Den Topf mit der gequollenen Gelatine-Wasser-Mischung im Topf unter Rühren bei schwacher Hitze auflösen. Dabei darauf achten, dass die Gelatine nicht kocht, da sie dann nicht mehr geliert. Heißes, aber nicht mehr kochendes Wasser hinzugeben und mit einem Schneebesen gründlich unterrühren.

4. Die Gelatine-Wasser-Mischung nach und nach unter ständigem Rühren mit einem Mixer (Rührstäbe) in die Zuckermischung geben. Auf höchster Stufe zu einer weißen cremigen Masse aufschlagen.

5. Etwa die Hälfte der Masse auf eine Seite des Backbleches (mit Backpapier belegt) geben. Masse mit einer Teigkarte sofort verteilen, sodass eine etwa 1 cm dicke Schicht entsteht.

6. Restliche Masse mit einigen Tropfen roter Speisefarbe unter ständigem Schlagen rosa einfärben und auf die andere Seite des Backbleches geben. Ebenfalls sofort verstreichen, sodass eine etwa 1 cm dicke Schicht entsteht.

7. Die Marshmallow-Platte in den Kühlschrank stellen und fest werden lassen.

8. Marshmallow-Platte auf eine mit Puderzucker bestreute Arbeitsfläche stürzen. Das Backpapier vorsichtig abziehen. Die Marshmallow-Platte mit Puderzucker bestäuben und dann mit einem Ausstecher Herzchen ausstechen.

9. Speisestärke in ein feines Sieb geben. Marshmallow-Herzen dünn mit Speisestärke bepudern, dabei einmal wenden und auch die Ränder bepudern. Überschüssige Speisestärke vorsichtig abklopfen.

10. Marshmallows bis zum Verschenken bzw. Verzehr in dicht schließenden Kunststoffdosen aufbewahren.

Zum Verschenken: Die Marshmallows in eine großes, durchsichtiges Vorratsglas geben und gut verschließen. Über den Deckel etwas Geschenk- oder Packpapier stülpen und mit Geschenkband fixieren.

Pro Stück: E: 0 g, F: 0 g, Kh: 10 g, kJ: 178, kcal: 42, BE: 1,0

Cookies

+ 1 Apfel
+ 1 Ei
+ 75 g Butter

0 1 2 3 4

Backmischung für *Apple Cookies*

----

1 Backmischung für 8–9 große Cookies

Zubereitungszeit: 15 Minuten **Haltbarkeit:** etwa 4 Wochen

Für die Backmischung:
2 EL kernige Haferflocken
80 g brauner Zucker
80 g Weizenmehl
1 Msp. Natron
1 Prise Salz
25 g getrocknete Cranberrys
50 g geröstete, gestiftelte Mandeln

Außerdem:
1 Trichter
1 saubere, gut verschließbare
Milchflasche aus Glas
1 größerer Anhänger

1. Für die Backmischung zunächst die Haferflocken, dann den braunen Zucker mithilfe des Trichters in die Glasflasche geben.

2. In einer Rührschüssel Mehl mit Natron und Salz mischen. Die Mehlmischung ebenfalls mit dem Trichter in die Flasche schichten. Darauf nacheinander Cranberrys und Mandeln schichten. Die Flasche gut verschließen.

3. Auf die Vorderseite des Anhängers die zusätzlichen frischen Zutaten für die Cookies schreiben: 1 kleiner Apfel (etwa 100 g), 75 g Butter, 1 Ei.

4. Auf die Rückseite des Anhängers die Zubereitung der Cookies schreiben: „Butter und Ei mit einem Mixer (Rührstäbe) kurz auf niedrigster, dann auf höchster Stufe schaumig schlagen. Die Backmischung und den geschälten, klein geschnittenen Apfel unterheben. Den Teig mit einem Eisportionierer in runden Häufchen mit Abstand auf ein Backblech (gefettet, mit Backpapier belegt) setzen, mit einem in Wasser getauchten Löffel zu flachen Cookies verstreichen. Das Backblech in den vorgeheizten Backofen (Ober-/Unterhitze: etwa 200 °C, Heißluft: etwa 180 °C) schieben. Die Apple Cookies etwa 15 Minuten backen."

Dominosteine

90–100 Stück

Zubereitungszeit: 2 Stunden, ohne Abkühl- und Trockenzeit **Backzeit:** 10–12 Minuten
Haltbarkeit: etwa 4 Wochen

Für den Teig:
100 g flüssiger Honig
25 g brauner Zucker
1 Pck. Dr. Oetker Vanillin-Zucker
1 Ei (Größe S)
1 gestr. TL Lebkuchengewürz
50 g abgezogene, gem. Mandeln
125 g Weizenmehl
1 gestr. TL Dr. Oetker Backin

Für die Füllung:
540 g Aprikosenaufstrich
(ohne Stückchen)
2 gestr. TL Agar-Agar
(pflanzliches Geliermittel,
erhältlich im Bioladen
oder Reformhaus)
200 g Marzipan-Rohmasse
100 g gesiebter Puderzucker

Für den Guss:
400 g Zartbitter-Schokolade
(etwa 50 % Kakaoanteil)
100 g Kokosöl (aus dem Bioladen
oder Reformhaus)

Zum Garnieren:
50 g weiße Kuvertüre
20 g Kokosöl

1. Honig mit Zucker und Vanillin-Zucker unter Rühren langsam zerlassen, in eine Rührschüssel geben, kalt stellen.

2. Den Backofen vorheizen.
Ober-/Unterhitze: 180 °C, Heißluft: 160 °C

3. Unter die fast erkaltete Masse mit einem Mixer (Rührstäbe) auf höchster Stufe nach und nach Ei, Lebkuchengewürz und Mandeln rühren. Mehl mit Backpulver mischen. Zwei Drittel davon auf mittlerer Stufe unterrühren. Den Rest auf der Arbeitsfläche unterkneten.

4. Den Teig zu einem Quadrat (25 x 25 cm) ausrollen. Die Teigplatte auf ein Backblech (gefettet, mit Backpapier belegt) legen und einen Backrahmen darumstellen. Das Backblech in den vorgeheizten Backofen schieben. Die Lebkuchenplatte **10–12 Minuten backen**.

5. Das Backblech auf einen Kuchenrost stellen. Die Lebkuchenplatte im Backrahmen mit einem Tuch abdecken und erkalten lassen.

6. Aufstrich in einem Topf mit Agar-Agar glatt rühren, zum Kochen bringen, 3–5 Minuten bei schwacher Hitze kochen lassen. Dann sofort auf die erkaltete Lebkuchenplatte geben, glatt streichen und erkalten lassen.

7. Marzipan mit Puderzucker verkneten, zwischen 2 Lagen Frischhaltefolie 1 Platte in Größe der Gebäckplatte ausrollen. Marzipanplatte auf die kalte Fruchtschicht legen, leicht andrücken. Den Backrahmen vorsichtig entfernen. Gebäckplatte in Würfel (etwa 2½ x 2½ cm) schneiden.

8. Schokolade in Stücke brechen, mit dem Kokosöl in einem Topf im Wasserbad bei schwacher Hitze unter Rühren schmelzen. Gebäckwürfel damit überziehen, trocknen lassen.

9. Kuvertüre in kleine Stücke hacken, mit Kokosöl in einem Topf im Wasserbad bei schwacher Hitze unter Rühren schmelzen. Den Guss in einen kleinen Gefrierbeutel geben. Den Beutel gut verschließen und eine ganz kleine Spitze abschneiden. Die Dominosteine nach Belieben mit Punkten, Streifen, Zahlen und Sternen garnieren. Guss trocknen lassen.

Pro Stück: E: 1 g, F: 4 g, Kh: 9 g, kJ: 335, kcal: 80, BE: 1,0

Verschneite *Knusperbäume*

15 Stück

Zubereitungszeit: 50 Minuten, ohne Abkühlzeit **Kühlzeit:** etwa 1 Stunde
Haltbarkeit: etwa 3 Wochen

Zum Vorbereiten:
Backpapier
1 kg Zucker

Für die Knusperbäume:
50 g Butter
50 g Zucker
60 g Kokosraspel
200 g Knusper-Früchte-Müsli mit
weniger Zucker
400 g weiße Kuvertüre
2 EL Puderzucker zum Bestäuben

1. Zum Vorbereiten für die Tannenformen 15 Bögen (je 19 x 19 cm) aus Backpapier zuschneiden. Die Bögen jeweils zu spitz zulaufenden Tüten formen. Dabei müssen die Spitzen möglichst dicht geschlossen sein. Die Tüten mit einem Tacker fest zusammentackern. Die Spitzen ganz leicht umknicken. Die Tüten aufrecht in eine mit Zucker gefüllte Schüssel stellen, sodass sie nicht umfallen können.

2. Für die Knusperbäume die Butter in einer Pfanne bei mittlerer Hitze zerlassen. Zucker, Kokosraspel und Knusper-Früchte-Müsli hinzufügen und unter ständigem Rühren zartbraun rösten. Die Müslimischung auf einem Tablett oder Backblech (mit Backpapier belegt) verteilen und vollständig erkalten lassen.

3. Die Kuvertüre in feine Stücke hacken. Zwei Drittel davon in einem Topf im Wasserbad bei schwacher Hitze unter Rühren schmelzen. Den Topf aus dem Wasserbad nehmen und die restliche Kuvertüre darin unter Rühren schmelzen. Die Müsli-Kokos-Mischung unterrühren.

4. Die Kuvertüre-Müsli-Masse mit einem Teelöffel vorsichtig in die Papiertütchen füllen. Dabei die Masse ganz vorsichtig mit einem Löffelstiel bis in die Tütenspitze drücken.

5. Die Schüssel mit den Knusperbäumen etwa 1 Stunde in den Kühlschrank stellen. Dann die Knusperbäume vorsichtig aus den Tütchen wickeln.

6. Die Knusperbäume mit Puderzucker bestäuben und dekorativ als winterlichen Märchenwald auf dem Adventskaffeetisch anrichten.

Tipp: Für leckere Knusperpralinen können Sie die Schokoladenmasse auch in kleine Silikonförmchen geben und diese wie beschrieben in den Kühlschrank stellen.

Zum Verschenken: Die Bäume zum Beispiel einzeln gut in Zellophanfolie wickeln. Die Folie auf der Standfläche mit einem Klebestreifen fixieren. Die Bäumchen dann rundherum mit hübschen Dekodraht umwickeln.

Pro Stück: E: 3 g, F: 17 g, Kh: 27 g, kJ: 1151, kcal: 275, BE: 2,5

Orientalisches Konfekt

35 Stück

Zubereitungszeit: 25 Minuten **Haltbarkeit:** 2–3 Wochen

100 g abgezogene, gem. Mandeln
75 g Pistazienkerne
4 grüne Kardamomkapseln
(aus dem Asia-Laden oder
gut sortierten Spezialitäten-
Gewürzabteilungen)
oder ½ TL gem. Piment (Nelkenpfeffer)
40 g getrocknete Datteln ohne Stein
40 g getrocknete Soft-Feigen

40 g getrocknete Soft-Aprikosen
150 g Löffelbiskuits
1 Pck. Dr. Oetker Finesse
Orangenschalen-Aroma
75 g heller Honig
¼ TL gem. Zimt
¼ TL gem. Nelken
3 EL natives Walnussöl

Zum Wälzen:
100 g Puderzucker

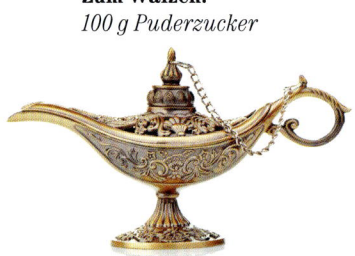

1. Mandeln und Pistazienkerne in einer Pfanne ohne Fett unter Wenden rösten, dann auf einen Teller geben.

2. Kardamomsamen aus den Kapseln lösen und im Mörser fein zerstoßen. Die Datteln, Soft-Feigen und -Aprikosen in kleine Stücke schneiden.

3. Löffelbiskuits in Stücke brechen und in der Küchenmaschine (mit einem Schlagmesser) oder im Blitzhacker fein hacken. Dattel-, Feigen-, Aprikosenstücke, Mandeln und Pistazienkerne nacheinander hinzugeben und ganz fein hacken.

4. Vom Orangenschalen-Aroma 1 gestrichenen Teelöffel zum Wälzen beiseitestellen. Restliches Orangenschalen-Aroma, Honig, Kardamom oder Piment, Zimt, Nelken und Walnussöl hinzugeben. Die Zutaten kurz durchmixen, sodass eine glatte Masse entsteht.

5. Die Konfektmasse zu etwa 35 walnussgroßen Kugeln formen. Die Kugeln anschließend mit den Händen zu flachen Talern drücken. Puderzucker mit dem beiseitegestellten Orangenschalen-Aroma in einer Schale mischen. Die Konfekttaler darin wälzen.

Tipp: Statt Finesse Orangenschalen-Aroma können Sie natürlich auch die fein abgeriebene Orangenschale von 1 Bio-Orange (unbehandelt, ungewachst) für das Konfekt verwenden.

Zum Verschenken: Die Taler am besten in einer hübschen, gut schließenden Dose zwischen Lagen von Butterbrot- oder Backpapier verpacken. Hübsch sieht es aus, wenn Sie das Papier mit einer gezackten Bastelschere zurechtschneiden. Das Konfekt sollte kühl und trocken aufbewahrt werden.

Pro Stück: E: 2 g, F: 4 g, Kh: 10 g, kJ: 347, kcal: 83, BE: 1,0

Kürbiskernpralinen

45 Stück

Zubereitungszeit. 1 Stunde, ohne Kühlzeit **Haltbarkeit:** 1–2 Wochen

100 g Zart- oder Edelbitter-Schokolade
(50–75 % Kakaoanteil)
50 g weiße Schokolade
50 g Schlagsahne
40 g Butter
50 g Marzipan-Rohmasse
100 g gem. Kürbiskerne
2 EL Mandellikör
1 Pck. Dr. Oetker Vanillin-Zucker

Zum Wälzen:
40 g gem. Kürbiskerne
10 g Puderzucker
evtl. grüne Speisefarbe

Zum Garnieren:
etwa 25 g weiße Kuvertüre
etwa 45 Kürbiskerne

1. Beide Schokoladensorten in kleine Stücke brechen. Zwei Drittel davon zusammen mit Sahne und Butter in einem Topf im Wasserbad bei schwacher Hitze unter Rühren schmelzen. Den Topf aus dem Wasserbad nehmen und die restliche Schokolade darin unter Rühren schmelzen. Schokolade etwas abkühlen lassen.

2. Marzipan raspeln und mit den Kürbiskernen unter die Schokoladenmasse rühren. Likör und Vanillin-Zucker vorsichtig unterrühren. Die Masse zugedeckt im Kühlschrank fest werden lassen.

3. Aus der Masse mit angefeuchteten Händen oder mit einem kleinen Löffel knapp walnussgroße Kugeln formen (die Masse evtl. zwischendurch wieder in den Kühlschrank stellen).

4. Zum Wälzen Kürbiskerne mit Puderzucker mischen, nach Belieben einige Tropfen Speisefarbe unterarbeiten. Die noch feuchten Kugeln darin wälzen.

5. Zum Garnieren die Kuvertüre in Stücke hacken und in einem Topf im Wasserbad bei schwacher Hitze unter Rühren schmelzen. Kuvertüre in ein Pergamentpapiertütchen füllen, eine kleine Ecke abschneiden. Jede Kugel mit etwas Kuvertüre garnieren und mit je einem Kürbiskern belegen. Die Kürbiskernpralinen im Kühlschrank durchkühlen lassen, dann gut verschlossen im Kühlschrank aufbewahren.

Tipp: Die Kürbiskerne mit einer Mandelmühle mahlen.

Zum Verschenken: Setzen Sie jede Praline in ein Pralinen-Papierförmchen. Die Kürbiskernpralinen als Gastgeschenk zum Beispiel als Willkommensgruß jedem Gast auf den Teller setzen.

Granatsplitter

40 Stück

Zubereitungszeit: 50 Minuten, ohne Kühlzeit **Backzeit:** 8–10 Minuten je Backblech
Haltbarkeit: 1–2 Wochen

Für den Knetteig:
150 g Weizenmehl
1 gestr. TL Dr. Oetker Backin
50 g Zucker
1 Pck. Dr. Oetker Vanillin-Zucker
½ Röhrchen Rum-Aroma
2 EL Wasser
75 g Butter

Für den Belag:
125 g Kokosfett
150 g Zartbitter-Kuvertüre
2 EL Crème fraîche
½ Röhrchen Rum-Aroma
100 g gestiftelte Mandeln

etwa 250 g Zartbitter-Kuvertüre
1 EL Speiseöl, z. B. Sonnenblumenöl
evtl. etwas essbares Blattgold

1. Für den Teig alle Zutaten in einer Rührschüssel mit einem Mixer (Knethaken) zu einem Teig verkneten.

2. Den Backofen vorheizen.
Ober-/Unterhitze: etwa 180 °C, Heißluft: etwa 160 °C

3. Den Teig portionsweise auf der leicht bemehlten Arbeitsfläche dünn ausrollen. Mit einer runden Ausstechform (Ø etwa 4 cm) etwa 40 Plätzchen ausstechen. Die Teigreste unregelmäßig zu Plätzchen ausrädern. Alle Teigplätzchen auf Backbleche (mit Backpapier belegt) legen. Die Backbleche nacheinander (bei Heißluft zusammen) in den vorgeheizten Backofen schieben. Die Plätzchen **8–10 Minuten je Backblech backen**.

4. Die Plätzchen mit dem Backpapier auf Kuchenroste ziehen und erkalten lassen.

5. Kokosfett zerlassen, lauwarm abkühlen lassen.

6. Inzwischen Kuvertüre (150 g) in kleine Stücke hacken, zu dem Kokosfett geben und unter ständigem Rühren darin schmelzen. Crème fraîche und Rum-Aroma unterrühren.

7. Die ausgeräderten Plätzchen in kleine Stücke brechen, mit den Mandeln unter die Kuvertüremasse rühren. Die Kuvertüremasse 5–10 Minuten in den Kühlschrank stellen, bis sie halbfest ist, dabei ab und zu umrühren. Anschließend die Kuvertüremasse bergförmig auf die runden Plätzchen geben und vorsichtig fest drücken. Die Granatsplitter wieder in den Kühlschrank stellen.

8. Dann die Kuvertüre (250 g) in kleine Stücke hacken. Zwei Drittel davon mit dem Speiseöl in einem Topf im Wasserbad bei schwacher Hitze unter Rühren schmelzen. Den Topf aus dem Wasserbad nehmen und die restliche Kuvertüre darin unter Rühren schmelzen.

9. Granatsplitter mit der Oberseite in die Kuvertüre tauchen, dann die überschüssige Kuvertüre abtropfen lassen. Granatsplitter auf Backpapier legen und in den Kühlschrank stellen, damit Belag und Guss fest werden.

10. Die Granatsplitter nach Belieben vor dem Servieren mit essbarem Blattgold garnieren. Granatsplitter sehr gut gekühlt servieren.

Pro Stück: E: 2 g, F: 10 g, Kh: 9 g, kJ: 579, kcal: 139, BE: 1,0

Mandel-Ingwer-Krokant

40 Stück

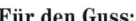

Zubereitungszeit: 45 Minuten, ohne Abkühlzeit **Haltbarkeit:** etwa 1 Woche

Für die Krokantmasse:
250 g Zucker
200 g flüssiger Honig
100 g Butter (zimmerwarm)
250 g gehobelte Mandeln
75–100 g fein gewürfelter,
kandierter Ingwer

etwas Sonnenblumenöl
zum Einstreichen

Für den Guss:
100 g Zartbitter-Kuvertüre
2 TL Sonnenblumenöl

1. Für die Krokantmasse den Zucker in einem Topf unter Rühren schmelzen lassen. Den Honig und die Butter unter ständigem Rühren hinzufügen und so lange rühren, bis eine einheitliche Masse entstanden ist.

2. Mandeln und Ingwer unterrühren. Die Masse unter Rühren zum Kochen bringen und unter ständigem Rühren einige Minuten kochen lassen.

3. Die Masse etwa 1½ cm dick auf ein Backblech (30 x 40 cm, gut mit Sonnenblumenöl bestrichen) streichen und etwas abkühlen lassen. Anschließend in kleine Rauten, Dreiecke oder Rechtecke schneiden und erkalten lassen.

4. Für den Guss Kuvertüre in kleine Stücke hacken. Zwei Drittel davon mit Sonnenblumenöl in einem kleinen Topf im Wasserbad bei schwacher Hitze unter Rühren schmelzen. Die Mandel-Ingwer-Krokant-Stücke jeweils mit einer Ecke oder Seite hineintauchen, die Unterseite abstreifen und auf Backpapier setzen. Kuvertüre trocknen lassen.

5. Mandel-Ingwer-Krokant in gut schließenden Dosen zwischen Lagen von Backpapier kühl und trocken aufbewahren.

Zum Verschenken: Mandel-Ingwer-Krokant auf einem dekorativen Teller anrichten und in Folie verpacken.

Pro Stück (fertig gebackene Cookies): E: 4 g, F: 11 g, Kh: 22 g, kJ: 864, kcal: 206, BE: 2,0

Nussküchlein

12 Stück

Zubereitungszeit: 45 Minuten **Backzeit:** 20–25 Minuten
Haltbarkeit: 3–5 Tage

Für den Rührteig:
*60 g Butter oder Margarine
(zimmerwarm)
25 g Puderzucker
1 Pck. Dr. Oetker Vanillin-Zucker
2–3 Tropfen Rum-Aroma
1 Pck. Dr. Oetker Finesse
Weihnachtsaroma
4 Eigelb (Größe M)
150 g gem. Haselnusskerne
25 g geh. Haselnusskerne
½ gestr. TL Dr. Oetker Backin*

Für den Eischnee:
*4 Eiweiß (Größe M)
1 Prise Salz
30 g Puderzucker*

Zum Garnieren und für den Guss:
*50 g grünes Dekor-Marzipan
etwa 30 g rotes Dekor-Marzipan
125 g Puderzucker
1 EL Rum
einige Tropfen Wasser*

Außerdem:
*12 Mini-Kastenförmchen
(je etwa 9 x 5 cm)
1 Holzspieß (Schaschlikspieß
oder Zahnstocher)*

1. Den Backofen vorheizen.
Ober-/Unterhitze: etwa 180 °C, Heißluft: etwa 160 °C

2. Das Fett mit einem Mixer (Rührstäbe) auf höchster Stufe geschmeidig rühren. Nach und nach Puderzucker, Vanillin-Zucker und Aromen so lange unterrühren, bis eine gebundene Masse entstanden ist. Eigelb nach und nach kurz unterrühren. Gemahlene und gehackte Nüsse mit Backpulver mischen, auf mittlerer Stufe kurz unterrühren.

3. Eiweiß und Salz mit dem Mixer (Rührstäbe) sehr steif schlagen. Puderzucker nach und nach so lange unterschlagen, bis der Eischnee stark glänzt. Eischnee in 2 Portionen vorsichtig unter den Teig ziehen.

4. Den Teig in die Kastenförmchen (evtl. gefettet – Silikon-förmchen müssen nicht gefettet werden) geben und leicht glatt streichen. Die Förmchen auf dem Rost in den vorgeheizten Backofen schieben. Die Nussküchlein **20–25 Minuten backen.**

5. In der Zwischenzeit grünes Marzipan ausrollen und 24 Blätter ausschneiden, mit dem Messerrücken Blattrippen eindrücken. Marzipanblätter auf einem Küchenbrett beiseitestellen. Aus dem roten Marzipan zwischen den Handflächen erbsengroße Kügelchen rollen und beiseitestellen.

6. Die gebackenen Küchlein auf einem Kuchenrost erkalten lassen. Anschließend vorsichtig aus den Förmchen lösen und auf den Kuchenrost stellen.

7. Für den Guss Puderzucker und Rum in eine Rührschüssel geben. Nach und nach nur so viel Wasser unterrühren, dass ein dünn- oder zähflüssiger Guss entsteht.

8. Die Nussküchlein mit dem Guss bestreichen, mit den beiseitegestellten Marzipanblättern und -kügelchen garnieren, vorsichtig andrücken. Mit dem Holzspieß in jedes Marzipankügelchen eine Vertiefung eindrücken. Guss und Marzipan trocknen lassen.

Pro Stück: E: 5 g, F: 17 g, Kh: 22 g, kJ: 1075, kcal: 257, BE: 2,0

Apfel-Weißwein-Punsch
(im Foto vorne)

----

6 Portionen

Zubereitungszeit: 15 Minuten

750 ml Weißwein
700 ml Apfelsaft

2 Gewürznelken
4 gestr. TL Zucker

1. Den Weißwein mit Apfelsaft, Nelken und Zucker in einen Topf geben und unter gelegentlichem Rühren langsam erwärmen, aber nicht kochen lassen. Den Apfel-Weißwein-Punsch etwa 5 Minuten bei schwacher Hitze ziehen lassen.

Pro Portion: E: 0 g, F: 0 g, Kh: 16 g, kJ: 666, kcal: 159, BE: 1,5

2. Den Apfel-Weißwein-Punsch anschließend durch ein Sieb gießen und in einer Thermoskanne auffangen. Den heißen Punsch am besten in vorgewärmten Gläsern verteilen und sofort servieren.

Orangenpunsch
(im Foto hinten)

----

6 Portionen

Zubereitungszeit: 10 Minuten

1 Liter Orangensaft
(frisch gepresst oder Direktsaft)
Saft von 1 Zitrone

200 ml Orangenlikör
2 Pck. Dr. Oetker Bourbon-
Vanille-Zucker

1. Den Orangensaft mit den restlichen Zutaten in einen Topf geben. Die Zutaten unter gelegentlichem Rühren erwärmen, aber nicht kochen lassen. Den Punsch kurz ziehen lassen, dann in vorgewärmte Gläser füllen und servieren.

Tipp: Sie können den Orangenpunsch auch erkalten lassen und in verschließbare Flaschen umfüllen und verschenken. Im Kühlschrank können Sie den Orangenpunsch etwa 3 Tage aufbewahren und in der Mikrowelle aufwärmen.

Pro Portion: E: 1 g, F: 0 g, Kh: 27 g, kJ: 775, kcal: 185, BE: 2,5

Feuerzangenbowle

----

10 Portionen

Zubereitungszeit: 20 Minuten

2 Bio-Orangen (unbehandelt,
ungewachst)
5 Gewürznelken
½ Stange Zimt
2 l trockener Rotwein
1 Zuckerhut
etwa 250 ml Rum
(mind. 54 Vol.-%,
sonst brennt er nicht)

Außerdem:
1 Einmal-Teebeutel

1. Die Orangen heiß abwaschen, abtrocknen und so schälen, dass die weiße Haut mitentfernt wird. Orangen in kleine Stücke schneiden, dabei den Saft auffangen.

2. Die Gewürznelken mit der Zimtstange in einen Einmal-Teebeutel geben. Den Rotwein mit Orangenstücken, aufgefangenem Saft und Teebeutel in einem Topf erhitzen, aber nicht kochen lassen.

3. Den Teebeutel herausnehmen. Den Rotwein in ein hitzebeständiges Feuerzangenbowle-Gefäß umfüllen und auf einem Rechaud heiß halten.

4. Den Einmal-Teebeutel aus dem gewürzten Rotwein herausnehmen. Den Zuckerhut auf einer Feuerzange über das Feuerzangenbowle-Gefäß legen.

5. Den Rum nach und nach mit einem langstieligen Löffel auf den Zuckerhut träufeln, bis der Zuckerhut vollständig mit Rum getränkt ist. Anschließend den Zuckerhut vorsichtig anzünden. Den Zucker restlos in die Bowle tropfen lassen und die Bowle heiß servieren.

Tipp: Garnieren Sie die Gläser nach Belieben mit Orangenschalenspiralen.

Kinderpunsch

(im Foto rechts)

8 Portionen

Zubereitungszeit: 15 Minuten

2 l Obstsaft
(z. B. Apfel-, Kirsch- oder Orangensaft)
1 EL flüssiger Honig
½ TL gem. Zimt
1 Msp. gem. Nelken
2 EL Zitronensaft

1. Saft in einem Topf bei mittlerer Hitze zum Kochen bringen. Topf von der Kochstelle nehmen. Honig, Zimt, Nelken und Zitronensaft unterrühren. Punsch etwa 5 Minuten ziehen lassen.

2. Den Punsch evtl. nochmals mit den Gewürzen abschmecken und danach in 8 Tassen oder Punschgläser füllen. Den Kinderpunsch warm servieren.

Pro Portion: E: 0 g, F: 0 g, Kh: 16 g, kJ: 666, kcal: 159, BE: 1,5

Schnelle heiße Schokolade

(im Foto links)

8–10 Portionen

Zubereitungszeit: 15 Minuten

200 g Edel-Vollmilch oder
Zartbitter-Schokolade
2 l Milch (3,5 %)

1. Die Schokolade in Stücke brechen. Die Schokoladenstücke mit der Milch in einen Topf geben und unter Rühren erwärmen, bis die Schokolade geschmolzen ist. Die Schokoladenmilch erhitzen, aber nicht kochen lassen.

Tipp: Je nach Süße der Schokolade die heiße Schokolade noch mit etwas Zucker und gemahlenem Zimt abschmecken. Nach Belieben die heiße Schokolade mit geschlagener Sahne und Raspelschokolade garniert servieren.

Pro Portion: E: 9 g, F: 16 g, Kh: 21 g, kJ: 1096, kcal: 262, BE: 1,5

Glögg

(im Foto vorne)

10 Portionen

Zubereitungszeit: 15 Minuten, ohne Ziehzeit

100 g Korinthen
heißes Wasser
2 Bio-Orangen
(unbehandelt, ungewachst)

2 l Rotwein
500 ml Cognac
3 Muskatblüten (Macis)
1 Zimtstange

2 Gewürznelken
1–2 TL gem. Ingwer
250–300 g Zucker
100 g abgezogene Mandeln

1. Die Korinthen in einer Schale mit heißem Wasser übergießen und beiseitestellen. Orangen heiß abwaschen, abtrocknen und die Schale fein abreiben. Rotwein, Cognac, Orangenschale, Muskatblüten, Zimtstange, Nelken, Ingwer und Zucker in einem Topf zum Kochen bringen und etwa 15 Minuten bei schwacher Hitze ziehen lassen.

2. Den Glögg durch ein Sieb gießen und in einer Thermoskanne auffangen. Die Korinthen in ein Sieb geben und gut abtropfen lassen. Anschließend die Korinthen zusammen mit den Mandeln in vorgewärmten Punschgläsern verteilen und dann mit dem heißen Glögg auffüllen. Den Glögg sofort servieren.

Pro Portion: E: 3 g, F: 5 g, Kh: 41 g, kJ: 1908, kcal: 455, BE: 3,5

Glühwein

(im Foto hinten)

8 Portionen

Zubereitungszeit: 10 Minuten

1 ½ Liter Rotwein
300 g Zucker
2 Zimtstangen

10 Gewürznelken
abgeriebene Schale von 1 Bio-Zitrone
(unbehandelt, ungewachst)

einige Bio-Orangenscheiben
(unbehandelt, ungewachst)

1. Den Rotwein mit den restlichen Zutaten in einem Topf langsam erhitzen, aber nicht kochen. Die Zimtstangen und die Nelken entfernen.

2. Den Glühwein in Glühwein- oder Teegläser füllen. Den Glühwein nach Belieben mit Bio-Orangenscheiben garnieren und sofort servieren.

Pro Portion: E: 0 g, F: 0 g, Kh: 42 g, kJ: 1162, kcal: 277, BE: 3,5

Menüs,
Fondue, Raclette
& Brunch

... bescheren ein köstliches Fest – egal ob festliches 3-Gänge-Menü in der Klassik-, Veggie- oder Light-Variante, ob Fondue- oder Raclette-Ideen fürs Festtagsschlemmen in gemütlicher Runde oder lieber Süßes und Pikantes zum Weihnachtsbrunch.

Menü

Kürbisflan

∗

Brezelknödel
mit Pilzen

∗

Himbeerküchle

4
FESTLICHE
3-GÄNGE
WEIHNACHTS
MENÜS

Genuss für Auge und Gaumen!

Wir haben für Sie 4 Menüs mit Vorspeise, Hauptgang und Dessert zusammengestellt: den All-time-Klassiker mit Weihnachtsgans, ein klassisches Menü mit Wildgericht als Hauptgang, ein Veggie- und ein Light-Menü. Die Rezepte aller Menüs haben wir für **6** und für **12 Portionen** berechnet. Die Zutatenmengen für **6 Portionen sind grün,** die für **12 Portionen rot** hervorgehoben. Sie können ein komplettes Menü kochen oder Vorspeise, Hauptgericht und Dessert frei kombinieren. Haben Sie mehr oder weniger Gäste, verändern Sie die Mengen entsprechend. Bedenken Sie, dass Sie für Kinder und ältere Menschen häufig kleinere, für Jugendliche durchaus größere Portionen einplanen müssen. Die Wegweiser mit Einkaufszetteln und Ablaufplänen helfen Ihnen, Stress erst gar nicht aufkommen zu lassen. Wir empfehlen Ihnen dennoch, Ihr Menü oder schwierige Gerichte einmal Probe zu kochen.

Hinweis: Menükarten für alles Menüs finden Sie im Internet unter *www.oetker-verlag.de/weihnachtsbuch.*

WEIHNACHTS
MENÜ

Vorspeise:

Hauptgericht:

Dessert:

Wegweiser **Menü 1:**

All-time-Classic-Menü mit Gans

Während Ihre Gäste die Vorspeise genießen, duftet die Weihnachtsgans schon wunderbar aus der Küche und als Dessert wartet eine verführerische Schokoladenmousse – weihnachtlich verfeinert mit Lebkuchen.

Vorspeise:
Maultaschen in klarer Brühe
→*Rezept auf den Seiten 214/215*

Hauptgang:
Weihnachtsgans
→*Rezept auf den Seiten 216/217*

Dessert: Lebkuchenmousse mit Glühweinbirnen
→*Rezept auf den Seiten 218/219*

→EINKAUFSZETTEL*

Schreiben Sie rechtzeitig vor dem Fest 3 Einkaufszettel. Wir haben diese hier für Sie zusammengefasst. Je nachdem, welche Beilagen Sie zum Hauptgericht reichen möchten, müssen Sie diese Zutaten noch ergänzen. Denken Sie daran, Ihre eigenen Vorräte zu überprüfen: Sicherlich haben Sie einiges bereits im Hause, das Sie von den Zetteln streichen können:

1. Vorbestellungen:
etwa 2 Wochen vor dem Fest

☐ 1 küchenfertige Gans (4–4 ½ kg/
   5 ½ kg oder zusätzlich 3–4 Gänsekeulen)

3. Frisches: **1 Tag vor dem Fest**

☐ 8/8 Brötchen (Semmeln)
☐ 1/1 Bund Schnittlauch
☐ 1/1 Bund Petersilie
☐ 1/2 Bio-Zitronen (unbehandelt, ungewachst)
☐ 1/2 Bio-Orangen (unbehandelt, ungewachst)
☐ 2/2 Äpfel
☐ 3/6 mittelgroße, aromatische, reife Bio-Birnen
☐ 1/1 Bund Suppengrün (Möhren, Sellerie, Porree)

2. Haltbares: **etwa 1 Woche vor dem Fest**

☐ 300 g/600 g TK-Blattspinat
☐ 11/17 Eier (Größe M)
☐ 50 g/50 g durchwachsener Speck
☐ 20 g/20 g Butter oder Margarine
☐ 400 ml/500 ml Milch (3,5 % Fett)
☐ 250 g/500 g Schlagsahne (mind. 30 % Fett)
☐ 3/4 Zwiebeln
☐ 1/2 Knoblauchzehen
☐ 160 g/310 g Weizenmehl
☐ 250 g/500 g Zucker
☐ 2 gestr. TL/4 gestr. TL Speisestärke
☐ 3/6 Blatt weiße Gelatine
☐ 120 g/240 g Zartbitter-Kuvertüre
☐ 120 g/240 g Lebkuchen
☐ 1 ½/3 EL Speiseöl, z.B. Sonnenblumenöl
☐ 2 l/4 l Gemüsebrühe
☐ 4/8 Gewürznelken
☐ 1 TL/2 TL Lebkuchengewürz
☐ Muskatnuss
☐ 2/4 Zimtstangen
☐ gerebelter Majoran oder Beifuß
☐ 200 ml/400 ml Orangensaft
☐ 200 ml/400 ml Portwein
☐ 500 ml/1 l Rotwein
☐ 40 ml/80 ml Rum
☐ Küchengarn oder Holzstäbchen

* Einkaufszettel zum Ausdrucken finden Sie im Internet unter *www.oetker-verlag.de/weihnachtsbuch.*

→ABLAUFPLAN**

Am Vortag
Vorspeise:
► Maultaschen fertig zubereiten (Arbeitsschritte 1–6), allerdings nur 10 Minuten garen und nicht warm stellen. Die Maultaschen in einer Schüssel in wenig Speiseöl schwenken und zugedeckt im Kühlschrank lagern. Brühe erkalten lassen und gut verschlossen im Kühlschrank lagern.
Hauptgang:
► Beilage vorbereiten. Für Rosenkohl diesen wie beschrieben garen. Den Rosenkohl abgekühlt und zugedeckt kalt stellen. Für Rotkohl diesen komplett zubereiten und zugedeckt kalt stellen.
Dessert:
► Mousse und Birnen zubereiten (Arbeitsschritte 1–4).

Am Menütag:
5 Stunden vorher Hauptgang:
► Die Gans und evtl. die Gänsekeulen zubereiten.

Den Porree (vom Suppengrün) putzen. Die Stange längs halbieren, sehr gründlich waschen und abtropfen lassen.

2–3 Stunden vorher Dessert:
► Sauce zubereiten, Dessert anrichten. Bis zum Servieren zugedeckt kalt stellen. (Arbeitsschritte 5 u. 6).

1 ½ Stunden vorher Vorspeise:
► Maultaschen und Brühe aus dem Kühlschrank nehmen. Brühe in einen großen Topf gießen. Evtl. die Suppenteller vorwärmen.

1 ½ Stunden vorher Hauptgang:
► Gekochte Kartoffelklöße fertig zubereiten. Das Kochwasser weggießen, die Klöße wieder in den Topf geben. Zwischen den Topf und den Deckel 1 einmal gefaltetes sauberes Geschirrtuch geben. Den Topf auf eine Warmhalteplatte stellen.

Die Klöße mit nassen Händen formen, so bleibt der Teig nicht an den Händen kleben. Rütteln Sie während der Garzeit ab und zu leicht am Topf, damit die Klöße an die Wasseroberfläche steigen.

Am Menütag:
20 Minuten vor dem Servieren
Vorspeise:
► Brühe erhitzen.
Hauptgang:
► Beilage: Klöße auf eine backofengeeignete Platte legen und einige Minuten mit in den Backofen stellen.

Kurz vor dem Servieren
Hauptgang:
► Beilage: Rotkohl aufwärmen und nochmals abschmecken.
Vorspeise:
► Maultaschen in der Brühe 2–3 Minuten ziehen lassen. Anrichten und servieren.

Nach der Vorspeise
Hauptgang:
► Beilage: Rosenkohl fertig zubereiten.
► Gans tranchieren und servieren.

1. Die Keulen mit einem scharfen Messer auslösen. Fleisch bis zum Gelenk einschneiden, Gelenk etwas drehen und die Sehnen durchschneiden.
2. Flügel mit dem Messer an den Gelenken durchtrennen.
3. Das Brustfleisch mit dem Tranchiermesser an beiden Seiten von den Knochen lösen, in Portionsstücke schneiden.
4. Fleisch auf einer vorgewärmten Platte anrichten.

Nach dem Hauptgang
► Dessert servieren.

→GETRÄNKE
Denken Sie an einen Extra-Einkaufszettel für Getränke. Zur Vorspeise schmeckt ein trockener Weißwein. Die Weihnachtsgans servieren Sie klassisch mit Rotwein. Espresso oder Kaffee sind die perfekte Ergänzung zur Mousse. Mineralwasser sollte immer ausreichend vorhanden sein und auch die Vorlieben Ihrer Gäste sind wichtig: alkoholfreie Getränke wie Säfte und Soft Drinks, Kaffee und Tee, Weißwein, Bier und Sekt, evtl. Kräuterlikör ... Wenn Sie nicht ausreichend Platz für die Kühlung der Getränke haben, sorgen Sie vor: Stellen Sie zum Beispiel eine verschließbare Box auf Balkon oder Terrasse, je nach Außentemperatur mit oder ohne Kühlvorrichtung.

** Als Beilage zum Hauptgang sind gekochte Kartoffelklöße, Rosenkohl oder Rotkohl im Ablauf mit eingeplant.

Maultaschen in klarer Brühe

6 / 12 Portionen

Zubereitungszeit: 60–75 Minuten (je nach Portionenmenge), ohne Auftau- und Ruhezeit
Garzeit: etwa 15 Minuten

Zum Vorbereiten:
300 g / 600 g TK-Blattspinat

Für den Teig:
150 g / 300 g Weizenmehl
1 ½ / 3 Eier (Größe M)
½ EL / 1 EL Speiseöl,
z. B. Sonnenblumenöl
½ gestr. TL / 1 gestr. TL Salz
evtl. etwas Wasser

Für die Spinatfüllung:
1/2 Zwiebel(n)
1/2 Knoblauchzehe(n)
1 EL / 2 EL Speiseöl,
z. B. Sonnenblumenöl
Salz
gem. Pfeffer
ger. Muskatnuss
½ / 1 Eigelb (Größe M)

½ / 1 Eiweiß (Größe M)
etwa 2 l / 4 l Gemüse- oder Fleischbrühe
2–3 EL / 4–6 EL Schnittlauchröllchen

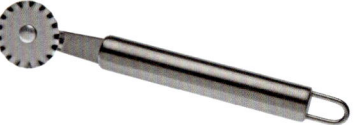

1. Zum Vorbereiten den Blattspinat nach Packungsanleitung auftauen lassen.

2. Für den Teig Mehl in eine Rührschüssel geben. Eier, Öl und Salz zufügen. Die Zutaten mit einem Mixer (Knethaken) zunächst kurz auf niedrigster, dann auf höchster Stufe in etwa 3 Minuten zu einem glatten Teig verarbeiten, evtl. noch etwas Wasser zugeben. Teig zugedeckt etwa 40 Minuten ruhen lassen.

3. In der Zwischenzeit für die Spinatfüllung den aufgetauten Spinat gut ausdrücken und grob hacken. Zwiebel(n) und Knoblauch abziehen und fein würfeln.

4. Öl in einem Topf erhitzen. Zwiebel- und Knoblauchwürfel darin unter Rühren dünsten. Spinat zugeben und mit Deckel bei schwacher Hitze etwa 3 Minuten dünsten. Den Spinat mit Salz, Pfeffer und Muskat würzen, etwas abkühlen lassen. Eigelb unterrühren.

5. Den Teig auf einer leicht bemehlten Arbeitsfläche dünn zu einem Rechteck (mindestens 40 x 30 cm / 40 x 60 cm) ausrollen, 12/24 Quadrate (je 10 x 10 cm) ausrädeln. Etwas von der Füllung auf jedes Teigquadrat geben. Die Teigränder mit verschlagenem Eiweiß bestreichen. Teigquadrate zu Dreiecken übereinanderklappen, die Ränder andrücken.

6. Brühe in einem Topf erhitzen. Maultaschen darin portionsweise ohne Deckel bei schwacher bis mittlerer Hitze etwa 15 Minuten garen. Dann mit einer Schaumkelle herausnehmen, warm stellen. Restliche Maultaschen zubereiten. Je 2 Maultaschen mit etwas Brühe in vorgewärmten Suppentellern verteilen und mit Schnittlauchröllchen bestreut servieren.

Tipps: Sie können auch fertige frische Maultaschen aus dem Kühlregal verwenden. Übrig gebliebene Maultaschen können Sie in einer Pfanne mit etwas Butter und einigen Zwiebelringen leicht anbraten.

Pro Portion: E: 7 g, F: 5 g, Kh: 21 g, kJ: 659, kcal: 158, BE: 1,5

Tipp: Bei 12 Gästen sollten Sie nach Möglichkeit eine größere Gans zubereiten (etwa 5½ kg). Die Garzeit verlängert sich dann um 30–45 Minuten. Gänse über 5 Kilo sind jedoch schwer zu bekommen. Alternativ können Sie zusätzlich 3–4 Gänsekeulen oder 1 großes Brathähnchen in der letzten Stunde Bratzeit mit in den Ofen schieben.

Weihnachtsgans

6–8 Portionen (für 12 Portionen siehe Tipp)

Zubereitungszeit: 45 Minuten, ohne Abkühlzeit **Bratzeit:** etwa 4½ Stunden

1 küchenfertige Gans (4–4½ kg)
Salz
gem. Pfeffer
gerebelter Majoran oder Beifuß

Für die Füllung:
50 g durchwachsener Speck
2 Zwiebeln

20 g Butter oder Margarine
etwa 8 Brötchen (Semmeln)
vom Vortag
300 ml Milch (3,5 % Fett)
4 Eier (Größe M)
2 EL gehackte Petersilie
2 Äpfel
etwa 500 ml heißes Wasser

1 Bund Suppengrün
(Möhren, Sellerie, Porree)

etwa 100 ml kaltes Wasser
10 g Weizenmehl

Außerdem:
Küchengarn oder Holzstäbchen

1. Die Gans innen und außen mit Küchenpapier trocken tupfen. Gans innen mit Salz, Pfeffer und Majoran oder Beifuß einreiben.

2. Den Speck würfeln. Zwiebeln abziehen, fein würfeln. Fett in einer Pfanne zerlassen. Speck darin knusprig braten. Zwiebeln zufügen, glasig dünsten. Masse beiseitestellen.

3. Den Backofen vorheizen.
Ober-/Unterhitze: etwa 200 °C, Heißluft: etwa 180 °C

4. Brötchen klein würfeln, in eine Schüssel geben. Milch erhitzen, darüber gießen und gut verrühren. Die Speck-Zwiebel-Masse unterrühren, etwas abkühlen lassen. Dann Eier und Petersilie unterrühren, mit Salz würzen. Äpfel schälen, halbieren, entkernen, raspeln und unter die Masse mischen.

5. Die Gans mit der Masse füllen. Die Öffnung mit Küchengarn zunähen oder mit Holzstäbchen verschließen. Die Gans außen mit Salz, Pfeffer und Majoran oder Beifuß einreiben.

6. Eine Fettpfanne in den vorgeheizten Backofen (unteres Drittel) schieben. 125 ml heißes Wasser hineingießen. Die Gans mit der Brust nach unten auf einen Rost legen und den Rost oberhalb der Fettpfanne in den vorgeheizten Backofen schieben. Die Gans **etwa 1½ Stunden braten**. Die Gans während der Bratzeit mehrmals unterhalb der Flügel und Keulen einstechen, damit das Fett besser ausbraten kann. Das gesammelte Fett abschöpfen.

7. Sobald der Bratensatz bräunt, so viel heißes Wasser hinzugießen, dass das Wasser in der Fettpfanne etwa 1 cm hoch steht. Die Gans ab und zu mit dem Bratensatz begießen. Verdampfte Flüssigkeit nach und nach durch heißes Wasser ersetzen.

8. Inzwischen Suppengrün putzen und klein schneiden. Gans nach etwa 1½ Stunden wenden. Suppengrün in die Fettpfanne geben. Bei **gleicher Temperatur weitere etwa 3 Stunden garen**.

9. 50 ml kaltes Wasser mit ½ TL Salz verrühren. Gans etwa 10 Minuten vor Ende der Bratzeit damit bestreichen. Die **Ofentemperatur um etwa 20 °C erhöhen**. Gans vom Rost nehmen und zugedeckt 5–10 Minuten ruhen lassen.

10. Den Bratensatz mit etwas heißem Wasser lösen, durch ein Sieb streichen, mit Wasser auf 600 ml auffüllen, in einem Topf zum Kochen bringen. Mehl mit restlichem Wasser (50 ml) anrühren. Mit einem Schneebesen in den kochenden Bratenfond rühren. Darauf achten, dass keine Klümpchen entstehen. Die Sauce zum Kochen bringen und ohne Deckel bei schwacher Hitze etwa 5 Minuten leicht kochen, dabei gelegentlich umrühren. Sauce mit Salz, Pfeffer und Majoran abschmecken.

11. Die Gans in Portionsstücke schneiden (tranchieren) und auf einer vorgewärmten Platte anrichten. Die gefüllte Gans mit der Sauce servieren.

Beilagen: Klöße und Rosen- oder Rotkohl (S. 244/245).

Pro Portion: E: 88 g, F: 86 g, Kh: 31 g, kJ: 5202, kcal: 1242, BE: 2,0

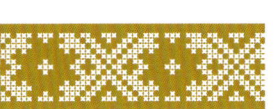

Lebkuchenmousse
mit Glühweinbirnen

6/12 Portionen

Zubereitungszeit: 35–50 Minuten (je nach Portionenmenge), ohne Abkühlzeit
Kühl- und Durchziehzeit: über Nacht

Für die Lebkuchenmousse:
3/6 Blatt weiße Gelatine
3/6 Eigelb (Größe M)
1/2 Ei(er) (Größe M)
100 ml/200 ml Milch (3,5 % Fett)
50 g/100 g Zucker
100 g/200 g Lebkuchen
100 g/200 g Zartbitter-Kuvertüre
1 TL/2 TL Lebkuchengewürz
40 ml/80 ml Rum
250 g/500 g Schlagsahne
(mind. 30 % Fett)

Für die Glühweinbirnen:
1/2 Bio-Zitrone(n)
(unbehandelt, ungewachst)
1/2 Bio-Orange(n)
(unbehandelt, ungewachst)
500 ml/1 l Rotwein
200 ml/400 ml Portwein
200 ml/400 ml Orangensaft
200 g/400 g Zucker
4/8 Gewürznelken
2/4 Zimtstangen

3/6 mittelgroße, aromatische,
reife Bio-Birnen
2 gestr. TL/4 gestr. TL Speisestärke
1 EL/2 EL Wasser

Zum Garnieren:
1/2 Lebkuchen
1/1 großes Stück Zartbitter-Kuvertüre
zum Hobeln

1. Gelatine nach Packungsanleitung einweichen. Eigelb, Ei(er), Milch und Zucker in einer Edelstahlschüssel mit einem Schneebesen gut verrühren, über dem heißen Wasserbad schaumig schlagen. Aus dem Wasserbad nehmen. Gelatine leicht ausdrücken, in der Creme unter Rühren vollständig auflösen.

2. Lebkuchen sehr klein würfeln. Kuvertüre klein hacken. Gewürz mit Rum verrühren, mit Kuvertüre und Lebkuchen unter die noch warme Eiercreme rühren, abkühlen lassen. Sahne steif schlagen, vorsichtig unterheben. Mousse in einer Schale zugedeckt über Nacht in den Kühlschrank stellen.

3. Zitrone(n) und Orange(n) heiß abwaschen, abtrocknen. Die Schalen fein abreiben. Weine, Saft, Zucker, Nelken und Zimtstangen in einem breiten Topf aufkochen lassen.

4. Birnen heiß abwaschen, abtrocknen, längs halbieren. Kerngehäuse mit einem Kugelausstecher entfernen. Birnen in dem Glühweinsud bei mittlerer Hitze etwa 5 Minuten köcheln

lassen. Topf vom Herd nehmen. Nelken und Zimt entfernen. Die Birnen in dem Sud über Nacht ziehen lassen.

5. Birnen aus dem Sud nehmen, trocken tupfen. Von dem Sud 250 ml/500 ml zum Kochen bringen. Stärke mit Wasser anrühren, unter den Sud rühren und unter Rühren aufkochen. Sauce abkühlen lassen. Birnen fächerartig aufschneiden.

6. Zum Garnieren Lebkuchen sehr klein würfeln. Von der Mousse mithilfe eines Löffels (Löffel jeweils vor dem Abstechen der Nocken in heißes Wasser tauchen) kleine Nocken abstechen. Jeweils 2 Nocken dekorativ mit je 1 Birnenfächer, etwas Glühweinsauce und Lebkuchenwürfeln auf Tellern anrichten. Von der Kuvertüre mit einem Messer dünne Locken abhobeln und auf die Teller streuen.

Tipps: Lassen Sie den Rum in der Mousse weg. Für die Birnen ersetzen Sie Rot- und Portwein durch schwarzen Johannisbeernektar und nehmen nur 150 g/300 g Zucker.

Wegweiser Menü 2:

Menü mit Wildgericht

Wild ist eine besonders edle Alternative zum klassischen Gänsebraten. Servieren Sie zarte Hirschkalbsmedaillons unter der Nusskruste. Gekrönt wird der Gaumenschmaus erst optisch, dann geschmacklich mit fein-fruchtigen Schokotörtchen.

Vorspeise:
Entenbrust mit Rote-Bete-Apfel-Salat
→*Rezept auf den Seiten 222/223*

Hauptgang: Hirschkalbsmedaillons unter der Nusskruste
→*Rezept auf den Seiten 224/225*

Dessert:
Fein-fruchtige Schokotörtchen
→*Rezept auf den Seiten 226/227*

→EINKAUFSZETTEL*

Schreiben Sie rechtzeitig vor dem Fest 3 Einkaufszettel. Wir haben diese hier für Sie zusammengefasst. Je nachdem, welche Beilagen Sie zum Hauptgericht reichen möchten, müssen Sie diese Zutaten noch ergänzen. Denken Sie daran, Ihre eigenen Vorräte zu überprüfen: Sicherlich haben Sie einiges bereits im Hause, das Sie von den Zetteln streichen können:

1. Vorbestellungen:
etwa 2 Wochen vor dem Fest

- [ ] 4/8 Entenbrüste (je etwa 200 g)
- [ ] 750 g/1 ½ kg magerer Hirschkalbsrücken ohne Knochen

3. Frisches: **1 Tag vor dem Fest**

- [ ] 750 g/1 ½ kg Rosenkohl
- [ ] 150 g/300 g Möhren
- [ ] 150 g/300 g Feldsalat
- [ ] 1/2 Bund Schnittlauch
- [ ] 6/12 Stängel Rosmarin
- [ ] 6/12 Stängel Thymian
- [ ] 1/2 Äpfel, rotschalig
- [ ] 1/1 Sternfrucht (Karambole)

2. Haltbares: **etwa 1 Woche vor dem Fest**

- [ ] 3 EL/6 EL Feigensenf
- [ ] 6 EL/12 EL Honig, flüssiger
- [ ] 6 EL/12 EL Himbeeressig
- [ ] 6 EL/12 EL Olivenöl
- [ ] 2 TL/4 TL Speiseöl, z.B. Sonnenblumenöl
- [ ] 600 ml/1,2 l Rotwein, z.B. Spätburgunder (bei alkoholfreier Zubereitung die gleiche Menge roter Traubensaft sowie 1 EL/2 EL Rotweinessig)
- [ ] 300 ml/600 ml Wildfond (aus dem Glas)
- [ ] 5/9 Lorbeerblätter
- [ ] 6/12 Wacholderbeeren
- [ ] Muskatnuss
- [ ] gem. Piment (Nelkenpfeffer)
- [ ] gem. Zimt
- [ ] etwas Backkakao
- [ ] etwas Puderzucker
- [ ] etwas Speisestärke
- [ ] 120 g/240 g ganze, nach Möglichkeit abgezogene Haselnusskerne (gibt es in türkischen Lebensmittelläden)

- [ ] 50 g/100 g abgezogene, gem. Mandeln
- [ ] 75 g/150 g Zucker
- [ ] 100 g/200 g Weizenmehl
- [ ] 1 Pck./2 Pck. Dr. Oetker Vanillin-Zucker
- [ ] 1 gestr. TL/2 gestr. TL Dr. Oetker Backin
- [ ] 1 Pck./2 Pck. Sahnesteif
- [ ] 265 g/530 g Butter oder 165 g/330 g Butter und 100 g/200 g Margarine
- [ ] 1 ½ EL/3 EL Butterschmalz
- [ ] 5/9 Eier (Größe M)
- [ ] 250 g/500 g Schlagsahne (mind. 30 % Fett)
- [ ] 750 g/1 ½ kg vorgegarte Rote Bete
- [ ] 3/6 rote Zwiebeln
- [ ] 75 g/150 g Toastbrot
- [ ] 250 g/500 g Edelbitter-Schokolade (70–75 % Kakaoanteil)
- [ ] 175 g/350 g Mandarinen (Abtropfgewicht, aus der Dose)
- [ ] Backpapier

* Einkaufszettel zum Ausdrucken finden Sie im Internet unter *www.oetker-verlag.de/weihnachtsbuch.*

→ABLAUFPLAN

Frühestens 2 Wochen vorher oder am Vortag
Dessert:
▶ Schokotörtchen zubereiten, mit Sahne verzieren, ohne Sternfurchtgarnierung einfrieren oder am Vortag zubereiten, mit Sahne verzieren und ohne Sternfruchtgarnierung zugedeckt im Kühlschrank aufbewahren.

Die Schokolade in Stücke hacken. Zwei Drittel davon mit dem Öl in einem Topf im Wasserbad bei schwacher Hitze unter Rühren schmelzen. Topf aus dem Wasserbad nehmen und die restliche Schokolade darin unter Rühren schmelzen.

Die geschmolzene Schokolade auf die vorbereiteten Backpapierstreifen streichen.

Am Vortag
Vorspeise:
▶ Vinaigrette für den Salat zubereiten, in einem gut schließenden Schraubglas im Kühlschrank aufbewahren.
▶ Feldsalat putzen, sehr gut trocken geschleudert in einen Gefrierbeutel geben, diesen gut verschließen. Im Gemüsefach des Kühlschranks aufbewahren.
▶ Rote-Bete-Spalten und Schnittlauchröllchen vorbereiten, getrennt in gut schließenden Vorratsdosen im Kühlschrank aufbewahren.
Hauptgang:
▶ Sauce, Gemüse und Nusskruste (Arbeitsschritte 1–3) zubereiten. Sauce zugedeckt an einem kühlen Ort, Gemüse getrennt in gut schließenden Vorratsdosen im Kühlschrank sowie Nüsse und Brotwürfel zusammen in einer Dose aufbewahren.

Am Menütag:
4 Stunden vorher oder 2–3 Stunden vorher Dessert:
▶ Törtchen aus dem Gefrierschrank bzw. aus dem Kühlschrank nehmen und in der Verpackung bei Zimmertemperatur auftauen lassen bzw. bis zum Servieren bei Zimmertemperatur beiseitestellen. Backpapierstreifen vorsichtig entfernen. Beilage: Salz- oder Petersilienkartoffeln vorbereiten (schälen, im Topf ins Wasser legen).

2–3 Stunden vorher Hauptgang:
▶ Hirschkalbsrücken in Medaillons schneiden, würzen und anbraten (Arbeitsschritte 4 u. 6). Haselnusskruste fertig zubereiten (Arbeitsschritt 8).

1 Stunde vorher Vorspeise:
▶ Entenbrüste zubereiten (Arbeitsschritte 1–3).

Entenbrüste mit einem scharfen Messer kreuzweise einschneiden, mit der Hautseite nach unten in etwa 5 Minuten goldbraun braten. Die Entenbrüste anschließend im vorgeheizten Backofen fertig garen.

Kurz vor dem Servieren
Hauptgang:
▶ Beilage: Salz- oder Petersilienkartoffeln zum Kochen bringen.
▶ Backofen vorheizen.
Vorspeise:
▶ Apfelspalten vorbereiten, Entenbrüste in Scheiben schneiden. Salat anrichten und servieren.

Nach der Vorspeise
▶ Kartoffeln abgießen und warm halten.
▶ Hirschkalbsmedaillons im Ofen garen (Arbeitsschritt 7). Gemüse dünsten, Medaillons überbacken, Gemüse würzen, Sauce binden. Anrichten und servieren.

Nach dem Hauptgang
Dessert:
▶ Törtchen auf Desserttellern anrichten, mit Sternfruchtscheiben garnieren.

→GETRÄNKE
Denken Sie an einen Extra-Einkaufszettel für Getränke. Zur Vorspeise passt ein Cidre oder eine Apfelsaftschorle, den Hirschrücken können Sie mit einem trockenen Rotwein oder einem Traubensaft servieren und zum Dessert schmeckt Espresso oder Portwein. Mineralwasser sollte immer ausreichend vorhanden sein und auch die Vorlieben Ihrer Gäste sind wichtig: alkoholfreie Getränke wie Säfte und Soft Drinks, Kaffee und Tee, Weißwein, Bier und Sekt, evtl. Kräuterlikör … Wenn Sie nicht ausreichend Platz für die Kühlung der Getränke haben, sorgen Sie vor: Stellen Sie zum Beispiel eine verschließbare Box auf Balkon oder Terrasse, je nach Außentemperatur mit oder ohne Kühlvorrichtung.

Entenbrust
mit Rote-Bete-Apfel-Salat

6/12 Portionen

Zubereitungszeit: 30–45 Minuten (je nach Portionenmenge)
Garzeit: etwa 10 Minuten

4/8 Entenbrüste (je etwa 200 g)

Für den Salat:
3 EL/6 EL Feigensenf
3 EL/6 EL flüssiger Honig
6 EL/12 EL Himbeeressig
6 EL/12 EL Olivenöl

Salz
gem. Pfeffer
150 g/300 g Feldsalat
1/2 rotschalige(r) (A)Äpfel
750 g/1 ½ kg vorgegarte Rote Bete
(vakuumverpackt)
1/2 Bund Schnittlauch

1. Den Backofen vorheizen.
Ober-/Unterhitze: etwa 180 °C, Heißluft: etwa 160 °C

2. Die Entenbrüste mit Küchenpapier trocken tupfen.
1–2 backofengeeignete Pfannen ohne Fett erwärmen. Die
Haut der Entenbrüste vorsichtig mit einem scharfen Messer
kreuzweise einschneiden. Die Entenbrüste mit der Hautseite
nach unten nebeneinander in die erwärmten Pfannen legen,
in etwa 5 Minuten goldbraun braten.

3. Die Entenbrüste wenden. Die Pfannen auf dem Rost
(unteres Drittel) in den vorgeheizten Backofen schieben. Die
Entenbrüste **etwa 10 Minuten garen**. Entenbrüste aus dem
Ofen nehmen, zugedeckt kurz ruhen lassen.

4. In der Zwischenzeit für den Salat den Feigensenf mit Honig
und Himbeeressig verrühren. Das Olivenöl unterschlagen. Die
Vinaigrette mit Salz und Pfeffer würzen.

5. Feldsalat verlesen, waschen, in einem Sieb gut abtropfen
lassen oder in einer Salatschleuder trocken schleudern. Die
Wurzelenden vom Feldsalat abzupfen.

6. (A)Äpfel heiß abwaschen, abtrocknen, vierteln, entkernen
und in dünne Spalten schneiden. Rote Bete halbieren, ebenfalls
in dünne Spalten schneiden. Feldsalat mit Apfel-, Rote-Bete-
Spalten und Vinaigrette mischen.

7. Schnittlauch abspülen, trocken tupfen und in Röllchen
schneiden. Die Entenbrüste in dünne Scheiben schneiden,
diese leicht salzen und auf dem Salat anrichten. Salat mit
Schnittlauchröllchen bestreut servieren.

Pro Portion: E: 32 g, F: 19 g, Kh: 22 g, kJ: 1651, kcal: 394, BE: 2,0

Hirschkalbsmedaillons
unter der Nusskruste

6/12 Portionen

Zubereitungszeit: 1½–2 Stunden (je nach Portionenmenge)
Garzeit: 22–23 Minuten

Für die Rotweinsauce:
3/6 rote Zwiebeln
600 ml/1,2 l Rotwein,
z. B. Spätburgunder
1½/3 Lorbeerblätter
300 ml/600 ml kräftiger Wildfond

Für das Gemüse:
750 g/1½ kg Rosenkohl
Salz
150 g/300 g Möhren

Für die Nusskruste:
120 g/240 g ganze, abgezogene
Haselnusskerne (erhältlich im
türkischen Lebensmittelladen)
75 g/150 g Toastbrot, ohne Rinde
120 g/240 g Butter

Für die Hirschkalbsmedaillons:
750 g/1½ kg magerer
Hirschkalbsrücken ohne Knochen
gem. Pfeffer
je 3/je 6 Stängel Rosmarin
und Thymian

1½ EL/3 EL Butterschmalz
3/6 Lorbeerblätter
6/12 Wacholderbeeren
1½ EL/3 EL Butter

Außerdem:
je 3/je 6 Stängel Rosmarin
und Thymian
1½/3 Eigelb (Größe M)
3 EL/6 EL flüssiger Honig
30 g/60 g Butter
ger. Muskatnuss
evtl. etwas Speisestärke

1. Für die Sauce Zwiebeln abziehen, halbieren und in feine Streifen schneiden. Mit Rotwein und Lorbeerblättern zum Kochen bringen und langsam auf etwa die Hälfte einkochen lassen. Sauce durch ein Sieb in einen Topf gießen, mit dem Fond nochmals um die Hälfte einkochen lassen.
2. Für das Gemüse Rosenkohl putzen, abspülen und abtropfen lassen. Die Blätter abtrennen, den festen Innenteil in feine Streifen schneiden. Rosenkohlblätter und Innenteil kurz in kochendem Salzwasser blanchieren, in eiskaltem Wasser abschrecken und in einem Sieb abtropfen lassen. Möhren schälen, abspülen und fein würfeln.
3. Für die Nusskruste Nusskerne klein hacken, in einer Pfanne ohne Fett kurz rösten und herausnehmen. Toastbrot klein würfeln. 45 g/90 g von der Butter in der Pfanne zerlassen. Die Brotwürfel darin goldgelb rösten, dann auf einem Teller erkalten lassen.
4. Für die Medaillons Hirschkalbsrücken mit Küchenpapier trocken tupfen, evtl. enthäuten, in 12/24 gleich große

Medaillons schneiden, mit Salz und Pfeffer würzen.
5. Den Backofen vorheizen.
Ober-/Unterhitze: etwa 120 °C, Heißluft: etwa 100 °C
6. Rosmarin und Thymian abspülen und trocken tupfen. Butterschmalz in 1/2 backofengeeigneten Pfanne(n) erhitzen. Medaillons darin von beiden Seiten gut anbraten. Lorbeerblätter, Wacholderbeeren, Rosmarin, Thymian und Butter hinzufügen.
7. Die Pfanne(n) auf dem Rost in den vorgeheizten Backofen (Mitte) schieben. Die Medaillons **etwa 20 Minuten garen.**
8. Für die Kruste Rosmarin und Thymian abspülen, trocken tupfen, Nadeln und Blättchen von den Stängeln zupfen, hacken. Restliche Butter (75 g/150 g) mit einem Mixer (Rührstäbe) schaumig schlagen. Eigelb unterrühren. Nusskerne und Brotwürfel gut untermengen. Rosmarin, Thymian und Honig unterrühren, mit Salz und Pfeffer würzen.
9. Butter zerlassen, Rosenkohlblätter, -streifen und Möhrenwürfel zugedeckt etwa 5 Minuten darin dünsten.

Pro Portion: E: 36 g, F: 49 g, Kh: 23 g, kJ: 3103, kcal: 741, BE: 2,0

10. Die Pfanne(n) mit den Medaillons kurz vor Ende der Garzeit aus dem Backofen nehmen. Den Backofengrill vorheizen. Die Nussmasse in 12/24 Portionen teilen, auf die Medaillons streichen und leicht andrücken. Die Medaillons unter dem vorgeheizten Grill **2–3 Minuten überbacken**.

11. Das Gemüse mit Salz, Pfeffer und Muskat würzen. Stärke mit etwas Wasser anrühren, in die kochende Sauce rühren, nochmals aufkochen und mit Salz und Pfeffer abschmecken.

12. Das Gemüse auf vorgewärmten Tellern verteilen. Fleisch und etwas Sauce dazugeben. Sofort servieren.

Beilage: Salz- oder Petersilienkartoffeln (Rezepte auf den Seiten 244/245).

Tipp: Den Rotwein können Sie durch dieselbe Menge roten Traubensaft ersetzen. Damit die Soße nicht zu süß wird, geben Sie zusätzlich für 6 Portionen noch 1 Teelöffel Rotweinessig oder für 12 Portionen 2 Teelöffel Rotweinessig hinzu.

Fein-fruchtige Schokotörtchen

6/12 Stück

Zubereitungszeit: 50–60 Minuten (je nach Portionenmenge), ohne Kühlzeit
Backzeit: etwa 20 Minuten

6/12 Backpapierstreifen (je 23 x 5 cm)

Für den Rührteig:
100 g/200 g Butter oder Margarine
75 g/150 g Zucker
1 Pck./2 Pck. Dr. Oetker
Vanillin-Zucker
3/6 Eier (Größe M)
100 g/200 g Weizenmehl
1 gestr. TL/2 gestr. TL Dr. Oetker Backin
je 1 Msp./je 2 Msp. gem. Piment
(Nelkenpfeffer) und gem. Zimt

1 gestr. EL/2 gestr. EL gesiebter
Backkakao
50 g/100 g abgezogene, gem. Mandeln
50 g/100 g ger. Edelbitter-Schokolade
(70–75 % Kakaoanteil)

Für den Belag:
175 g/350 g abgetropfte Mandarinen
(aus Dosen)
60 ml/120 ml Mandarinensaft
(aus den Dosen)

Für die Füllung:
250 g/500 g Schlagsahne
(mind. 30 % Fett)
1 Pck./2 Pck. Sahnesteif

Für den Rand:
200 g/400 g Edelbitter-Schokolade
(70–75 % Kakaoanteil), in Stückchen
2 TL/4 TL Speiseöl

1/1 vorbereitete Sternfrucht
(Karambole)
evtl. Puderzucker

1. Den Backofen vorheizen.
Ober/Unterhitze etwa 180 °C, Heißluft etwa 160 °C

2. Aus den Zutaten wie auf den Seiten 144/145 beschrieben einen Rührteig zubereiten. Den Rührteig in eine Springform (Ø 26 cm, Boden gefettet, mit Backpapier belegt)/auf ein Backblech (gefettet, mit Backpapier belegt) geben und glatt streichen. Die Form auf dem Rost/das Backblech in den vorgeheizten Backofen schieben. Den Gebäckboden **etwa 20 Minuten backen**.

3. Den Gebäckboden 10 Minuten in der Form/auf dem Blech abkühlen lassen. Dann evtl. vorsichtig mit einem Messer vom Rand lösen. Den Gebäckboden auf einen Backofenrost (mit Backpapier belegt) stürzen, Gebäckboden erkalten lassen, mitgebackenes Backpapier entfernen. Dann aus dem Gebäckboden 6/12 Kreise (Ø 7 cm) ausstechen, auf ein Tablett legen. Restliches Gebäck zerbröseln.

4. Von den Mandarinen 60 ml/120 ml Saft auffangen. Die Gebäckkreise mit je 1 Esslöffel davon beträufeln. Mandarinen sternförmig darauflegen. Sahne mit Sahnesteif steif schlagen. 2/4 Esslöffel davon in einem Spritzbeutel mit Sterntülle in den Kühlschrank legen. Gebäckbrösel unter die restliche Sahne heben. Je ein Sechstel/ein Zwölftel der Sahnemasse auf die Törtchen geben, vorsichtig festdrücken. Törtchen in den Kühlschrank stellen.

5. Schokolade mit dem Öl in einem Topf im Wasserbad bei schwacher Hitze schmelzen. Je ein Sechstel/ein Zwölftel davon auf den Backpapierstreifen glatt streichen. So fest werden lassen, dass die Schokolade noch elastisch ist. Dann um die Törtchen legen, andrücken, im Kühlschrank fest werden lassen.

6. Törtchen mit restlicher Sahne verzieren. Backpapier entfernen. Sternfrucht in 6/12 dünne Scheiben schneiden. Törtchen damit garnieren, nach Belieben mit Puderzucker bestäuben.

Wegweiser Menü 3:
Veggie-Menü

Ganz ohne Braten bietet unser vegetarischer Vorschlag dennoch alles, was man sich von einem Weihnachtsmenü wünscht. Kleiner Tipp: Bereiten Sie die Himbeerküchlein in ausreichender Menge zu. Der ein oder andere Gast wird sich über ein zweites freuen.

Vorspeise:
Kürbisflan mit Feldsalat
→*Rezept auf den Seiten 230/231*

Hauptgang:
Brezelknödel mit Pilzen
→*Rezept auf den Seiten 232/233*

Dessert:
Himbeerküchlein
→*Rezept auf den Seiten 234/235*

→EINKAUFSZETTEL*

Schreiben Sie rechtzeitig vor dem Fest 3 Einkaufszettel. Wir haben diese hier für Sie zusammengefasst. Für den Hauptgang müssen Sie keine zusätzliche Beilage einplanen. Denken Sie daran, Ihre eigenen Vorräte zu überprüfen: Sicherlich haben Sie einiges bereits im Hause, das Sie von den Zetteln streichen können:

1. Vorbestellungen:
etwa 2 Wochen vor dem Fest

- [ ] 15 g / 30 g gefriergetrocknete Himbeeren

3. Frisches: **1 Tag vor dem Fest**

- [ ] 150 g / 300 g Feldsalat
- [ ] 1/2 Bund Petersilie
- [ ] 2/3 Möhren
- [ ] 75 g / 150 g Porree (Lauch)
- [ ] 900 g / 1,8 kg gemischte Pilze
      (Champignons, Austernpilze, Shiitake)
- [ ] 9/18 Laugenbrezeln

2. Haltbares: **etwa 1 Woche vor dem Fest**

- [ ] 700 g / 1,4 kg Kürbis, z. B. Hokkaido
- [ ] 2/4 Knoblauchzehen
- [ ] 3/6 Zwiebeln
- [ ] 6/9 Eier (Größe M)
- [ ] 5/9 Eier (Größe S)
- [ ] 50 g / 100 g Parmesan
- [ ] 130 g / 260 g Schlagsahne
- [ ] 750 ml / 1 ½ l Milch (3,5 % Fett)
- [ ] evtl. TK-Himbeeren zum Garnieren
- [ ] 385 g / 770 g Butter
- [ ] 8 EL / 16 EL Olivenöl
- [ ] 500 ml / 500 ml Speiseöl zum Frittieren
- [ ] 1 ½ EL / 3 EL dunkler Balsamico-Essig
- [ ] ¾ TL / 1 ½ TL flüssiger Honig oder Apfeldicksaft
- [ ] 210 g / 420 g Zartbitter-Kuvertüre
- [ ] 105 g / 210 g Zucker
- [ ] 50 g / 100 g Weizenmehl
- [ ] 30 g / 60 g Speisestärke
- [ ] 10 g / 30 g Puderzucker
- [ ] Muskatnuss

---

* Einkaufszettel zum Ausdrucken finden Sie im Internet unter *www.oetker-verlag.de/weihnachtsbuch*.

→ABLAUFPLAN

Am Vortag
Vorspeise:
▶ Kürbisflans am Vortag zubereiten und in den Förmchen zugedeckt in den Kühlschrank stellen.

1. Die Kerne mit dem faserigen Innenteil aus den Kürbisspalten schneiden.
2. Die Kürbisstücke unter gelegentlichem Rühren dünsten.
3. Die Zutaten mit dem Pürierstab fein zerkleinern.
4. Die Förmchen oder Tassen mit wenig Abstand in die Auflaufform stellen.

▶ Vinaigrette für den Salat zubereiten, in einem gut schließenden Schraubglas im Kühlschrank aufbewahren.
▶ Feldsalat putzen, waschen und sehr gut trocken geschleudert in einen Gefrierbeutel geben, diesen gut verschließen. Im Gemüsefach des Kühlschranks aufbewahren.

Am Menütag:
3–4 Stunden vorher
Dessert:
▶ Den Teig für die Himbeerküchlein fertig zubereiten und in den Dessertringen verteilen. Das Backblech mit den gefüllten Dessertringen zugedeckt in den Kühlschrank stellen.
Hauptgang:
▶ Die Knödelmasse zubereiten (Arbeitsschritte 1 u. 2).

1 ½–2 Stunden vorher
Hauptgang:
▶ Klöße fertig zubereiten. Das Kochwasser weggießen. Die Klöße wieder in den Topf geben. Zwischen den Topf und den Deckel 1 einmal gefaltetes, sauberes Geschirrtuch legen. Den Topf auf eine Warmhalteplatte stellen.
▶ Gemüsestroh fertig zubereiten und warm halten. (Arbeitsschritt 3).
▶ Pilze putzen und in Stücke schneiden.

1. Das Fett für das Gemüsestroh hat die richtige Temperatur, wenn sich um einen in das Fett gehaltenen Holzlöffelstiel kleine Bläschen bilden.
2. Die Pilze am besten nicht abspülen, sondern nur mit etwas Küchenpapier säubern. Legen Sie die Pilze nicht in Wasser; sie saugen sich schnell voll und schmecken dann fade und wässerig.

Kurz vor dem Servieren
Vorspeise:
▶ Kürbisflans mit Feldsalat und Salatsauce anrichten und servieren (Arbeitsschritt 8).

Nach der Vorspeise
Dessert:
▶ Den Backofen vorheizen. Die Himbeerküchlein aus dem Kühlschrank nehmen.

Hauptgang:
▶ Pilze fertig zubereiten. Butter zerlassen. Knödel mit Pilzen und Gemüsestroh anrichten und servieren.

Nach dem Hauptgang
▶ Das Backblech in den vorgeheizten Backofen schieben. Himbeerküchlein backen, anrichten und servieren.

→GETRÄNKE
Denken Sie an einen Extra-Einkaufszettel für Getränke. Zur Vorspeise passt ein Weißwein oder eine Apfelsaftschorle, zum Hauptgang Rotwein oder Traubensaft. Das Dessert servieren sie am besten mit Espresso. Mineralwasser sollte immer ausreichend vorhanden sein und auch die Vorlieben Ihrer Gäste sind wichtig: alkoholfreie Getränke wie Säfte und Soft Drinks, Kaffee und Tee, Weißwein, Bier und Sekt, evtl. Kräuterlikör … Wenn Sie nicht ausreichend Platz für die Kühlung der Getränke haben, sorgen Sie vor: Stellen Sie zum Beispiel eine verschließbare Box auf Balkon oder Terrasse, je nach Außentemperatur mit oder ohne Kühlvorrichtung.

Kürbisflan
mit Feldsalat

6 / 12 Portionen

Zubereitungszeit: 45–60 Minuten (je nach Portionsmenge), ohne Abkühlzeit
Garzeit: etwa 30 Minuten

Für die Flans:
etwa 700 g/1,4 kg Kürbis,
z. B. Hokkaido
2/4 Knoblauchzehen
3 EL/6 EL Olivenöl
50 ml/100 ml Wasser
Salz
3/6 Eier (Größe M)

50 g/100 g ger. Parmesan
100 g/200 g Schlagsahne
gem. Pfeffer
ger. Muskatnuss

Für den Salat:
150 g/300 g Salat, z. B. Feldsalat
1 ½ EL/3 EL dunkler Balsamico-Essig

¾ TL/1 ½ TL flüssiger Honig
oder Apfeldicksaft
3 ½ EL/7 EL Olivenöl

Außerdem:
6/12 hitzebeständige Förmchen
oder Tassen (je 150–200 ml Inhalt)

1. Kürbis(se) abspülen, abtrocknen, halbieren und in Spalten schneiden. Die Kerne mit dem faserigen Innenteil abschneiden. Das Fruchtfleisch mit der Schale in kleine Stücke schneiden (ergibt etwa 500 g/1 kg).

2. Knoblauch abziehen, fein würfeln. Öl in einem Topf erhitzen. Knoblauch darin andünsten. Kürbis darin unter gelegentlichem Rühren andünsten. Wasser hinzugießen, mit Salz würzen und zugedeckt bei schwacher Hitze in etwa 20 Minuten weich garen, dabei gelegentlich umrühren.

3. Den Backofen vorheizen.
Ober-/Unterhitze: etwa 200 °C, Heißluft: etwa 180 °C

4. Kürbisfleisch (mit der Flüssigkeit) in einer Rührschüssel kurz abkühlen lassen. Dann mit Eiern, Parmesan und Sahne fein pürieren. Püree mit Salz, Pfeffer und Muskatnuss kräftig abschmecken und in den Förmchen oder Tassen (gefettet) verteilen.

5. Förmchen oder Tassen mit wenig Abstand in 1 oder 2 Auflaufformen stellen. So viel heißes Wasser in die Auflaufform(en) gießen, dass sie knapp über die Hälfte mit Wasser gefüllt ist/sind.

6. Die Form(en) auf dem Rost in den vorgeheizten Backofen (Mitte) schieben. Kürbisflans **etwa 30 Minuten garen**.

7. Inzwischen für den Salat den Feldsalat putzen, die Wurzelenden so entfernen, dass die Blättchen noch zusammenhalten. Salat waschen und gut abtropfen lassen oder trocken schleudern. Essig mit Honig oder Dicksaft verrühren, mit Salz und Pfeffer würzen. Olivenöl unterschlagen.

8. Die Förmchen oder Tassen aus dem Wasserbad nehmen. Mit einem spitzen Messer die Flans rundherum von den Rändern lösen und auf kleine Teller stürzen. Den Feldsalat um die Flans anrichten und mit der Salatsauce beträufeln.

Tipps: Die Kürbisflans warm oder kalt servieren. Hübsch sieht es aus, wenn Sie die Flans in Sternform servieren (Foto S. 208/209). Dafür die Flanmasse in 1 oder 2 rechteckige Auflaufformen gießen und wie beschrieben garen (je nachdem wie hoch die Masse in den Formen steht, kann sich die Garzeit leicht verändern). Die gegarte Flanmasse dann wie beschrieben aus der Form bzw. den Formen stürzen und mit Plätzchenausstechern Sterne ausstechen.

Pro Portion: E: 8 g, F: 24 g, Kh: 7 g, kJ: 1142, kcal: 273, BE: 0,5

Brezelknödel mit Pilzen

6/12 Portionen

Zubereitungszeit: 1½–2 Stunden (je nach Portionenmenge)

Für die Knödel:
9/18 Laugenbrezeln, vom Vortag (je etwa 85 g)
750 ml/1½ l Milch (3,5 % Fett)
Salz
gem. Pfeffer
ger. Muskatnuss
3/6 Zwiebeln

3 EL/6 EL Butter
4½/9 Eier (Größe S)
3 EL/6 EL gehackte Petersilie
1½/3 Möhren
75 g/150 g Porree (Lauch)
500 ml Speiseöl zum Frittieren (Menge ändert sich nicht)
Salzwasser

900 g/1,8 kg gemischte Pilze (Champignons, Austernpilze, Shiitake)
1½ EL/3 EL Olivenöl
¾/1½ Bund glatte Petersilie
180 g/360 g Butter

Außerdem:
1 Fritteuse

1. Für die Knödel von den Brezeln das Salz abreiben. Brezeln klein würfeln, in eine Schüssel geben. Milch mit Salz, Pfeffer und etwas Muskat erwärmen, zu den Brezelwürfeln geben, gut durchrühren.

2. Zwiebeln abziehen, klein würfeln. Butter zerlassen. Die Zwiebelwürfel darin andünsten, zu den Brezelwürfeln in die Schüssel geben. Eier verschlagen, mit der Petersilie ebenfalls hinzugeben und unterrühren, mit Salz und Pfeffer würzen.

3. Möhren putzen, schälen, abspülen, abtropfen lassen, in sehr feine Streifen schneiden. Porree gründlich waschen, abtropfen lassen, in sehr feine Streifen schneiden. Speiseöl in einer Fritteuse auf etwa 150 °C erhitzen. Die Gemüsestreifen darin kurz vorfrittieren und mit einer Schaumkelle herausnehmen. Das Speiseöl nun auf etwa 180 °C erhitzen. Die Gemüsestreifen in dem Speiseöl knusprig braun ausbacken, wieder mit einer Schaumkelle herausnehmen, auf Küchenpapier abtropfen lassen, mit Salz würzen und warm halten.

4. Aus der Knödelmasse 12/24 Knödel formen. In einem weiten Topf so viel Salzwasser zum Kochen bringen, dass die Knödel

in dem Salzwasser „schwimmen" können. Die Knödel portionsweise das kochende Salzwasser geben, wieder zum Kochen bringen und etwa 15 Minuten gar ziehen lassen (das Wasser muss sich leicht bewegen – fertig gegarte Knödel warm halten).

5. Inzwischen Pilze putzen, evtl. kurz abspülen, trocken tupfen, in Stücke schneiden. Olivenöl in einer großen Pfanne erhitzen. Die Pilzstücke darin unter Rühren braten, mit Salz und Pfeffer würzen. Petersilie abspülen und trocken tupfen. Blättchen von den Stängeln zupfen. Blättchen klein schneiden, unter die Pilze heben.

6. Die Butter zerlassen und unter ständigem Rühren braun werden lassen, damit die Butter einen nussigen Geschmack bekommt. Die Pilze auf Tellern verteilen. Jeweils 2 Knödel daraufgeben. Die braune Butter über die Knödel träufeln und mit dem warm gehaltenen Gemüsestroh garnieren.

Tipps: Wenn Sie keine Fritteuse haben, können Sie das Gemüsestroh auch in einem großen, weiten Topf in dem Fett frittieren. Sehen Sie sich dazu die Tipps im Wegweiser zum Veggie-Menü auf der Seite 229 an.

Pro Portion: E: 26 g, F: 50 g, Kh: 88 g, kJ: 3785, kcal: 904, BE: 7,0

Himbeerküchlein

6/12 Stück

Zubereitungszeit: 20–25 Minuten (je nach Portionsmenge), ohne Quell- und Abkühlzeit
Backzeit: 6–7 Minuten

Für den Teig:
210 g/420 g Zartbitter-Kuvertüre
165 g/330 g Butter
3/6 Eier (Größe M)
105 g/210 g Zucker
30 g/60 g Weizenmehl

30 g/60 g Speisestärke
15 g/30 g gefriergetrocknete Himbeeren
3 EL/6 EL Schlagsahne

Zum Bestäuben:
1 ½ EL/3 EL Puderzucker

Außerdem:
1 ½ EL/3 EL Butter zum Ausstreichen
1 ½ EL/3 EL Mehl zum Ausstreuen

1. Die Kuvertüre in kleine Stücke hacken, mit der Butter in einem Topf im Wasserbad bei schwacher Hitze unter Rühren schmelzen. Die Masse lauwarm abkühlen lassen.

2. Ein Backblech mit Backpapier belegen. 6/12 Dessertringe (Ø 7 cm, 5 ½ cm hoch) mit Butter ausstreichen, mit Mehl ausstreuen, ausklopfen und mit etwas Abstand auf das Backblech stellen.

3. Die Eier mit einem Mixer (Rührstäbe) auf höchster Stufe in 1 Minute schaumig schlagen. Zucker einstreuen, dann noch etwa 3 Minuten schlagen, bis ein elastischer Schaum entstanden ist. Mehl mit Speisestärke mischen, auf die Eiercreme geben. Die getrockneten Himbeeren zerbröseln und hinzufügen, alles kurz auf niedrigster Stufe unterrühren.

4. Die Kuvertüre-Butter-Masse und die Sahne mit einem Teigschaber vorsichtig unterrühren, sodass ein glatter Teig entsteht. Den Teig in die Dessertringe füllen und etwa 10 Minuten bei Zimmertemperatur stehen lassen, sodass das Mehl ausquellen kann.

5. Inzwischen den Backofen vorheizen.
Ober-/Unterhitze: etwa 200 °C, Heißluft: etwa 180 °C

6. Das Backblech in den vorgeheizten Backofen schieben. Die Himbeerküchlein **6–7 Minuten backen**.

7. Die Dessertringe von den Küchlein sofort mit einem Messer lösen und entfernen. Die Himbeerküchlein sofort mit Puderzucker bestäuben und servieren.

Tipps: Garnieren Sie die Küchlein zusätzlich mit Himbeeren. Gefriergetrocknete Himbeeren können Sie z. B. im Internet bestellen. Sie können den Teig 3–4 Stunden vor dem Servieren zubereiten und in die Dessertringe füllen. Das Backblech mit den gefüllten Dessertringen dann zugedeckt bis zum Backen in den Kühlschrank stellen.

Wegweiser Menü 4:

Light-Menü mit Fisch

Zwischen spätem Feiertagsfrühstück und gemütlichem Weihnachtskaffee findet dieses Menü garantiert noch Platz! Leicht und kalorienreduziert überraschen Tomatensuppe, pochierter Schellfisch und Apfelstrudel-Törtchen Ihre Gäste mit feinen Geschmackserlebnissen.

Vorspeise:
Tomatensuppe mit Mozzarella-Kugeln
→*Rezept auf den Seiten 238/239*

Hauptgang:
Pochierter Schellfisch auf Gemüse
→*Rezept auf den Seiten 240/241*

Dessert:
Apfelstrudel-Törtchen
→*Rezept auf den Seiten 242/243*

→EINKAUFSZETTEL*

Schreiben Sie rechtzeitig vor dem Fest 3 Einkaufszettel. Wir haben diese hier für Sie zusammengefasst. Je nachdem, welche Beilagen Sie zum Hauptgericht reichen möchten, müssen Sie diese Zutaten noch ergänzen. Denken Sie daran, Ihre eigenen Vorräte zu überprüfen: Sicherlich haben Sie einiges bereits im Hause, das Sie von den Zetteln streichen können:

1. Vorbestellungen:
etwa 2 Wochen vor dem Fest

☐ 6/12 Schellfischfilets (je etwa 150 g, frisch oder TK)

3. Frisches: **1 Tag vor dem Fest**

☐ 1/1 Kästchen Kresse
☐ einige Stängel Basilikum
☐ 6/12 Möhren
☐ 3/6 große, feste, säuerliche Äpfel
  (etwa 600 g/etwa 1,2 kg, Boskop oder Elstar)
☐ 1/1 Zitrone
☐ evtl. 1–2/evtl. 1–2 Baguettes für die Vorspeise

2. Haltbares: **etwa 1 Woche vor dem Fest**

☐ 1½ kg/3 kg stückige Tomaten (Tetrapak oder Dosen)
☐ 1½/3 Zwiebeln
☐ 6/12 Schalotten
☐ 1½/3 Knoblauchzehen
☐ 40 g/80 g Butter
☐ 50 g/100 g Magerquark
☐ 310 ml/620 ml Milch (1,5 % Fett)
☐ 110 g/220 g Schlagsahne
☐ 100 g/200 g Schlagcreme (Schlagsahneersatz, 21 % Fett, aus dem Kühlregal)
☐ 3/6 Blätter frischer Filo- oder Yufkateig (etwa 75 g/etwa 150 g, je Blatt etwa 30 x 30 cm, aus dem Kühlregal)
☐ 75 g/150 g Sahne-Pudding Vanille-Geschmack (aus dem Kühlregal)
☐ etwas Zucker
☐ 25 g/50 g brauner Zucker
☐ 45 g/90 g Weizenmehl
☐ 25 g/50 g Rosinen
☐ 1½ EL/3 EL Olivenöl
☐ 75 ml/150 ml Weißweinessig
☐ 860 ml/1720 ml Gemüsebrühe
☐ 3 EL/6 EL mittelscharfer Senf
☐ ¼ TL/½ TL Cayennepfeffer
☐ ¼ TL/½ TL gem. Zimt
☐ 2–3/4 Lorbeerblätter
☐ ¾ TL/1½ TL gerebelter Oregano
☐ etwa 135 g/etwa 270 g Mozzarella-Kugeln light (8,5 % Fett)

---

* Einkaufszettel zum Ausdrucken finden Sie im Internet unter *www.oetker-verlag.de/weihnachtsbuch.*

→ABLAUFPLAN**

Am Vortag
Vorspeise:
▸ Suppe fertig zubereiten (ohne Mozzarella und Basilikum). Zugedeckt und kalt gestellt aufbewahren.

Die Suppe mit dem Pürierstab pürieren, nochmals aufkochen lassen und mit den Gewürzen abschmecken.

Am Menütag:
3–4 Stunden vorher
Hauptgang:
▸ Möhren putzen und in Scheiben schneiden. Die Zutaten abmessen.
▸ Beilage: Salz- oder Petersilienkartoffeln vorbereiten (schälen, im Topf ins Wasser legen).

2 Stunden vorher
Dessert:
▸ Die Füllung fertig zubereiten und zugedeckt beiseitestellen. Die Mulden der Muffinform mit den Filoteigblättern auslegen (Arbeitsschritte 3–6), mit Frischhaltefolie zudecken. Die Pudding-Creme fertig zubereiten und zugedeckt in den Kühlschrank stellen.

1. Jeweils 2 Teigstücke dünn mit der Butter-Milch-Mischung bestreichen.
2. Die Teigstücke diagonal versetzt locker aufeinanderlegen und in je eine Mulde legen. Jeweils in der Mitte leicht andrücken und rund herum etwas überstehen lassen.

30–40 Minuten vorher
Hauptgang:
▸ Das Hauptgericht bis einschließlich Punkt 3 zubereiten. Sauce auf einer Warmhalteplatte warm halten.
Vorspeise:
▸ Beilage: Evtl. für das Rösten des Baguettes den Backofen vorheizen (Ober-/Unterhitze: etwa 220 °C, Heißluft: etwa 200 °C). Baguette in Scheiben schneiden und auf ein Backblech legen.

Kurz vor dem Servieren
Hauptgang:
▸ Beilage: Salz- oder Petersilienkartoffeln zum Kochen bringen.

Vorspeise:
▸ Die Baguettescheiben im vorgeheizten Backofen etwa 5 Minuten rösten.

Die Baguettescheiben auf einem Backblech auf mittlerer Einschubleiste im vorgeheizten Backofen etwa 5 Minuten rösten.

▸ Suppe erwärmen. Mozzarella abtropfen lassen, Basilikum vorbereiten. Suppe anrichten und mit den gerösteten Baguettescheiben servieren.

Dessert:
▸ Die Backofentemperatur herunterschalten (Ober-/Unterhitze: etwa 200 °C, Heißluft: etwa 180 °C). Die Apfel-Rosinen-Füllung gleichmäßig in den mit Teig ausgelegten Muffinmulden verteilen. Die Törtchen backen.

Nach der Vorspeise
Dessert:
▸ Die Muffinform aus dem Backofen nehmen und auf einen Kuchenrost stellen.
Hauptgang:
▸ Beilage: Kartoffeln abgießen und warm halten.
▸ Hauptgang fertig zubereiten, mit den Kartoffeln anrichten und servieren.

Nach dem Hauptgang
Dessert:
▸ Die Törtchen aus den Mulden lösen, mit der Pudding-Creme anrichten und servieren.

→GETRÄNKE
Denken Sie an einen Extra-Einkaufszettel für Getränke. Servieren Sie zur Vorspeise und zum Hauptgang Weißwein- oder Apfelsaftschorle. Zum Dessert schmecken Kaffee, Espresso oder ein weihnachtlich gewürzter Tee. Mineralwasser sollte immer ausreichend vorhanden sein und auch die Vorlieben Ihrer Gäste sind wichtig: alkoholfreie Getränke wie Säfte und Soft Drinks, Kaffee und Tee, Weißwein, Bier und Sekt, evtl. Kräuterlikör ... Wenn Sie nicht ausreichend Platz für die Kühlung der Getränke haben, sorgen Sie vor: Stellen Sie zum Beispiel eine verschließbare Box auf Balkon oder Terrasse, je nach Außentemperatur mit oder ohne Kühlvorrichtung.

** Als Beilage zum Hauptgang sind Salz- oder Petersilienkartoffeln im Ablauf mit eingeplant.

Tomatensuppe
mit Mozzarella-Kugeln

6/12 Portionen

Zubereitungszeit: 20–35 Minuten (je nach Portionenmenge)
Garzeit: etwa 20 Minuten

1 ½/3 Zwiebeln
1 ½/3 Knoblauchzehen
1 ½ EL/3 EL Olivenöl
1 ½ kg/3 kg stückige Tomaten
(aus Tetrapak oder Dosen)
560 ml/1120 ml Gemüsebrühe
Zucker
Salz

gem. Pfeffer
etwa ¼ TL/½ TL Cayennepfeffer
1–2/3 Lorbeerblätter
¾ TL/1 ½ TL gerebelter Oregano
18/36 Mini-Mozzarella-Kugeln light
(etwa 135 g/etwa 270 g – etwa 8,5 % Fett)
evtl. einige Basilikumblättchen

1. Zwiebeln und Knoblauch abziehen. Zwiebeln fein würfeln. Knoblauchzehen zerdrücken oder ebenfalls fein würfeln.

2. Das Olivenöl in einem Topf erhitzen. Zwiebelwürfel und Knoblauch darin unter Rühren andünsten. Die Tomatenstücke hinzufügen und 5 Minuten unter Rühren mit andünsten.

3. Gemüsebrühe, Zucker, Salz, Pfeffer, Cayennepfeffer, Lorbeerblätter und Oregano hinzufügen. Die Zutaten zum Kochen bringen und etwa 15 Minuten bei schwacher Hitze mit Deckel köcheln lassen. Anschließend die Lorbeerblätter herausnehmen.

4. Die Suppe mit dem Pürierstab pürieren, nochmals aufkochen lassen und mit den Gewürzen abschmecken.

5. Die Mini-Mozzarella-Kugeln abtropfen lassen. Basilikumblättchen abspülen und trocken tupfen. Jede Portion mit 3 Mozzarella-Kugeln und einigen Basilikumblättchen anrichten.

Tipps: Bestreuen Sie die Suppe mit etwas grob geschrotetem Pfeffer. Die Tomatensuppe ist ohne Mozzarella-Kugeln und Basilikumblättchen gefriergeeignet. Servieren Sie geröstete Baguettescheiben zu der Suppe (siehe Wegweiser S. 237).

Pro Portion: E: 7 g, F: 5 g, Kh: 8 g, kJ: 466, kcal: 110, BE: 0,0

Pochierter Schellfisch auf Gemüse

6/12 Portionen

Zubereitungszeit: 40–60 Minuten (je nach Portionenmenge), ohne evtl. Auftauzeit

6/12 Schellfischfilets
(je etwa 150 g, frisch oder TK)
Salz
gem. Pfeffer
6/12 Schalotten
6/12 Möhren
20 g/40 g Butter
etwa 45 g/90 g Weizenmehl

300 ml/600 ml Gemüsebrühe
300 ml/600 ml Milch (1,5 % Fett)
3 EL/6 EL mittelscharfer Senf
110 g/220 g Schlagsahne
1/2 Lorbeerblätter
75 ml/150 ml Weißweinessig
150 ml/300 ml Wasser
½/1 Kästchen Kresse

1. TK-Fischfilets nach Packungsanleitung auftauen lassen. Frische Filets unter fließendem kalten Wasser abspülen, trocken tupfen, mit Salz und Pfeffer würzen.

2. Schalotten abziehen, 3/6 Schalotten in Würfel, die restlichen in dünne Scheiben schneiden. Möhren putzen, schälen, abspülen, abtropfen lassen und in dünne Scheiben schneiden. Butter in einem Topf erhitzen. Die Schalottenwürfel darin andünsten. Das Mehl daraufgeben, verrühren und etwa 1 Minute anrösten.

3. Gemüsebrühe und Milch zu den Schalottenwürfeln in den Topf gießen, dabei mit einem Schneebesen ständig rühren und unter Rühren aufkochen lassen. Sauce mit Senf, Sahne und etwas Salz abschmecken, anschließend weitere etwa 10 Minuten köcheln lassen.

4. Inzwischen Schalotten- und Möhrenscheiben mit dem Lorbeerblatt/den Lorbeerblättern in 1/2 große Pfanne(n) legen. Essig, Salz und Wasser zugeben, aufkochen lassen und die Schellfischfilets mit der Hautseite nach oben auf das Gemüse legen, zugedeckt etwa 5 Minuten dünsten.

5. Zuerst die Schellfischfiletstücke mit einem flachen Pfannenwender vorsichtig aus dem Sud nehmen und auf ein Schneidbrett (mit Backpapier belegt) legen. Das Gemüse mit einer Schaumkelle herausnehmen.

6. Die Kresse abspülen, trocken tupfen und vom Beet schneiden. Das Gemüse auf 6/12 vorgewärmten Tellern anrichten, je ein Fischfilet daraufgeben und mit vorbereiteter Kresse garnieren. Die Senfsauce dazureichen.

Beilage: Salzkartoffeln (Rezept auf den Seiten 244/245).

Tipp: Wir empfehlen Ihnen frisches Schellfischfilet vorzubestellen. Liegen die Feiertage so, dass Sie keinen frischen Fisch bekommen können, greifen Sie auf tiefgefrorenes Schellfischfilet zurück.

Pro Portion: E: 32 g, F: 11 g, Kh: 16 g, kJ: 1237, kcal: 296, BE: 1,0

Apfelstrudel-Törtchen

6/12 Stück

Zubereitungszeit: 35–45 Minuten (je nach Portionenmenge)
Backzeit: etwa 20 Minuten

Für die Füllung:
25 g/50 g Rosinen
3/6 große, feste, säuerliche Äpfel,
z. B. Boskoop oder Elstar
(etwa 600 g/1,2 kg)
8 g/16 g Butter
15 g/30 g brauner Zucker
½ EL/1 EL Zitronensaft
¼ TL/½ TL gem. Zimt

5 g/10 g zerlassene Butter für die Form

Für die Strudeltörtchen:
3/6 Blätter frischer Filo- oder Yufkateig
(etwa 75 g/150 g, je Blatt etwa
30 x 30 cm, aus dem Kühlregal)
5 g/10 g Butter
1 EL/2 EL Milch (1,5 % Fett)

Für die Pudding-Creme:
100 g/200 g Schlagcreme
(fettreduzierter Schlagsahneersatz,
21 % Fett, aus dem Kühlregal)

10 g/20 g brauner Zucker
50 g/100 g Magerquark
75 g/150 g Sahne-Pudding Vanille-
Geschmack (aus dem Kühlregal)

Außerdem:
1 Muffinform (für 6 oder 12 Muffins)

1. Den Backofen vorheizen.
Ober-/Unterhitze: etwa 200 °C, Heißluft: etwa 180 °C

2. Für die Füllung Rosinen in ein Sieb geben, mit heißem Wasser abspülen und gut abtropfen lassen. Die Äpfel schälen, vierteln und entkernen. Apfelviertel in kleine Stücke schneiden.

3. Butter zerlassen, Zucker unter Rühren darin auflösen. Zitronensaft, Äpfel und Rosinen untermischen. Die Masse etwa 5 Minuten bei mittlerer Hitze dünsten, anschließend mit Zimt abschmecken.

4. Die Mulden der Muffinform mit der zerlassenen Butter ausstreichen.

5. Für die Törtchen die Teigblätter aufeinanderlegen und in jeweils 4 gleich große Stücke schneiden. Die Teigstücke mit Frischhaltefolie bedecken. Die Butter zerlassen und mit der Milch verrühren.

6. Jeweils 2 Teigstücke dünn mit der Butter-Milch-Mischung bestreichen, diagonal versetzt locker aufeinanderlegen und in eine der Mulden legen. Die Teigstücke jeweils in der Mitte leicht andrücken und rundherum etwas überstehen lassen.

7. Die Füllung gleichmäßig in den Mulden verteilen. Die Form auf dem Rost in den vorgeheizten Backofen schieben. Die Törtchen **etwa 20 Minuten backen**. Die Form auf einen Kuchenrost stellen und die Törtchen etwas abkühlen lassen.

8. Inzwischen Schlagcreme mit Zucker steif schlagen. Quark und Pudding kurz unterrühren. Lauwarme Törtchen aus den Mulden heben und mit der Pudding-Creme servieren.

Tipp: Legen Sie jede Muffinmulde kreuzweise mit 2 Backpapierstreifen aus, die über den Muldenrand hinausreichen. So können Sie die Törtchen nach dem Backen mithilfe der Backpapierstreifen einfach aus den Mulden heben, ohne dass der zarte Filoteig bricht.

Pro Stück: E: 3 g, F: 8 g, Kh: 27 g, kJ: 812, kcal: 195, BE: 2,0

Kartoffel- und Gemüsebeilagen

6/12 Portionen

1. Für **Salzkartoffeln** 1125 g/2250 g Kartoffeln schälen, abspülen, abtropfen lassen. Größere Kartoffeln ein- oder zweimal durchschneiden. Kartoffeln in einem Topf, knapp mit Wasser bedeckt zugedeckt zum Kochen bringen. 1½ TL/3 TL Salz hinzufügen, in etwa 20 Minuten gar kochen. Kartoffeln abgießen, im Topf unter leichtem Schütteln abdämpfen.

Pro Portion: E: 3 g, F: 0 g, Kh: 22 g, kJ: 447, kcal: 107, BE: 2,0

2. Für **Rosenkohl** 3 l/6 l Wasser in einem Topf zum Kochen bringen. 1½ kg/3 kg Rosenkohl von äußeren Blättchen befreien, etwas vom Strunk abschneiden. Rosenkohlröschen am Strunk kreuzförmig einschneiden. Rosenkohl abspülen, abtropfen lassen, mit 3 TL/6 TL Salz in das kochende Wasser geben, wieder zum Kochen bringen. Bei schwacher Hitze 10–15 Minuten zugedeckt garen. Rosenkohl in einem Sieb

Pro Portion: E: 9 g, F: 9 g, Kh: 7 g, kJ: 615, kcal: 146, BE: 0,0

3. Für **Rotkohl** von 1 kg/2 kg Rotkohl die äußeren Blätter entfernen. Kohl vierteln, Strunk herausschneiden, Kohl sehr fein schneiden, abspülen und abtropfen lassen. 375 g/750 g säuerliche Äpfel schälen, vierteln, entkernen. Und Äpfel klein schneiden. 2/4 Zwiebeln abziehen und würfeln. 50 g/100 g Schweine- oder Gänseschmalz oder 5 EL/10 EL Speiseöl in einem Topf erhitzen. Zwiebelwürfel darin kurz dünsten. Rotkohl und Äpfel mitdünsten. 1/2 Lorbeerblätter, 3/6 Gewürznelken, 3/6 Wacholderbeeren, 5/10 Pimentkörner, Salz, Pfeffer,

Variante: Für **Petersilienkartoffeln** (im Foto vorne) die Kartoffeln wie beschrieben zubereiten und in 50 g/70 g zerlassener Butter und 4/8 Esslöffeln gehackter Petersilie schwenken.

abtropfen lassen. 20 g/40 g Butter zerlassen, Rosenkohl darin schwenken, mit Salz, Muskat und Pfeffer würzen.

Tipp: Den garen, abgetropften Rosenkohl etwas abkühlen lassen und halbieren. Einige Speckwürfel in einer Pfanne auslassen. 1½/3 fein gewürfelte Zwiebeln darin andünsten, Rosenkohl hinzugeben, mit Salz und Muskat würzen.

etwas Zucker, 2/4 Zimtstangen, 2 EL/4 EL Rotweinessig, 3 EL/6 EL Johannisbeergelee und 125 ml/250 ml Wasser hinzufügen. Rotkohl mit Deckel bei schwacher Hitze 45–60 Minuten gar dünsten, dabei gelegentlich umrühren. Mit Salz und Zucker abschmecken.

Tipps: Schneller geht es, wenn Sie Rotkohl aus dem Glas erwärmen und mit geriebenem Apfel und den Gewürzen abschmecken. Sie können den Rotkohl einfrieren, er sollte dann noch „Biss" haben, also nicht zu gar sein.

Pro Portion: E: 2 g, F: 9 g, Kh: 21 g, kJ: 740, kcal: 177, BE: 1,5

4. Für **gekochte Kartoffelklöße** 750 g / 1 ½ kg mehlig-kochende Kartoffeln unter fließendem Wasser abbürsten, knapp mit Wasser bedeckt, zugedeckt zum Kochen bringen und in etwa 20 Minuten gar kochen. Abgießen, mit kaltem Wasser abschrecken und abtropfen lassen. Kartoffeln noch warm pellen, sofort durch eine Kartoffelpresse drücken, abkühlen lassen, zugedeckt über Nacht kalt stellen. 50 g / 100 g Semmelbrösel, 20 g / 40 g Weizenmehl und 2 / 4 Eier (Größe M) mit einem Mixer (Knethaken) unter die Kartoffelmasse kneten, mit Salz und Muskat würzen. Aus der Masse mit bemehlten Händen 12 / 24 gleich große Klöße formen. In einem großen Topf so viel Salzwasser zum Kochen bringen, dass die Klöße in dem Wasser „schwimmen" können. Klöße evtl. portionsweise in das kochende Salzwasser geben, wieder zum Kochen bringen und ohne Deckel etwa 20 Minuten gar ziehen lassen (das Wasser muss sich leicht bewegen – fertige Klöße warm halten). Die gegarten Klöße mit einer Schaumkelle herausnehmen und gut abtropfen lassen.

Pro Portion: E: 6 g, F: 3 g, Kh: 25 g, kJ: 629, kcal: 150, BE: 2,0

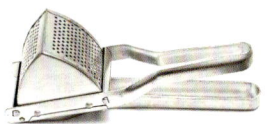

Ratgeber:
Fondue und Raclette

Wer sich entscheidet, zum Weihnachtsessen Fondue oder Raclette zu servieren, bringt damit die Gemütlichkeit gleich mit an den Tisch. Für die Gastgeber sind diese Essen einfach praktisch: Alles kann sehr gut vorbereitet, nichts muss während des Essens erst noch angerichtet werden. Zu Beginn werden einfach alle Zutaten auf oder neben den Tisch gestellt, inklusive aller Beilagen und Getränke. Und was gibt es Schöneres, als mit Familie und Freunden am Tisch zu sitzen, stundenlang zu reden und dabei fein zu schlemmen? Alle Fondue- und Raclette-Rezepte haben wir für 6 und für 12 Portionen berechnet. Die Zutatenmengen für 6 Portionen sind grün, die für 12 Portionen rot hervorgehoben. Bereiten Sie zusätzlich immer noch eine Beilage (die Beilagen stehen direkt unter dem jeweiligen Fondue- bzw. Raclette-Rezept) und einen Salat zu (zum Beispiel aus dem Brunchkapitel, ab Seite 256). Beachten Sie bitte, das Fondue- und Raclette-Essen für kleine Kinder gefährlich sein können!

→ Die Geräte

Das Wichtigste auf dem Fondue- oder Raclettetisch ist das Gerät in der Tischmitte, das der Art des Fondues oder Raclettes entsprechend ausgewählt werden muss. Achten Sie bei der Auswahl des Tisches darauf, dass der Fonduetopf oder das Raclette bequem für alle Gäste erreichbar ist und alle Gäste genug Armfreiheit haben. Denken Sie auch daran, Ihre Tischplatte zu schützen, indem Sie zum Beispiel ein Metalltablett unter das Gerät legen. Wenn mehr als 6 Personen mitessen, ist es empfehlenswert, zwei oder mehr Fonduetöpfe auf den Tisch zu stellen. (Vielleicht ist ein Gast so freundlich, sein Gerät mitzubringen.) Denn bei mehr als 6 Personen wird der Weg zum Gerät zu weit. Brühe oder Fett kühlen zu stark aus, wenn zu viel auf einmal darin gegart wird. Man kann auch zwei verschiedene Fondues servieren, z. B. ein Fettfondue und ein Brühenfondue und wird so verschiedenen Vorlieben gerecht.

Fonduetopf, Saucen- und Dipschalen, Brot und Salat benötigen auf dem Tisch genügend Platz. Es kann notwendig sein, für die Getränke Beistelltische bereitzuhalten. Bei den Brennern sollten Sie sich an die Anweisungen des Herstellers halten, was insbesondere die Sicherheitshinweise beim Nachfüllen der Brenner betrifft. Besonders präzise lassen sich elektrische Geräte regeln. Die Töpfe müssen der Art des Fondues entsprechen. Zum Garen in siedendem Fett und in kochender Brühe eignen sich am besten hohe Töpfe, die sich nach oben hin verjüngen und eine enge Öffnung haben, damit es nicht spritzt. Die Töpfe für Käsefondues sind eine Art flache Keramik-Kasserolle mit einem langen Griff. Ebenso gut eignen sich andere flache Töpfe aus feuerfestem Material, deren Öffnung sich ein wenig verengt.

Für süße Fondues hängt die Auswahl des Topfes von der Hitzequelle ab, da viele dieser Fondues nur heiß bleiben müssen. Dabei ist es wichtig, dass die Töpfe die Hitze auf dem Stövchen mit Kerze oder der Elektro-Warmhalteplatte gut halten. Darüber hinaus werden Essbesteck und Fonduegabeln benötigt. Fonduegabeln müssen bei Fettfondues einen Griff haben, der nicht heiß werden kann. Für kleine, weiche Zutaten, die von den Fonduegabeln rutschen würden, sind kleine Metallsiebchen oder -körbchen praktisch. Es gibt sie in Asialäden oder Haushaltswarengeschäften.

→ Zutaten und Zubereitung

Fondues aus dem Fettbad

Das wichtigste beim Frittieren ist die richtige Auswahl des Fettes. Feste weiße Pflanzenfette sind besonders hitzestabil und geschmacksneutral, sie bestehen hauptsächlich aus Palmkern- oder Kokosfett. Möchten Sie mit Öl frittieren, verwenden Sie möglichst geschmacksneutrale Öle, die sich gut erhitzen lassen, z. B. Erdnussöl. Kalt gepresste Öle eignen sich nicht zum Frittieren, da die darin enthaltenen Fettsäuren sich bei großer Hitze verändern. Butter und Margarine sind ebenfalls nicht geeignet, da sie Wasser enthalten und deshalb spritzen.

Füllen Sie den Fonduetopf nur zur Hälfte mit Fett, damit es beim Hineingeben der Zutaten nicht herausspritzt und sich evtl. an der Flamme im Rechaud entzündet. Erhitzen Sie das Fett zunächst auf der Kochstelle auf etwa 180 °C und stellen Sie es erst dann auf den Rechaud.

Achten Sie darauf, dass das Fett zum Frittieren heiß genug ist, damit der Frittiervorgang nicht zu lange dauert und Fleisch und Gemüse sich nicht mit Fett vollsaugen. Die Fetttemperatur ist optimal, wenn sich die Poren des Gargutes sofort schließen. Dann steigen rund um das Gargut kleine Bläschen auf. Verwenden Sie das Fett nicht häufiger als dreimal. Lassen Sie es nach jedem Gebrauch durch ein mit Küchen- oder Filterpapier ausgelegtes Sieb laufen, um Verunreinigungen zu entfernen. Verbrauchtes Fett sollten Sie in ein gut verschließbares Gefäß geben und in den Hausmüll oder zu einer Altölsammelstelle geben. Es gehört auf keinen Fall in den Ausguss.

Fondues aus der Brühe

Die Brühe für Fondues sollte kräftig und würzig sein, da sie auch für den Geschmack der Zutaten, die hineingetaucht werden, entscheidend ist. Es eignen sich Brühen oder Fonds aus dem Glas oder selbst gemachte Brühen. Sie können mit Wein, Sherry, Reiswein oder Würzsaucen noch verfeinert werden.

Käsefondues

Für Käsefondues sind besonders abgelagerte Käsesorten geeignet, da sie nicht oder kaum noch Fäden ziehen. Schmelzfähig sind jedoch alle Käsesorten. Käsefondues werden zunächst auf der Kochstelle in einem Topf mit dickem Boden bei mittlerer Hitze geschmolzen. Dabei sollten Sie die Masse immer in Form einer Acht durchrühren, damit sie nicht ansetzt.

Zum Eintauchen ins Käsefondue eignen sich außer Brot viele andere Zutaten und Zubereitungen, die köstlich schmecken, wenn sie kurz in die heiße Käsemasse getaucht werden. Brot sollten Sie so in mundgerechte Stücke schneiden, dass jedes Stück wenigstens an einer Seite noch knusprige Rinde hat, damit die Fonduegabel daran Halt findet.

Rühren Sie die Käsemasse während des Essens immer mal wieder durch.

Süße Fondues

Süße Fondues eignen sich als Partyspaß für große und kleine Kinder. Sie können sie aber auch als geselliges Ende eines Essens vorbereiten. Bereiten Sie die Fonduemasse auf der Kochstelle vor und halten Sie sie auf einer Wärmeplatte oder einem Stövchen warm. Ein Schokofondue zum Verschenken finden Sie auf den Seiten 180/181 in diesem Buch.

Raclette

Das Raclette ist ein Käsegericht aus dem Schweizer Kanton Wallis. Früher wurden große Käse-Laibe mit der Schnittfläche ins Feuer gehalten und die gebräunte Schicht mit einem Spezial-Messer, dem Raclette, abgeschabt und auf Teller gegeben. Heute gibt es Raclette-Geräte, mit denen man direkt am Tisch viele Zutaten mit Käse schmackhaft überbacken kann.

Wichtig:

Beachten Sie die Bedienungsanleitung und Sicherheitshinweise des Herstellers der Geräte, die Sie verwenden!

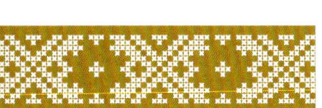

Fondue Bourguignonne

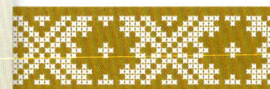

6/12 Portionen

Zubereitungszeit: 25–45 Minuten (je nach Portionenmenge)

1,2 kg/2,4 kg Rinderfilet oder Roastbeef *1 l Speiseöl oder 1 ½ kg Pflanzenfett* *Salz*
(Menge ändert sich nicht) *gem. Pfeffer*

1. Rinderfilet oder Roastbeef mit Küchenpapier trocken tupfen, enthäuten und in etwa 3 cm große Stücke schneiden. In Schälchen anrichten.

2. Speiseöl oder Pflanzenfett in einem Topf erhitzen, in einen Fondue-Topf gießen und auf einem Rechaud leicht köcheln lassen. Fleischstücke auf Fonduegabeln spießen, in dem Fett 2–3 Minuten garen und mit Salz und Pfeffer bestreuen.

Beilage: Servieren Sie Ihren Gästen dazu Weißbrot, Senffrüchte, Mixed Pickles, grünen Salat, Ketchup und die scharfe Sauce (siehe unten).

Pro Portion: E: 44 g, F: 11 g, Kh: 0 g, kJ: 1153, kcal: 275, BE: 0,0

Scharfe Sauce

6/12 Portionen

Zubereitungszeit: 15–25 Minuten (je nach Portionenmenge)

3/6 hart gekochte Eier *Salz* *1 ½ TL/3 TL Estragonblättchen*
1 ½/3 Zwiebeln *gem. Pfeffer* *1/2 Äpfel*
4 ½ EL/9 EL Speiseöl *Zucker* *4 ½ EL/9 EL Rotwein*
1 ½ EL/3 EL mittelscharfer Senf *Paprikapulver edelsüß* *1 ½ EL/3 EL Tabasco*
1 ½ EL/3 EL Speiseessig *Cayennepfeffer* *1 ½ EL/3 EL Ketchup*

1. Eier pellen und das Eigelb durch ein Sieb streichen. Zwiebeln abziehen und fein würfeln.

2. Eigelb mit Zwiebelwürfeln, Speiseöl, Senf und Essig verrühren, mit Salz, Pfeffer, Zucker, Paprika und Cayennepfeffer würzen. Estragonblättchen unterrühren.

3. Äpfel schälen, halbieren, entkernen und reiben. Geriebene Äpfel, Wein, Tabasco und Ketchup zur Sauce geben und unterrühren.

4. Vor dem Servieren die scharfe Sauce nochmals mit den Gewürzen abschmecken.

Pro Portion: E: 2 g, F: 11 g, Kh: 5 g, kJ: 575, kcal: 137, BE: 0,5

Pilz-Fondue

6/12 Portionen

Zubereitungszeit: 50–70 Minuten (je nach Portionenmenge)

1,2 kg/2,4 kg Pilze, z. B. Champignons, Pfifferlinge, Maronen, Steinpilze, Austernpilze

Für den Zwiebel-Dip:
300 g/600 g Zwiebeln
1/2 Knoblauchzehe(n)

2 EL/4 EL Olivenöl
80 g/160 g Schinkenwürfel
125 ml/250 ml Hühner- oder Gemüsebrühe
150 g/300 g Crème légère
Salz
gem. Pfeffer

Für den Gorgonzola-Dip:
150 g/300 g Gorgonzola
125 g/250 g Frischkäse mit Joghurt (13 % Fett)
2 EL/4 EL gehackte Petersilie

500 ml/1 l Gemüsebrühe
200 g/400 g Schlagsahne

1. Pilze putzen, evtl. kurz abspülen und trocken tupfen. Je nach Größe, die Pilze halbieren oder vierteln.

2. Für den Zwiebel-Dip Zwiebeln und Knoblauch abziehen und in Würfel schneiden. Olivenöl in einem Topf erhitzen und Zwiebel- und Knoblauchwürfel darin andünsten. Schinkenwürfel unterrühren, Brühe und Crème légère zugeben und etwa 20 Minuten köcheln lassen, mit Salz und Pfeffer würzen und mit einem Pürierstab leicht pürieren.

3. Für den Gorgonzola-Dip Gorgonzola in einem Topf leicht erwärmen, dabei cremig rühren und mit Frischkäse und Petersilie verrühren.

4. Gemüsebrühe und Sahne in einem Fondue-Topf erhitzen. Verschiedene Pilzstücke aufspießen und etwa 10 Minuten darin garen, mit Zwiebel-Dip und Gorgonzola-Dip servieren.

Beilage: Möhren-Apfel-Salat, frisches Bauernbrot.

Pro Portion: E: 18 g, F: 29 g, Kh: 8 g, kJ: 1518, kcal: 363, BE: 0,5

Möhren-Apfel-Salat

6/12 Portionen

Zubereitungszeit: 25–40 Minuten (je nach Portionenmenge), ohne Durchziehzeit

3–4 EL/6–8 EL Zitronensaft
1 Prise/2 Prisen Salz

2–3 TL/4–6 TL Zucker
1 EL/2 EL Sonnenblumenöl

750 g/1 ½ kg Möhren
500 g/1 kg Äpfel, z. B. Cox Orange

1. Zitronensaft mit Salz und Zucker verrühren. Öl hinzufügen und unterrühren.

2. Möhren putzen, schälen, abspülen und abtropfen lassen. Äpfel abspülen und abtrocknen oder schälen, vierteln und entkernen. Beide Zutaten auf einer Haushaltsreibe grob raspeln.

3. Möhren und Äpfel mit der Sauce in einer Schüssel vermengen. Den Salat nach Belieben nochmals mit Zucker abschmecken und kurz durchziehen lassen.

Pro Portion: E: 1 g, F: 2 g, Kh: 20 g, kJ: 442, kcal: 105, BE: 1,5

Zwiebel-
Blutwurst-Raclette

6/12 Portionen

Zubereitungszeit: 30–45 Minuten (je nach Portionenmenge)

900 g/1,8 kg Zwiebeln
3 EL/6 EL Rapsöl
450 g/900 g Äpfel

100 g/200 g Schinkenwürfel
1 ½ TL/3 TL gerebelter Majoran
Salz, gem. Pfeffer

Paprikapulver edelsüß
600 g/1,2 kg Blutwurst
240 g/480 g Emmentaler

1. Zwiebeln abziehen, halbieren und in Scheiben schneiden. In einer großen Pfanne das Öl erhitzen und die Zwiebeln darin goldbraun andünsten.

2. Äpfel schälen, vierteln, die Kerngehäuse herausschneiden. Die Äpfel in Würfel schneiden, zu den Zwiebelscheiben geben und kurz mit anbraten. Schinkenwürfel zugeben und mit Majoran, Salz, Pfeffer und Paprika würzen.

3. Blutwurst pellen und in etwa 1 cm große Würfel schneiden, mit unter die Zwiebeln mischen. Emmentaler in Würfel schneiden. Die Blutwurst-Zwiebel-Mischung in Raclette-Pfännchen füllen, mit Emmentaler überstreuen und etwa 10 Minuten grillen.

Beilage: Servieren Sie dazu Herzoginkartoffeln und/oder Körnerbrötchen.

Pro Portion: E: 30 g, F: 43 g, Kh: 14 g, kJ: 2366, kcal: 566, BE: 0,5

Herzoginkartoffeln
(Pommes duchesse)

6/12 Portionen

Zubereitungszeit: 30–50 Minuten (je nach Portionenmenge), ohne Abkühlzeit
Backzeit: etwa 12 Minuten je Backblech

1250 g/2250 g mehligkochende
Kartoffeln
Salz

1 ½/3 Eier (Größe M)
30 g/60 g Butter oder Margarine
(zimmerwarm)

ger. Muskatnuss
1–2/2–4 Eigelb
3 TL/6 TL Milch

1. Kartoffeln schälen, abspülen, abtropfen lassen und in Stücke schneiden. Die Kartoffeln knapp mit Wasser bedeckt, zugedeckt zum Kochen bringen. Salz hinzufügen. Die Kartoffeln in etwa 20 Minuten gar kochen. Die garen Kartoffeln abgießen, abdämpfen, sofort durch eine Kartoffelpresse geben oder mit einem Kartoffelstampfer zerdrücken und erkalten lassen.

2. Den Backofen vorheizen.
Ober-/Unterhitze: etwa 200 °C, Heißluft: etwa 180 °C

3. Die kalte Kartoffelmasse mit Eiern und Butter oder Margarine verrühren, mit Salz und Muskatnuss würzen. Die Masse in einen Spritzbeutel mit großer Sterntülle füllen und in Form von Tuffs auf 1/2 Backblech(e) (gefettet) spritzen.

4. Eigelb mit Milch verschlagen und die Tuffs damit bestreichen. Das/die Backblech(e) (nacheinander – bei Heißluft zusammen) in den vorgeheizten Backofen schieben. Herzoginkartoffeln **etwa 12 Minuten je Backblech backen**.

Pro Portion: E: 6 g, F: 7 g, Kh: 26 g, kJ: 831, kcal: 198, BE: 2,0

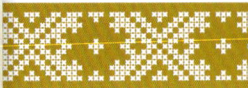

Birnen-Raclette
mit Brie

6/12 Portionen

Zubereitungszeit: 20–30 Minuten (je nach Portionenmenge)

*3/6 große Dosen Williams Birnen
(Abtropfgewicht je Dose 480 g)
4 ½/9 Eier*

*6 EL/12 EL brauner Zucker
12 EL/24 EL Schlagsahne
600 g/1,2 kg Brie, in Scheiben*

*60 g/120 g gehackte Pistazien
5/10 Stängel Zitronenmelisse*

1. Birnen in einem Sieb abtropfen lassen. Eier mit 2/4 Esslöffeln braunem Zucker und der Sahne verrühren.

2. Je eine Birnenhälfte schräg in 4 gleich große Scheiben schneiden, in die Raclette-Pfännchen legen und die Eiermasse gleichmäßig über die Birnen verteilen.

Pro Portion: E: 31 g, F: 46 g, Kh: 54 g, kJ: 3134, kcal: 749, BE: 4,5

3. Über die Birnen etwas von dem restlichen Zucker streuen und im heißen Raclette etwa 10 Minuten grillen.

4. Die Birnen mit je einer Scheibe Brie belegen, mit Pistazien bestreuen und nochmals für 1–2 Minuten grillen, mit Melisse-blättchen dekoriert servieren.

Scones

12/24 Stück

Zubereitungszeit: 20–30 Minuten (je nach Portionenmenge)
Backzeit: 20–30 Minuten je Backblech

Für den Knetteig:
*350 g/700 g Weizenmehl (Type 550)
4 gestr. TL/8 gestr. TL
Dr. Oetker Backin
1 gestr. TL/2 gestr. TL Salz*

*2 gestr. TL/4 gestr. TL Zucker
200 ml/400 ml Buttermilch
100 g/200 g Butter oder Margarine
(zimmerwarm)*

Zum Bestreichen:
*1/2 Eigelb
1 EL/2 EL Milch*

1. Den Backofen vorheizen.
Ober-/Unterhitze: etwa 180 °C , Heißluft: etwa 160 °C

2. Aus den Zutaten einen Knetteig zubereiten. Bei der größeren Zutatenmenge in 2 gleich große Portionen teilen. Teig bzw. -portionen zu 1 / 2 Rechteck(en) (etwa 15 x 20 cm) ausrollen, in 12/24 Quadrate (jeweils etwa 5 x 5 cm)

schneiden, auf 1/2 Backbleche (mit Backpapier belegt) legen, mit verschlagener Eigelb-Milch bestreichen.

3. Das/die Backblech(e) (nacheinander – bei Heißluft zusammen) in den vorgeheizten Backofen schieben. Scones **20–30 Minuten (je Backblech) backen**. Scones vom Backpapier nehmen und auf einem Kuchenrost erkalten lassen.

Pro Stück: E: 4 g, F: 8 g, Kh: 23 g, kJ: 766, kcal: 183, BE: 2,0

Ratgeber:
Weihnachtsbrunch

Das Wunderbare an einem Brunch ist die große Vielfalt, die er den Gästen bietet. Lauter verführerische Leckereien, das Zusammensein beim Essen, Weihnachtslieder, die im Hintergrund klingen, dazu Kerzenschein und der festlich geschmückte Weihnachtsbaum: Das sind Garanten für eine urgemütliche Stimmung.

Beim Brunch findet jeder etwas und darf nach Herzenslust wählen, zwischen warmen und kalten Speisen, Süßem und Herzhaftem. Den Aufwand für den Brunch können Sie als Gastgeber selbst mitbestimmen, je nachdem, für welche und wie viele Rezepte Sie sich entscheiden, ob Sie zum Beispiel auch ein paar Brötchen selbst backen möchten oder lieber auf Aufbackbrötchen zurückgreifen. Eventuell können Sie Ihre Gäste auch bitten, selbst etwas mitzubringen. Das erhöht die Vielfalt und erleichtert Ihnen die Arbeit. Die ausgewählten Rezepte haben wir immer für mehrere Personen berechnet. Je nachdem wie viele Personen kommen und wie viele Rezepte Sie zubereiten möchten, können Sie die Portionsmengen anpassen.

→ Den Brunch entspannt planen

Zeit- & Arbeitsplan

Legen Sie sich eine Arbeitsmappe an, in dem Sie alles für den Brunch sammeln. Die Gästeliste mit Telefonnummern für Rückfragen, Zu- und Absagen, Einkaufszettel und Zeitpläne. Stellen Sie einen Zeitplan auf, in den Sie alle anfallenden Arbeiten eintragen. Von der Einladung über den Einkaufszettel bis hin zu den letzten Handgriffen bevor die Gäste kommen. Überlegen Sie, wer Ihnen wann und wie helfen kann. Teilen Sie sich die Arbeit so ein, dass Sie am Tag des Brunches nur noch das unbedingt Notwendige erledigen. So können Sie die Feier gemeinsam mit Ihren Gästen genießen.

Startzeit & Einladung

Der ideale Beginn eines Brunches liegt zwischen 11 und 12 Uhr: So haben Sie am Brunchtag noch ausreichend Zeit die letzten Vorbereitungen zu treffen und Ihre Gäste können entspannt anreisen. Wenn Sie selbst und/oder Ihre Gäste kleine Kinder haben, ist es eine Überlegung wert, die Gäste bereits für 10 Uhr einzuladen. Besonders rund um das Weihnachtsfest ist es wichtig, den Gästen rechtzeitig Bescheid zu geben. Legen Sie in der Einladung ein Datum fest, an dem die Eingeladenen spätestens zu- bzw. absagen müssen. So können Sie mit der tatsächlichen Gästezahl planen.

Rezeptauswahl & Einkaufszettel

Wählen Sie die Rezepte aus diesem Buch aus, die Ihnen besonders gut gefallen und auch besondere Wünsche Ihrer Gäste berücksichtigen. Kommt zum Beispiel ein Allergiker oder jemand möchte vegetarisch essen, freut er sich, wenn daran gedacht wird. Auch Kinder oder ältere Menschen haben andere Essgewohnheiten, die bedacht werden sollten, damit sie sich wohlfühlen. Achten Sie bei der Rezeptzusammenstellung auf die Ausgewogenheit der Speisen, ebenso bei den Getränken. Dabei können Ihnen die folgenden Checklisten helfen. Entscheiden Sie, welche Komponenten Sie nach den Rezepten in diesem Buch selbst zubereiten und was Sie zusätzlich kaufen möchten:

Lebensmittel

- ☐ Brot, Brötchen, Croissants
- ☐ Butter, Margarine
- ☐ Quark & Joghurt
- ☐ Wurstaufschnitt
- ☐ vegetarische Aufstriche
- ☐ Käse
- ☐ geräucherter Fisch
- ☐ Konfitüre & Marmelade
- ☐ Honig & Schokocremes
- ☐ Müsli & Cornflakes
- ☐ frisches Obst
- ☐ Salate
- ☐ Suppen
- ☐ Tartes oder Quiches
- ☐ Eier (hart gekocht, Rühr- oder Spiegelei)
- ☐ Desserts (Obstsalat, süße Cremes, Kuchen usw.)

Getränke

- ☐ Kaffee
- ☐ Tee
- ☐ Kakao
- ☐ Milch
- ☐ Säfte
- ☐ Wasser
- ☐ Sekt / Prosecco / Champagner
- ☐ Wein
- ☐ Bier

Schreiben Sie mehrere Einkaufszettel. Einen für Getränke, einen für Zutaten, die gelagert werden können und einen für die Dinge, die unbedingt frisch gekauft werden müssen. Vielleicht haben Sie Glück und ihr Bäcker hat an einem der Feiertage geöffnet. Denken Sie dann daran, Brot und Brötchen rechtzeitig vorzubestellen. So ist die Vorbereitung auf mehrere Tage verteilt und weniger anstrengend. Getränke und lagerfähige Zutaten sollten Sie so früh wie möglich besorgen, um dem großen Weihnachtstrubel in den Supermärkten möglichst zu entgehen.

Ausstattung & Dekoration

Wie viele Stühle benötigen Sie? Sind der Esstisch und der Buffettisch groß genug? Sind ausreichend Geschirr, Besteck und Gläser im Hause? Planen Sie großzügig: Bei einem Brunch wechseln die Gäste häufig zwischen warmen und kalten Speisen, zwischen Süßem und Herzhaftem, legen längere Esspausen ein und gehen dann später doch noch mal ans Buffet. Benötigen Sie Koch- und Wärmeplatten auf dem Buffet, sollten Steckdosen in der Nähe sein. Sind ausreichende Kühlmöglichkeiten für Speisen und Getränke vorhanden? Vergessen Sie die Deko nicht und passen Sie diese an das Weihnachtsfest an, zum Beispiel mit selbst gebackenen Plätzchen oder Küchlein, die Sie jedem Gast als Geschenk auf seinen Teller legen. Denken Sie auch an kleine Gefäße und Behälter, in denen Sie Ihren Gästen Reste vom Brunch mit nach Hause geben können.

Buffetaufbau

Wählen Sie für das Buffet einen langen, schmalen Tisch. So kommen Ihre Gäste an alles leicht heran. Besonders dekorativ sieht es aus, wenn Sie die Speisen auf mehreren Ebenen arrangieren. Dazu stellen Sie entweder große Töpfe oder Schalen umgedreht auf den Tisch und decken anschließend das Ganze mit Tischdecken großzügig zu oder Sie verwenden zum Anrichten von Gebäck und Kuchen mehrstöckige Etageren.

Vorbereitungen am Vortag

Für einen Brunch lässt sich vieles schon am Vortag vorbereiten. Decken Sie den Tisch, bauen Sie den Buffettisch auf und kümmern Sie sich um die Dekoration. Auch Kuchen und Gebäck für den Brunch können Sie schon am Vortag backen. Viele Cremes, Joghurts und Salate können fertig zubereitet über Nacht im Kühlschrank lagern. Achten Sie auf die Tipps unter den Rezepten, die Ihnen Hinweise geben, was sich alles bereits vorab erledigen lässt. Konfitüre, Marmelade und Honig füllen Sie am besten schon in kleine Schälchen. So steht dem entspannten Weihnachtsbrunch nichts im Wege!

Mandarinen-Kumquat-Orangen-Marmelade

etwa 5 Gläser je 200 ml

Zubereitungszeit: 45 Minuten **Haltbarkeit:** 3–4 Monate

400 g Kumquats (vorbereitet gewogen)
300 g Mandarinen-Fruchtfleisch
(von 5–6 Mandarinen,
vorbereitet gewogen)

300 g Orangenfilets mit -saft
(von 3–4 Orangen,
vorbereitet gewogen)
500 g Extra Gelierzucker 2:1

Außerdem:
etwa 5 Gläser je 200 ml
mit Twist-off-Deckeln®

1. Kumquats heiß abspülen, abtrocknen, entstielen, halbieren, entkernen, in dünne Scheiben schneiden und 400 g davon abwiegen. Mandarinen schälen und die weiße Haut vollständig entfernen. Mandarinen vierteln, mit einem Pürierstab pürieren und 300 g davon abwiegen.

2. Orangen so schälen, dass die weiße Haut vollständig entfernt wird. Orangen filetieren, dabei den Saft auffangen. Von den Orangenfilets und dem aufgefangenen Saft insgesamt 300 g abwiegen.

3. Die vorbereiteten Früchte in einen großen Kochtopf geben. Gelierzucker hinzugeben und gut verrühren.

4. Die Zutaten unter Rühren bei starker Hitze zum Kochen bringen und unter ständigem Rühren mindestens 3 Minuten sprudelnd kochen lassen. Den Topf von der Kochstelle nehmen.

5. Das Kochgut evtl. abschäumen und sofort randvoll in vorbereitete Gläser füllen.

6. Die Gläser mit Twist-off-Deckeln® verschließen, umdrehen und etwa 5 Minuten auf den Deckeln stehen lassen.

Insgesamt: E: 8 g, F: 3 g, Kh: 606 g, kJ: 10727, kcal: 2531, BE: 50,5

Cranberrygelee
mit Orangensaft

etwa 5 Gläser je 200 ml

Zubereitungszeit: 30 Minuten, ohne Durchziehzeit **Haltbarkeit:** 3–4 Monate

125 g Cranberrys
(getrocknet, ungeschwefelt)
1 Bio-Orange
(unbehandelt, ungewachst)
330 ml Cranberrysaft (100 % Direktsaft)

300 ml Orangensaft
250 ml Apfelsaftkonzentrat
500 g Extra Gelierzucker 2:1
1 Pck. Zitronensäure (5 g)

Außerdem:
etwa 5 Gläser je 200 ml
mit Twist-off-Deckeln®

1. Cranberrys grob hacken. Orange heiß abwaschen, abtrocknen und die Schale fein abreiben. Oder von der Orangenschale mit einem Zestenreißer Streifen abziehen.

2. Cranberrys mit Orangenschale und Cranberrysaft in einem großen Kochtopf verrühren, etwa 2 Stunden durchziehen lassen.

3. Den Orangensaft und das Apfelsaftkonzentrat mit Extra Gelierzucker zu der Cranberrymasse in den Topf geben und gut unterrühren. Die Zutaten unter Rühren bei starker Hitze zum Kochen bringen und unter ständigem Rühren mindestens 3 Minuten sprudelnd kochen lassen. Die Zitronensäure unterrühren. Den Topf von der Kochstelle nehmen.

4. Das Kochgut evtl. abschäumen und sofort randvoll in die vorbereiteten Gläser füllen. Die Gläser mit Twist-off-Deckeln® verschließen, umdrehen und etwa 5 Minuten auf den Deckeln stehen lassen.

Baumkuchen-Petits-Fours

48 Stück

Zubereitungszeit: 1 Stunde und 15 Minuten, ohne Abkühlzeit
Backzeit: etwa 2 Minuten je Schicht **Haltbarkeit:** etwa 3 Wochen

Für den Rührteig:
2 Eiweiß (Größe M)
200 g Butter oder Margarine
(zimmerwarm)
175 g Zucker
1 Pck. Dr. Oetker Vanillin-Zucker
3 EL Weinbrand

2 Eier (Größe M)
2 Eigelb (Größe M)
100 g Weizenmehl
50 g Speisestärke
2 gestr. TL Dr. Oetker Backin
50 g abgezogene, gem. Mandeln

Für den Guss:
100 g Zartbitter-Kuvertüre
100 g weiße Kuvertüre
2 TL Speiseöl, z. B. Sonnenblumenöl

1. Den Backofengrill vorheizen. Für den Teig Eiweiß steif schlagen und beiseitestellen. Butter oder Margarine mit einem Mixer (Rührstäbe) auf höchster Stufe geschmeidig rühren. Nach und nach Zucker, Vanillin-Zucker und Weinbrand unterrühren. So lange rühren, bis eine gebundene Masse entstanden ist.

2. Eier und Eigelb nach und nach unterrühren (jedes Ei/Eigelb etwa ½ Minute). Mehl mit Stärke, Backpulver und Mandeln mischen, in 2 Portionen auf mittlerer Stufe kurz unterrühren. Zuletzt Eischnee unterheben.

3. Einen Backrahmen (etwa 24 x 18 cm) auf ein Backblech (gefettet, mit Backpapier belegt) stellen. 3 Esslöffel des Teiges hineingeben und mit einem breiten Backpinsel verteilen. Das Backblech in den Backofen unter den vorgeheizten Grill schieben (Abstand zwischen Grill und Teigschicht etwa 20 cm). Die Teigschicht in **etwa 2 Minuten hellbraun grillen**.

4. Das Backblech auf einen Kuchenrost stellen und als zweite Schicht wieder 3 Esslöffel des Teiges auf die gegrillte Schicht streichen. Das Backblech wieder unter den heißen Grill schieben und **etwa 2 Minuten grillen**.

5. Auf diese Weise den ganzen Teig verarbeiten, dabei die Einschubhöhe nach Möglichkeit so verändern, dass der Abstand von etwa 20 cm zwischen Grill und Teigschicht bestehen bleibt.

6. Nach dem Backen den Backrahmen mit einem Messer lösen und entfernen. Den Baumkuchen mit dem Backpapier vom Backblech auf einen Kuchenrost ziehen und erkalten lassen.

7. Den Baumkuchen in Würfel (etwa 3 x 3 cm) schneiden.

8. Für den Guss Zartbitter-Kuvertüre in Stücke hacken. Zwei Drittel davon mit 1 Teelöffel Speiseöl in einem Topf im Wasserbad bei schwacher Hitze unter Rühren schmelzen. Den Topf aus dem Wasserbad nehmen und die restliche Zartbitter-Kuvertüre darin unter Rühren schmelzen.

9. Die Hälfte der Petits Fours mithilfe einer (Pralinen-)Gabel in die Zartbitter-Kuvertüre tauchen. Petit Fours kurz abtropfen lassen, dann auf einen mit Backpapier belegten Kuchenrost setzen. Guss trocknen lassen.

10. Weiße Kuvertüre ebenso mit restlichem Öl schmelzen. Restliche Petit Fours damit überziehen, trocknen lassen.

Pro Stück: E: 1 g, F: 6 g, Kh: 8 g, kJ: 403, kcal: 96, BE: 0,5

Rote Walnusspaste

(im Foto oben)

etwa 300 g

Zubereitungszeit: 10 Minuten
Haltbarkeit: 3–4 Tage

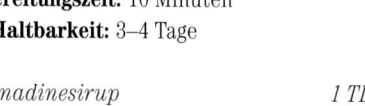

150 g grob gehackte Walnusskerne
50 g stückige Tomaten
(aus der Dose oder dem Tetrapak)
50 g Semmelbrösel
4 EL Olivenöl

1 EL Grenadinesirup
oder 1 TL flüssiger Honig
2 TL Paprikapulver rosenscharf
oder edelsüß
¼ TL gem. Kümmel

1 TL Zucker
1 Prise Salz
einige Spritzer Zitronensaft

1. Alle Zutaten in einem hohen Rührbecher mit dem Pürierstab zu einer Paste verarbeiten, nochmals mit Salz und Zitronensaft abschmecken, in ein verschließbares Gefäß füllen und in den Kühlschrank stellen.

Tipps: Die Paste sollte nicht direkt aus dem Kühlschrank serviert werden. Statt der stückigen Tomaten können Sie auch 50 g frische Tomatenwürfelchen (von 1 entkernten Tomate) verarbeiten.

Insgesamt: E: 28 g, F: 136 g, Kh: 70 g, kJ: 6691, kcal: 1598, BE: 6,0

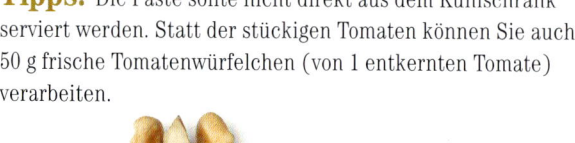

Roter Frischkäse-Pesto-Aufstrich

(im Foto unten)

etwa 500 g

Zubereitungszeit: 30 Minuten
Haltbarkeit: 3–4 Tage

50 g abgetropfte, getrocknete Tomaten,
in Öl
½ Bund Basilikum

30 g geröstete Pinienkerne
200 g Doppelrahm-Frischkäse
200 g Ziegenfrischkäse

etwa 50 g rotes Pesto (aus dem Glas)
Salz
gem. Pfeffer

1. Die getrockneten Tomaten in kleine Stücke schneiden. Basilikum abspülen und trocken tupfen. Die Blättchen von den Stängeln zupfen und fein schneiden. Geröstete Pinienkerne fein hacken.

2. Beide Frischkäsesorten mit dem Pesto glatt rühren. Pinienkerne, Tomaten und Basilikum unterrühren, mit Salz und Pfeffer würzen. Frischkäse-Pesto-Aufstrich in ein verschließbares Gefäß füllen und in den Kühlschrank stellen.

Insgesamt: E: 46 g, F: 142 g, Kh: 24 g, kJ: 6480, kcal: 1558, BE: 1,5

Liptauer

etwa 450 g

Zubereitungszeit: 25 Minuten
Haltbarkeit: 2–3 Tage

40 g Butter (zimmerwarm)
250 g Speisequark
2 EL saure Sahne
2 Schalotten

50 g abgetropfte Gewürzgurken
(aus dem Glas)
1 TL fein gehackte Kapern
1 TL mittelscharfer Senf

1 TL Paprikapulver edelsüß
gem. Kümmel
Salz
gem. Pfeffer

1. Die Butter geschmeidig rühren. Quark durch ein feines Sieb streichen und mit saurer Sahne unter die Butter rühren. Schalotten abziehen. Gewürzgurken und Schalotten fein würfeln, zusammen mit den Kapern unter die Quarkmasse rühren. Liptauer mit Senf, Paprikapulver, Kümmel, Salz und Pfeffer abschmecken.

Tipps: Liptauer mit Schnittlauchröllchen garnieren und zu Bauernbrot servieren. Wandeln Sie den Liptauer nach Ihrem eigenen Geschmack ab, z. B. zusätzlich 1 Teelöffel fein gehackte Sardellen oder Sardellenpaste oder 1 Teelöffel Tomatenmark unterrühren. Den Aufstrich verschlossen im Kühlschrank aufbewahren.

Insgesamt: E: 36 g, F: 52 g, Kh: 12 g, kJ: 2820, kcal: 676, BE: 0,8

Eier-Häckerle

(ohne Foto)

etwa 800 g

Zubereitungszeit: 15 Minuten
Haltbarkeit: im Kühlschrank 3–4 Tage

6 hart gekochte Eier
100 g Salatmayonnaise
150 g Joghurt (etwa 0,3 % Fett)
1 TL mittelscharfer Senf

Salz, gem. Pfeffer
1 kleine Schalotte
140 g abgetropfter Gemüsemais
(aus der Dose)

1 Kästchen Kresse
1 Bund Schnittlauch

1. Die Eier pellen und fein hacken. Mayonnaise mit Joghurt, Senf, Salz und Pfeffer verrühren. Schalotte abziehen und klein würfeln. Schalottenwürfel mit Mais und gehackten Eiern unterrühren. Kresse abspülen, trocken tupfen und mit einer Küchenschere vom Beet schneiden.

2. Schnittlauch abspülen, trocken tupfen und in sehr feine Röllchen schneiden. Den Aufstrich nochmals mit Salz und Pfeffer abschmecken. Kresse und Schnittlauchröllchen unterrühren. Eier-Häckerle in ein verschließbares Gefäß füllen und in den Kühlschrank stellen.

Insgesamt: E: 54 g, F: 91 g, Kh: 33 g, kJ: 4922, kcal: 1175, BE: 2,5

Nussbrötchen-Rad

----

1 Stück mit 12 Brötchen

Zubereitungszeit: 45 Minuten, ohne Abkühlzeit
Teiggehzeit: etwa 50 Minuten **Backzeit:** etwa 25 Minuten

Für den Hefeteig:
75 g Margarine
500 g Weizenmehl
1 Pck. Dr. Oetker Trockenbackhefe
25 g feiner Voll-Rohrzucker

1 gestr. TL Salz
250 ml Sojadrink
je 30 g gem. Pistazienkerne,
Walnusskerne und Haselnusskerne

Zum Bestreichen und Bestreuen:
50 ml Wasser
½ TL Speisestärke
25 g Mohnsamen
25 g Sesamsamen

1. Für den Teig Margarine zerlassen. Mehl in eine Rühr-schüssel geben und mit Trockenbackhefe sorgfältig vermischen. Rohrzucker, Salz, Sojadrink und die zerlassene Margarine hinzufügen.

2. Die Zutaten mit einem Mixer (Knethaken) zunächst kurz auf niedrigster, dann auf höchster Stufe in etwa 5 Minuten zu einem glatten Teig verarbeiten. Den Teig zugedeckt so lange an einem warmen Ort gehen lassen, bis er sich sichtbar vergrößert hat, etwa 30 Minuten.

3. In der Zwischenzeit zum Bestreichen Wasser mit Speise-stärke in einem Topf verrühren und unter Rühren kurz aufkochen lassen. Die Flüssigkeit erkalten lassen.

4. Den Teig in 3 gleich große Portionen teilen. Jede Teig-portion mit einer Sorte Kerne verkneten. Aus jeder Portion 4 runde Brötchen formen. 4 Brötchen in der Mitte eines Backbleches (mit Backpapier belegt) aneinandersetzen (nicht zu dicht). Die restlichen Brötchen nicht zu eng kreisförmig darumsetzen.

5. Die Brötchen mit der Stärke-Flüssigkeit bestreichen. Anschließend 6 Brötchen mit Mohn und 6 mit Sesam bestreuen. Die Brötchen nochmals zugedeckt so lange an einem warmen Ort gehen lassen, bis sie sich sichtbar vergrößert haben, etwa 20 Minuten.

6. Den Backofen vorheizen.
Ober-/Unterhitze: etwa 180 °C, Heißluft: etwa 160 °C

7. Das Backblech in den vorgeheizten Backofen schieben. Das Brötchenrad **etwa 25 Minuten backen**.

8. Das Brötchenrad mit dem Backpapier auf einen Kuchenrost ziehen und erkalten lassen.

Tipp: Sie können das Nussbrötchen-Rad am Vorabend bis einschließlich Punkt 4 vorbereiten und mit Frischhaltefolie bedeckt in den Kühlschrank stellen. Am nächsten Morgen nehmen Sie das Nussbrötchen-Rad aus dem Kühlschrank und heizen den Backofen etwa 20 Minuten vor. Dann backen Sie die Brötchen wie im Rezept beschrieben.

Pro Brötchen: E: 2 g, F: 12 g, Kh: 34 g, kJ: 1165, kcal: 278, BE: 3,0

Marzipan-Sahne-Waffeln

9–10 Stück

Zubereitungszeit: 1 Stunde, ohne Abkühlzeit

Für den Rührteig:
100 g Marzipan-Rohmasse
150 g Butter oder Margarine
(zimmerwarm)
150 g Zucker

1 Pck. Dr. Oetker Finesse
Geriebene Zitronenschale
3 Eier (Größe M)
250 g Weizenmehl
2 gestr. TL Dr. Oetker Backin
100 g Schlagsahne

Zum Bestäuben:
etwas Puderzucker

1. Das Waffeleisen erhitzen und evtl. leicht fetten, dabei die Herstelleranleitung beachten.

2. Für den Teig Marzipan in hauchdünne Scheiben schneiden und in eine Rührschüssel geben. Butter oder Margarine hinzufügen und mit einem Mixer (Rührstäbe) auf höchster Stufe glatt rühren. Zucker und Zitronenschale hinzufügen. So lange ruhren, bis eine gebundene Masse entstanden ist.

3. Die Eier nach und nach unterrühren (jedes Ei etwa ½ Minute). Mehl mit Backpulver mischen, abwechselnd mit der Sahne in 2 Portionen auf mittlerer Stufe kurz unterrühren.

4. Pro Waffel 2–3 Esslöffel Teig in das Waffeleisen geben und leicht verstreichen. Die Marzipan-Sahne-Waffeln goldbraun backen, herausnehmen und einzeln auf einem Kuchenrost erkalten lassen.

5. Waffeln mit Puderzucker bestäuben und servieren.

Tipps: Sie können die Waffeln entweder morgens backen, bevor die Gäste kommen oder den Teig vorbereiten und im Kühlschrank aufbewahren. Am Buffet kann dann jeder Gast seine Waffel selbst frisch backen. Die Waffeln mit heißen Kirschen, Kirschgrütze und steif geschlagener Sahne servieren. Essen keine Kinder mit, können Sie die Schlagsahne mit 1–2 Esslöffeln Amaretto oder Kirschwasser verfeinern. Sehr gut zu den Waffeln schmecken auch Honignüsse (Rezept Seite 172/173).

Pro Stück: E: 7 g, F: 22 g, Kh: 45 g, kJ: 1696, kcal: 405, BE: 3,5

Geschmorte Speckäpfel

6 Stück

Zubereitungszeit: 25 Minuten
Garzeit: 25–30 Minuten

6 säuerliche Äpfel, z. B. Boskop
oder Cox Orange

Für die Füllung:
75 g getrocknete Pflaumen
1 größer Stängel Thymian
45 g ger. Cheddar

3 EL gehackte Cashewkerne
1–2 Msp. gem. Piment (Nelkenpfeffer)
Salz
gem. Pfeffer
12 Scheiben Bacon (Frühstücksspeck)
150 ml Gemüse- oder Geflügelbrühe

1. Den Backofen vorheizen.
Ober-/Unterhitze: etwa 180 °C, Heißluft: etwa 160 °C

2. Die Äpfel entstielen, heiß abwaschen und abtrocknen. Die Kerngehäuse mit einem Apfelausstecher entfernen. Die Äpfel einmal rundherum mit einem spitzen Messer einritzen, damit sie beim Backen nicht aufplatzen. Die Äpfel mit der Stielseite nach unten in eine Auflaufform (gefettet) setzen.

3. Die Pflaumen klein hacken. Thymian abspülen, trocken tupfen und die Blättchen von dem Stängel zupfen. Pflaumen, Thymian, Cheddar, Cashewkerne und Piment in einer Schüssel mischen, mit Salz und Pfeffer würzen.

4. Die Äpfel mit der Pflaumenmasse füllen. Jeden Apfel so mit 2 Baconscheiben belegen, dass sie sich überkreuzen.

5. Die Auflaufform auf dem Rost (Mitte) in den vorgeheizten Backofen schieben. Die Äpfel **25–30 Minuten garen**. Nach 10 Minuten Garzeit die Brühe zu den Äpfeln in die Form gießen. Die Äpfel fertig garen.

6. Die geschmorten Speckäpfel mit etwas von dem Fond in tiefen Tellern servieren.

Tipps: Statt der Cashewkerne schmecken auch geröstete, gesalzene Erdnusskerne in der Füllung.

Mini-Spiegeleier
auf Rote-Bete-Forellen-Tatar

16 Stück

Zubereitungszeit: 35 Minuten

125 g vorgegarte Rote Bete
(vakuumverpackt)
1 Schalotte
2 EL Crème fraîche
1 EL Zitronensaft

1 EL Sahnemeerrettich
Salz
gem. schwarzer Pfeffer
50 g geräuchertes Forellenfilet
2 EL Speiseöl

16 Wachteleier
3 Stängel Dill
16 Scheiben Mini-Zwieback (etwa 75 g)

1. Die Rote Bete in sehr feine Würfel schneiden. Die Schalotte abziehen und ebenfalls in sehr feine Würfel schneiden.

2. Crème fraîche mit Zitronensaft und Sahnemeerrettich verrühren, mit Salz und Pfeffer würzen. Rote-Bete- und Schalotten-Würfel unter die Crème-fraîche-Masse rühren.

3. Forellenfilet in kleine Stückchen zupfen. Das Speiseöl in einer Pfanne erhitzen. Die Eier vorsichtig an einem scharfkantigen Gegenstand aufschlagen und in dem heißen Speiseöl bei mittlerer Hitze wie Spiegeleier braten. Die Spiegeleier mit Salz würzen.

4. Den Dill abspülen und trocken tupfen. Zwei Drittel davon fein schneiden und kurz vor dem Servieren mit dem Forellenfilet unter die Rote-Bete-Mischung rühren.

5. Das Rote-Bete-Forellen-Tatar auf den Mini-Zwieback-Scheiben verteilen. Jeweils 1 Wachtelspiegelei daraufsetzen und mit dem restlichen Dill garnieren.

Tipps: Bereiten Sie das Rote-Bete-Forellen-Tatar bis einschließlich Punkt 2 am Vortag zu und stellen es gut verschlossen in den Kühlschrank. Sie können auch tief-gekühlten Dill verwenden.

Pro Stück: E: 3 g, F: 4 g, Kh: 4 g, kJ: 264, kcal: 63, BE: 0,5

Kürbis-Apfel-Tartes

8 Stück

Zubereitungszeit: 55 Minuten, ohne Abkühlzeit
Backzeit: etwa 13 Minuten

40 g getrocknete Soft-Pflaumen
1 geh. EL grobkörniger Senf
1 Blätterteigrolle
(270 g, aus dem Kühlregal)

Zum Bestreichen:
1 Eigelb
1 EL Milch

Für den Belag:
120 g Hokkaidokürbis
(mit Schale, ohne Kerne)
1 rotschaliger Apfel (etwa 125 g)
4 EL flüssiger Honig
2 EL Zitronensaft
Salz
gem. schwarzer Pfeffer
8 Walnusskernhälften

Zum Garnieren:
16 schöne, kleine Stängel Rucola
(Rauke)
8 dünne Scheiben Bresaola
(luftgetrockneter Rinderschinken)

1. Pflaumen mit Senf zu einer feinen Paste pürieren.

2. Blätterteig auf einer leicht bemehlen Arbeitsfläche ausrollen. Mit einer Ausstechform daraus 8 Kreise (Ø je 10 cm) ausstechen. Die Teigkreise auf ein Backblech (gefettet, mit Backpapier belegt) legen. Die Pflaumenpaste so auf die Teigkreise streichen, dass ein etwa 1 cm breiter Rand frei bleibt.

3. Zum Bestreichen das Ei mit der Milch verquirlen und die Teigränder damit bestreichen.

4. Den Backofen vorheizen.
Ober-/Unterhitze: etwa 220 °C, Heißluft: etwa 200 °C

5. Für den Belag von dem Kürbis evtl. die Innenfasern entfernen. Den Kürbis mit der Schale in sehr dünne (je etwa 2 mm) Spalten schneiden oder hobeln. Die Kürbisspalten einmal in der Mitte durchschneiden.

6. Den Apfel heiß abwaschen, abtrocknen, vierteln, entkernen und ebenfalls in sehr dünne Spalten schneiden. Die Apfelspalten einmal in der Mitte durchschneiden.

7. Die Kürbis- und Apfelspalten abwechselnd und dicht nebeneinander auf die Pflaumenpaste legen. Honig mit Zitronensaft, etwas Salz und Pfeffer verrühren. Die Kürbis- und Apfelspalten damit bestreichen.

8. Das Backblech in den vorgeheizten Backofen (unteres Drittel) schieben. Die Kürbis-Apfel-Tartes **etwa 13 Minuten backen**. In der Zwischenzeit die Walnüsse grob hacken und etwa 5 Minuten vor Ende der Backzeit auf die Kürbis-Apfel-Tartes streuen.

9. Die Kürbis-Apfel-Tartes vorsichtig mit dem Backpapier von dem Backblech auf einen Kuchenrost ziehen und erkalten lassen.

10. Zum Garnieren die Rucolastängel abspülen und gut abtropfen lassen. Kürbis-Apfel-Tartes mit Rucolastängeln und Bresaola belegen.

Tipp: Statt Bresaola können Sie die Kürbis-Apfel-Tartes auch mit Bündner Fleisch oder geräuchertem Putenbrustschinken servieren.

Pro Stück: E: 4 g, F: 10 g, Kh: 25 g, kJ: 870, kcal: 208, BE: 2,0

Kartoffel-Käsecreme-Suppe

12 Portionen

Zubereitungszeit: 55 Minuten **Garzeit:** etwa 25 Minuten

6 EL Sonnenblumenkerne
2 Zwiebeln
2 Knoblauchzehen
1 große Stange Porree (Lauch)
½ Knollensellerie (etwa 400 g)
4 Möhren

1 ¾ kg mehligkochende Kartoffeln
250 g getrocknete Tomaten, in Öl
3 EL Tomatenöl
(von den getrockneten Tomaten)
1 Bund Basilikum
1 ¾–2 ¼ l Gemüsebrühe

2 Lorbeerblätter
gem. Pfeffer
ger. Muskatnuss
Salz
400 g Doppelrahm-Frischkäse

1. Sonnenblumenkerne in einem großen Topf ohne Fett anrösten, herausnehmen und beiseitelegen.

2. Zwiebeln und Knoblauch abziehen, fein würfeln. Porree putzen. Die Stange längs halbieren, gründlich waschen, abtropfen lassen und in dünne Streifen schneiden.

3. Sellerie und Möhren putzen, schälen, abspülen, abtropfen lassen und in Würfel schneiden. Kartoffeln schälen, abspülen, abtropfen lassen und in grobe Würfel schneiden.

4. Die Tomaten abtropfen lassen, dabei das Öl auffangen und 3 Esslöffel abmessen. Tomatenhälften in Streifen schneiden. Basilikum abspülen und trocken tupfen. Die Blättchen von den Stängeln zupfen. Blättchen in feine Streifen schneiden, unter die Tomatenstreifen mischen und beiseitestellen.

5. Jeweils etwas von dem aufgefangenen Tomatenöl in dem großen Topf erhitzen. Porreestreifen, Sellerie-, Möhren-, Zwiebel-, Knoblauch- und Kartoffelwürfel darin portionsweise andünsten.

6. Gemüsebrühe und Lorbeerblätter hinzugeben, mit Pfeffer, Muskat und wenig Salz (der später zugegebene Frischkäse enthält ebenfalls Salz!) würzen. Die Zutaten zum Kochen bringen und etwa 25 Minuten bei schwacher bis mittlerer Hitze kochen lassen.

7. Die Lorbeerblätter entfernen. Die Suppe fein pürieren. Den Frischkäse unterrühren und die Suppe cremig aufschlagen. Die Suppe mit Pfeffer, etwas Salz und Muskat abschmecken.

8. Die Suppe mit der beiseitegestellten Tomaten-Basilikum-Mischung und den Sonnenblumenkernen anrichten.

Tipps: Falls die Suppe zu sämig wird (je nachdem wie stärkehaltig die Kartoffeln sind), einfach etwas mehr Gemüsebrühe hinzugießen. Stellen Sie eine Extraschüssel mit gebratenen Speckwürfeln oder Cabanossi in feinen Scheiben bereit, die Ihre Gäste auf die Suppe streuen können. Zum Vorbereiten kann die Suppe am Vorabend von Punkt 2–7 vorbereitet werden. Die Suppe erkalten lassen und zugedeckt in den Kühlschrank stellen. Die Tomaten-Basilikum-Mischung ebenfalls zugedeckt in den Kühlschrank stellen.

Pro Portion: E: 11 g, F: 19 g, Kh: 27 g, kJ: 1366, kcal: 326, BE: 2,0

Mini-Cheesecakes „Capri"

8 Stück

Zubereitungszeit: 40 Minuten, ohne Abkühlzeit
Backzeit: etwa 40 Minuten

Für den Bröselboden:
35 g Grissini
(dünne Teigstangen aus Hefeteig)
20 g geröstete Pinienkerne
20 g Parmesan, am Stück
40 g zerlassene Butter

Für die Cheesecake-Masse:
1 Bio-Zitrone
(unbehandelt, ungewachst)
40 g abgetropfte, getrocknete Tomaten
(in Öl)
20 Basilikumblätter
225 g Ricotta (ital. Frischkäse)
100 g Crème fraîche
Salz

1 Ei (Größe M)
1 Eigelb (Größe M)
1 kleine Knoblauchzehe
1 rote Peperoni
2 EL Olivenöl
gem. schwarzer Pfeffer

Außerdem:
8 Silikon-Muffinförmchen

1. Grissini grob zerbrechen, mit den Pinienkernen im Blitzhacker fein mahlen. Parmesan fein reiben. Grissini-Pinienkern-Mischung mit Butter und dem Parmesan mischen, dann auf den Böden der Muffinförmchen verteilen und fest drücken. Die Förmchen zugedeckt in den Kühlschrank stellen.

2. Den Backofen vorheizen.
Ober-/Unterhitze: etwa 150 °C, Heißluft: etwa 130 °C

3. Die Zitrone heiß abwaschen, abtrocknen. Etwa 1 Teelöffel fein abreiben. Tomaten sehr fein würfeln. Basilikum abspülen, trocken tupfen und die Hälfte davon fein schneiden.

4. Ricotta mit Crème fraîche, etwas Salz, Ei und Eigelb in einer Schüssel verrühren. Zitronenschale, Tomatenwürfel und Basilikum hinzugeben. Knoblauch abziehen und durch eine Knoblauchpresse daraufpressen. Die Zutaten gut verrühren. Die Frischkäsemasse auf die Bröselböden geben und glatt streichen.

5. Die Förmchen auf dem Rost in den vorgeheizten Backofen (unteres Drittel) schieben. Die Cheesecakes **etwa 40 Minuten backen**, bis sie oben leicht aufreißen.

6. Die Cheesecakes auf einem Kuchenrost in den Förmchen erkalten lassen, bis zum Servieren zugedeckt in den Kühlschrank stellen.

7. Die Cheesecakes kurz vor dem Servieren vorsichtig aus den Förmchen lösen.

8. Die Peperoni abspülen, abtrocknen, halbieren, entstielen, entkernen und die weißen Scheidewände entfernen. Peperoni in kleine Würfel schneiden.

9. Beiseitegelegte Zitrone halbieren, 1 Esslöffel Saft davon auspressen. Restliches Basilikum in gröbere Stücke schneiden.

10. Zitronensaft mit Peperoniwürfeln, Basilikum und Olivenöl verrühren, mit Pfeffer würzen. Die Zitronenvinaigrette über die Mini-Cheesecakes träufeln.

Tipps: Die Backofentür während der Backzeit nicht öffnen. Statt Silikon-Förmchen können Sie auch 2 ineinander gestellte Papierbackförmchen verwenden. Bereiten Sie die Cheesecakes am Vortag zu (bis Punkt 6).

Rühreihäppchen
mit Makrele

16 Stück

Zubereitungszeit: 35 Minuten

290 g abgetropfte Makrelenfilets, in Pflanzenöl oder eigenem Saft (aus der Dose)
4 Frühlingszwiebeln
200 g Tomaten
6 EL Olivenöl
Salz

16 Scheiben Stangenweißbrot oder Baguette (1 ½–2 cm dick)
8 Eier (Größe M)
6 EL Milch
Paprikapulver edelsüß und rosenscharf

Zum Garnieren:
einige Basilikumblättchen

1. Die Makrelenfilets in Stücke zupfen. Frühlingszwiebeln putzen, abspülen, abtropfen lassen und in feine Scheiben schneiden.

2. Die Tomaten kreuzweise einschneiden und mit kochendem Wasser übergießen. Nach 1–2 Minuten herausnehmen und mit kaltem Wasser abschrecken. Tomaten enthäuten, halbieren, entkernen und die Stängelansätze herausschneiden. Tomatenhälften in kleine Würfel schneiden.

3. Anschließend 2 Esslöffel Olivenöl in einer großen Pfanne erhitzen. Frühlingszwiebelscheiben darin anbraten. Tomatenwürfel hinzufügen und miterhitzen. Anschließend mit Salz bestreuen. Das Tomatengemüse aus der Pfanne nehmen.

4. Die Brotscheiben dünn mit 2 weiteren Esslöffeln Olivenöl bestreichen und in einer Pfanne von einer Seite goldbraun rösten. Oder die Brotscheiben unter dem vorgeheizten Backofengrill rösten. Brotscheiben etwas abkühlen lassen.

5. Inzwischen Eier mit Milch verschlagen, mit Salz und Paprika würzen. Restliches Olivenöl in der gesäuberten großen Pfanne erhitzen. Die Eiermasse hineingeben und bei mittlerer Hitze stocken lassen (sobald die Eiermasse am Rand zu stocken beginnt, von außen nach innen zusammenschieben).

6. Tomatengemüse und Makrelenfilets auf der Eiermasse verteilen, wenn sie in der Mitte noch flüssig ist. Kochstelle ausschalten, Rührei stocken lassen.

7. Rührei in 16 Portionen teilen, auf den Brotscheiben (geröstete Seite oben) verteilen und mit abgespülten und trocken getupften Basilikumblättchen garniert servieren.

Tipp: Das Rührei kann auch mit gegarten Garnelen, Tunfisch oder Räucherlachs zubereitet werden.

Pro Stück: E: 9 g, F: 9 g, Kh: 13 g, kJ: 716, kcal: 171, BE: 1,0

Zitrusgebeizter Lachs

6–8 Portionen

Zubereitungszeit: 30 Minuten
Marinierzeit: etwa 48 Stunden

800 g Lachsfilet, ohne Haut und Gräten
40 g Salz
80 g Zucker
6 Bio-Zitronen
(unbehandelt, ungewachst)
2–3 EL Zitronenpfeffer
4 EL Schnittlauchröllchen

1. Lachsfilet kurz unter fließendem kalten Wasser abspülen und trocken tupfen. Salz und Zucker gut vermischen.

2. Die Hälfte der Salz-Zucker-Mischung auf dem Boden einer länglichen Form mit hohem Rand verteilen. Das Lachsfilet darauflegen und mit der restlichen Salz-Zucker-Mischung bestreuen.

3. Zitronen heiß abwaschen und abtrocknen. Die Schale mit einem Zestenreißer abziehen oder mit einer kleinen Reibe abreiben. Die Zitronen halbieren und den Saft auspressen.

4. Den Zitronensaft um das Lachsfilet gießen. Der Lachs sollte mindestens bis zur Hälfte, höchstens aber bis zu zwei Dritteln im Zitronensaft liegen (richtige Form aussuchen!).

5. Die Zitronenschale auf dem Lachsfilet verteilen und mit Zitronenpfeffer bestreuen. Die Form mit Frischhaltefolie zudecken. Den Lachs etwa 48 Stunden im Kühlschrank durchziehen lassen, dabei evtl. zwischendurch mit der Zitronenmarinade begießen.

6. Die Zitronenmarinade abgießen. Lachsfilet mit Schnittlauchröllchen bestreuen und in etwa 5 mm dicke Scheiben schneiden.

Tipp: Durch die Säure wirkt der Lachs äußerlich wie gegart, sollte aber im Kern noch glasig sein. Den zitrusgebeizten Lachs mit Crème fraîche und Blattsalaten servieren.

Pro Portion: E: 23 g, F: 13 g, Kh: 1 g, kJ: 877, kcal: 210, BE: 0,0

Kürbis-Kartoffel-Salat nach Steirischer Art

12 Portionen

Zubereitungszeit: 1 Stunde, ohne Abkühlzeit
Durchziehzeit: etwa 1 Stunde **Garzeit:** 25–35 Minuten

2 ¼ kg festkochende Kartoffeln
2 TL Salz

2 Gemüsezwiebeln
600 g abgetropfter, eingelegter Kürbis
(aus dem Glas)

Für die Salatsauce:
350 ml Gemüsebrühe
100 ml Kürbisflüssigkeit (aus dem Glas)
100 ml Kräuteressig
1 TL Currypulver
Salz
gem. Pfeffer

Zucker
75 ml Rapsöl

6 Eier (Größe M)
200 g geröstete Kürbiskerne
6 EL Kürbiskernöl

1. Die Kartoffeln unter fließendem Wasser abbürsten, knapp mit Wasser bedeckt, zugedeckt zum Kochen bringen. Salz hinzugeben. Die Kartoffeln zugedeckt in 25–35 Minuten gar kochen. Kartoffeln abgießen, mit kaltem Wasser abschrecken, abtropfen lassen und etwas abkühlen lassen.

2. Die Kartoffeln noch warm pellen und in Scheiben schneiden. Die Gemüsezwiebeln abziehen, halbieren und in feine Streifen schneiden oder hobeln.

3. Von den Kürbisstücken die Flüssigkeit auffangen und 100 ml für die Salatsauce abmessen. Die Kürbisstücke evtl. etwas kleiner schneiden, mit den Kartoffelscheiben und Zwiebelstreifen in eine große Schüssel geben.

4. Für die Sauce Brühe mit abgemessener Kürbisflüssigkeit und Essig verrühren, mit Curry, Salz, Pfeffer und Zucker würzen. Das Rapsöl unterschlagen. Die Salatsauce unter die Salatzutaten mischen. Den Salat zugedeckt im Kühlschrank etwa 1 Stunde durchziehen lassen.

5. Inzwischen die Eier in kochendem Wasser in etwa 10 Minuten hart kochen, abschrecken und erkalten lassen. Die Eier pellen und in Scheiben oder Stücke schneiden.

6. Den Kartoffelsalat nochmals durchmischen, mit Salz, Pfeffer und etwas Kürbisflüssigkeit abschmecken. Die Eierscheiben oder Eierstücke vorsichtig unterheben. Den Salat mit Kürbiskernen bestreut und Kürbiskernöl beträufelt servieren.

Tipps: Wer mag, serviert zusätzlich gebratenen Leberkäse dazu. Statt Kürbis können Sie die gleiche Menge Gewürzgurken und Gurkenflüssigkeit (aus dem Glas) nehmen. Zum Vorbereiten können Sie die Kartoffeln und die Eier bereits am Vortag kochen. Der Salat kann gut am Abend vor dem Brunch bis einschließlich Punkt 4 zubereitet und zugedeckt in den Kühlschrank gestellt werden.

Pro Portion: E: 14 g, F: 22 g, Kh: 32 g, kJ: 1604, kcal: 383, BE: 2,5

Gefüllte Hackfleischtaler

10 Stück

Zubereitungszeit: 40 Minuten, ohne Abkühlzeit
Garzeit: etwa 20 Minuten

Für die Hackfleischtaler:
1 kg Gehacktes
(halb Rind-, halb Schweinefleisch)
1 Ei (Größe M)
1 Eigelb (Größe M)
Salz
gem. Pfeffer

Für die Gemüse-Käse-Füllung:
je 1 kleine, rote und grüne
Paprikaschote
1 EL Butter
1 EL Weißweinessig
2 EL Wasser
150 g mittelalter Gouda

etwas Rucola (Rauke)

Zum Bestreuen:
50 g Sprossenmix
je 1 Beet grüne und rote Shisokresse

1. Den Backofen vorheizen.
Ober-/Unterhitze: etwa 200 °C, Heißluft: etwa 180 °C

2. Für die Hackfleischtaler Gehacktes in eine Schüssel geben. Ei und Eigelb hinzufügen. Die Zutaten gut vermengen, mit Salz und Pfeffer würzen.

3. Aus der Gehacktesmasse mit angefeuchteten Händen 20 runde Taler (Ø je etwa 5 cm) formen. Die Hackfleischtaler auf ein Backblech (mit Backpapier belegt) legen. Das Backblech in den vorgeheizten Backofen schieben. Die Hackfleischtaler **etwa 20 Minuten garen**.

4. Das Backblech auf einen Kuchenrost stellen. Die Hackfleischtaler erkalten lassen.

5. Für die Füllung Paprikaschoten halbieren, entstielen, entkernen und die weißen Scheidewände entfernen. Schoten abspülen, abtropfen lassen und sehr fein würfeln. Die Butter in einer Pfanne zerlassen. Die Paprikawürfel darin andünsten. Essig und Wasser hinzugeben. Die Paprikawürfel noch etwa 1 Minute dünsten, dann erkalten lassen.

6. Von dem Gouda 100 g in sehr kleine Würfel schneiden und mit den Paprikawürfeln mischen. Restlichen Gouda reiben und zum Bestreuen beiseitestellen.

7. Rucola verlesen und dicke Stängel abschneiden. Rucola abspülen, gut abtropfen lassen oder trocken schleudern und evtl. etwas kleiner zupfen.

8. Die Hälfte der Hackfleischtaler mit je 1 Rucolablättchen belegen. Jeweils etwas von der Gemüse-Käse-Mischung daraufgeben und mit je 1 unbelegten Hackfleischtaler bedecken.

9. Zum Bestreuen die Sprossen in ein Sieb geben, kalt abspülen und gut abtropfen lassen. Kresse abspülen, mit einer Küchenschere abschneiden und gut abtropfen lassen. Die Hackfleischtaler mit geriebenem Gouda, Kresse und Sprossen bestreuen und anrichten.

Tipp: Sie können das Rezept bis einschließlich Punkt 5 bereits am Vortag zubereiten. Bewahren Sie die Hackfleischtaler und die gedünsteten Paprikawürfel gut verpackt im Kühlschrank auf.

Pro Stück: E: 24 g, F: 24 g, Kh: 1 g, kJ: 1323, kcal: 316, BE: 0,0

Ratatouille-Croissants

12 Stück

Zubereitungszeit: 40 Minuten, ohne Abkühlzeit
Backzeit: etwa 18 Minuten

Für die Ratatouille-Füllung:
1 Zwiebel
1 Knoblauchzehe
75 g rote Paprikaschote
75 g Zucchini
50 g Aubergine
1–2 Tomaten (50 g)

6 abgetropfte schwarze Oliven,
ohne Stein
2 Stängel Thymian
1 Stängel Rosmarin
3 EL Olivenöl
Salz
gem. schwarzer Pfeffer
1 Ziegenweichkäse-Taler (etwa 40 g)

4 Basilikumblätter
1 Ei
1 EL Milch
etwa 540 g frischer Blätterteig
(aus dem Kühlregal, 2 rechteckige
Platten, je etwa 42 x 24 cm)
1 TL Fenchelsamen

1. Für die Füllung Zwiebel und Knoblauch abziehen, beides fein würfeln. Paprika entstielen, entkernen und die weißen Scheidewände entfernen. Paprika abspülen und abtropfen lassen. Zucchini und Aubergine abspülen, abtrocknen und die Enden und den Stängelansatz entfernen. Tomaten abspülen, abtrocknen, halbieren und den Stängelansatz herausschneiden.

2. Paprika, Zucchini, Aubergine und Tomaten in etwa ½ cm große Würfel schneiden. Oliven klein schneiden. Thymian und Rosmarin abspülen und trocken tupfen. Thymianblättchen sowie die Hälfte der Rosmarinnadeln abzupfen und fein hacken. Öl in einem Topf erhitzen. Zwiebeln, Knoblauch, Paprika, Zucchini, Aubergine, Tomaten und Kräuter darin bei starker Hitze unter Rühren etwa 5 Minuten dünsten, mit Salz und Pfeffer würzen, erkalten lassen.

3. Den Backofen vorheizen.
Ober-/Unterhitze: etwa 220 °C, Heißluft: etwa 200 °C

4. Den Ziegenkäse fein zerbröseln. Basilikum abspülen, trocken tupfen und fein schneiden. Ziegenkäsebrösel und Basilikum unter die Gemüsemischung rühren.

5. Ei mit Milch verquirlen. Die restlichen Rosmarinnadeln vom Stängel zupfen. Beide Blätterteigplatten auf der Arbeitsfläche ausbreiten. Jede Platte in 6 Rechtecke (je etwa 7 x 24 cm) schneiden, dünn mit etwas Eiermilch bestreichen. Ratatouille in 12 gleich große Portionen teilen. Je 1 Portion auf die Mitte der breiten Teigseite eines Rechtecks geben, von der kurzen Seite aus fest aufrollen. Die Teigseiten festdrücken, das Croissant leicht krümmen.

6. Die Croissants auf ein Backblech (mit Backpapier belegt) legen, mit der restlichen Eiermilch bestreichen, mit Fenchelsamen und Rosmarin bestreuen. Das Backblech in den vorgeheizten Backofen (unteres Drittel) schieben. Die Croissants in **etwa 18 Minuten goldbraun backen**.

7. Die Croissants mit dem Backpapier auf einen Kuchenrost ziehen. Ratatouille-Croissants noch leicht warm servieren oder erkalten lassen.

Tipp: Sie können die Ratatouille-Füllung bis einschließlich Punkt 2 am Vortag zubereiten und zugedeckt im Kühlschrank aufbewahren.

Pro Stück: E: 4 g, F: 15 g, Kh: 18 g, kJ: 917, kcal: 219, BE: 1,5

Rosenkohl-cremesuppe

12 Portionen

Zubereitungszeit: 1 Stunde

2 kg Rosenkohl
500 g mehligkochende Kartoffeln
1 l Salzwasser

6 Laugenbrezeln
100 g Butter

1 ½ l Gemüsebrühe
150 g Crème fraîche
Salz
1 Prise Zucker
Cayennepfeffer
ger. Muskatnuss

1 Topf Petersilie

1. Rosenkohl putzen und die Röschen am Strunk kreuzförmig einschneiden. Den Rosenkohl abspülen und abtropfen lassen. Kartoffeln schälen, abspülen, abtropfen lassen und in kleine Stücke schneiden.

2. Die Kartoffelstücke mit dem Salzwasser in einem großen Topf zum Kochen bringen. Die Rosenkohlröschen hinzugeben, wieder zum Kochen bringen und das Ganze etwa 10 Minuten garen.

3. In der Zwischenzeit die Brezeln in Scheiben schneiden. Die Butter portionsweise in einer großen Pfanne zerlassen. Die Brezelscheiben darin ebenfalls portionsweise unter Wenden goldbraun rösten, herausnehmen und auf einen Teller geben.

4. Etwa 30 Rosenkohlröschen mit einem Schaumlöffel aus dem Topf nehmen und beiseitelegen. Die Brühe in den Topf gießen und zum Kochen bringen. Die restlichen Rosenkohlröschen mit den Kartoffelstücken in der Suppe mit einem Pürierstab pürieren.

5. Crème fraîche mit 3 Esslöffeln der Suppe verrühren, dann unter die restliche Suppe schlagen und erhitzen.

6. Die Suppe mit Salz, Zucker, Cayennepfeffer und Muskat abschmecken. Beiseitegelegten Rosenkohl in Viertel schneiden oder in Blätter zerteilen und in die Suppe geben.

7. Petersilie abspülen, trocken tupfen und die Blättchen von den Stängeln zupfen. Die Blättchen hacken. Die Suppe mit Petersilie und nach Belieben mit etwas Cayennepfeffer bestreuen und servieren. Die Croûtons dazureichen.

Tipp: Die Suppe können Sie bis einschließlich Punkt 5 am Vortag zubereiten. Die Suppe und die beiseitegelegten Rosenkohlröschen erkalten lassen und zugedeckt in den Kühlschrank stellen. Die Croûtons luftdicht verpacken und trocken lagern. Oder die Croûtons erst etwa 1 Stunde vor dem Servieren zubereiten, denn frisch geröstet schmecken sie am besten. Die Suppe etwa 15 Minuten vor dem Servieren kurz aufkochen und wie beschrieben fertig zubereiten.

Pro Portion: E: 11 g, F: 13 g, Kh: 34 g, kJ: 1269, kcal: 304, BE: 3,0

Pikanter Gemüsekuchen

12 Portionen

Zubereitungszeit: 55 Minuten, ohne Abkühl- und Ruhezeit
Backzeit: etwa 1 Stunde

Für den Belag:
150 g Möhren
200 g Zucchini
175 g Brokkoli (vorbereitet gewogen)
6 mittelgroße Tomaten
150 g Gouda, am Stück

Für den Quark-Öl-Teig:
200 g Vollkorn-Weizenmehl
4 gestr. TL Dr. Oetker Backin

100 g Magerquark
40 ml Milch (3,5 % Fett)
40 ml Speiseöl
1 Ei (Größe M)
½ TL Salz

gem. Pfeffer
6 Eier (Größe M)

Für den Guss:
2 Eier (Größe M)
100 ml Milch (3,5 % Fett)
125 g Kräuter-Crème-fraîche
ger. Muskatnuss

50 g geraspelter Gouda

1. Möhren schälen, abspülen und abtropfen lassen. Zucchini abspülen, abtrocknen, die Enden abschneiden. Möhren und Zucchini längs vierteln, in Stücke schneiden. Brokkoli putzen, abspülen, abtropfen lassen und in kleine Röschen teilen. Den Stängel kurz unterhalb der Röschen abschneiden, schälen und in Streifen schneiden. Gemüse nacheinander in kochendem Salzwasser garen (Möhren und Brokkoli jeweils etwa 3 Minuten, Zucchini etwa 1 Minute). Mit einer Schaumkelle herausnehmen, kalt abschrecken, gut abtropfen und erkalten lassen.

2. Tomaten kreuzweise einschneiden, mit kochendem Wasser übergießen. Nach 1–2 Minuten herausnehmen, mit kaltem Wasser abschrecken. Tomaten enthäuten. Jeweils an den Stielenden einen Deckel abschneiden. Das Fruchtfleisch mit einem Löffel herauslösen. Tomaten innen mit Küchenpapier trocken tupfen. Käse in Würfel schneiden.

3. Mehl mit Backpulver mischen. Quark, Milch, Öl, Ei und Salz hinzufügen, mit einem Mixer (Knethaken) zunächst kurz auf niedrigster, dann auf höchster Stufe in etwa 1 Minute zu einem glatten Teig verarbeiten (nicht zu lange, Teig klebt sonst). Den

Teig auf einer leicht bemehlten Arbeitsfläche zu einer runden Platte (Ø etwa 33 cm) ausrollen, in eine Springform (Ø 28 cm, gefettet) legen und einen etwa 5 cm hohen Rand andrücken.

4. Den Backofen vorheizen.
Ober-/Unterhitze: etwa 190 °C, Heißluft: etwa 170 °C

5. Tomaten innen mit Salz und Pfeffer würzen, auf den Teigboden setzen. Die Hälfte des Gemüses darum verteilen, mit Käsewürfeln bestreuen. Eier trennen. Je 1 Eigelb und so viel Eiweiß in die Tomaten geben, dass sie knapp gefüllt sind. Restliches Eiweiß beiseitestellen. Restliches Gemüse darauf verteilen. Eier, restliches Eiweiß, Milch und Crème-fraîche verschlagen, mit Salz, Pfeffer und Muskat würzen, auf dem Gemüse verteilen. Die Form auf dem Rost in den Backofen schieben. Den Kuchen **etwa 1 Stunde backen**. Nach etwa 50 Minuten Backzeit den Kuchen (nicht die Tomaten) mit Gouda bestreuen, fertig backen.

6. Den Gemüsekuchen 10 Minuten in der Form ruhen lassen, dann aus der Form lösen.

Pro Portion: E: 14 g, F: 17 g, Kh: 15 g, kJ: 1096, kcal: 262, BE: 1,5

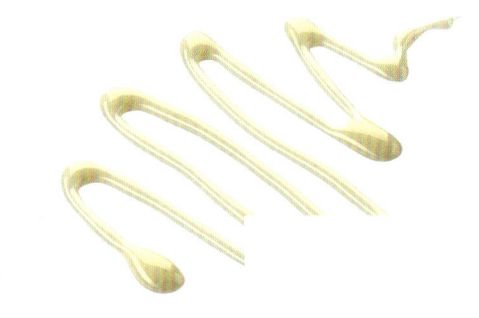

Bratäpfel

6 Stück

Zubereitungszeit: 10 Minuten
Garzeit: 30–40 Minuten (je nach Apfelsorte)

Für die Bratäpfel:
6 Äpfel, z. B. Boskop
18 Dominosteine
60–80 g Butter

Zum Servieren:
etwas Puderzucker
250 ml Bourbon-Vanille-Sauce
(aus dem Kühlregal)

1. Den Backofen vorheizen.
Ober-/Unterhitze: etwa 160 °C, Heißluft: etwa 140 °C

2. Die Äpfel entstielen, heiß abwaschen und abtrocknen. Die Kerngehäuse mit einem Apfelausstecher entfernen, aber nicht ganz durchstehen. Die Äpfel einmal rundherum mit einem spitzen Messer einritzen, damit sie beim Backen nicht aufplatzen.

3. Jeweils 3 Dominosteine in einen Apfel stopfen. Die Äpfel in eine Auflaufform (gefettet) setzen. Jeden Apfel mit einem kleinen Stück Butter belegen.

4. Die Auflaufform auf dem Rost (unteres Drittel) in den vorgeheizten Backofen schieben. Die Äpfel **30–40 Minuten garen**.

5. Die Bratäpfel mit etwas Puderzucker bestäuben und mit der Vanille-Sauce servieren.

Tipps: Die Bratäpfel zusätzlich mit Preiselbeerkonfitüre und Krokant oder gerösteten, gehobelten Mandeln bestreuen. Es schadet nicht, eine größere Menge Vanillesauce im Haus zu haben. Besonders Kinder löffeln die Sauce auch gerne pur.

Variante: Für eine **klassische Bratapfelfüllung** 1 Esslöffel Rosinen in 2 Esslöffeln Rum, Orangen- oder Apfelsaft zugedeckt über Nacht einweichen. 6 Äpfel wie unter Punkt 2 beschrieben vorbereiten und in eine Auflaufform (gefettet) setzen. 15 g Butter mit 15 g Zucker, 1 Päckchen Dr. Oetker Vanillin-Zucker, 1½ Esslöffeln gemahlenen Mandeln und den eingeweichten Rosinen verrühren und in die Äpfel füllen. 1½ Esslöffel Mandelstifte darauf verteilen, leicht andrücken. Etwa 60 ml Rum, Orangen- oder Apfelsaft zu den Äpfeln in die Form gießen. Die Äpfel wie beschrieben im vorgeheizten Backofen garen und heiß servieren.

Heringssalat

12 Portionen

Zubereitungszeit: 45 Minuten **Durchziehzeit:** mind. 1 Stunde

*1 kg abgetropfte Bismarckheringe
(aus dem Glas)
2 mittelgroße Äpfel
10 gegarte Pellkartoffeln (vom Vortag)
500 g vorgegarte Rote Bete
(vakuumverpackt)
etwa 500 g abgetropfte Gewürzgurken
(aus dem Glas)
500 g Schweinebratenaufschnitt*

*250 g Salatmayonnaise
2 TL mittelscharfer Senf
Salz
gem. Pfeffer*

*1–2 EL Wild-Preiselbeerdessert
Zucker
evtl. etwas Gurkenflüssigkeit
(aus dem Glas)*

1. Die Bismarckheringe in kleine Stücke schneiden.

2. Die Äpfel schälen, vierteln und entkernen. Die Pellkartoffeln pellen. Äpfel und Kartoffeln in kleine Stücke schneiden.

3. Rote Bete, Gewürzgurken und Schweinebratenaufschnitt ebenfalls in kleine Stücke schneiden.

4. Die Salatmayonnaise mit Senf verrühren, mit Salz und Pfeffer würzen. Die Salatzutaten mit der Mayonnaisemischung und den Preiselbeeren leicht vermischen. Den Salat mit Zucker und evtl. etwas Gurkenflüssigkeit abschmecken.

5. Den Salat zugedeckt mindestens 1 Stunde im Kühlschrank durchziehen lassen.

6. Zum Servieren den Salat nochmals durchmischen und mit Salz, Pfeffer, Zucker und evtl. etwas Gurkenflüssigkeit abschmecken.

Beilage: Vollkorn-Baguette oder Roggenbrötchen.

Tipps: Den Salat zum Servieren mit etwas gehackter Petersilie bestreuen. Nach Belieben noch 1 Esslöffel abgetropfte, gehackte Kapern und eine abgezogene, fein gehackte Gemüsezwiebel unter den Salat geben. Der Salat kann gut am Tag vor dem Brunch zubereitet werden und über Nacht im Kühlschrank durchziehen.

Pro Portion: E: 24 g, F: 31 g, Kh: 26 g, kJ: 2035, kcal: 486, BE: 2,0

Apfel im Schlafrock

6 Stück

Zubereitungszeit: 25 Minuten, ohne Kühlzeit
Backzeit: 35–40 Minuten

Für den Knetteig:
375 g Weizenmehl
1 Msp. Dr. Oetker Backin
200 g Butter oder Margarine (kalt)
100 g Puderzucker
1 Prise Salz
1 Ei (Größe M)

Für die Füllung:
50 g Butter
50 g gehackte Mandeln
30 g Zucker
100 g Sultaninen
6 mittelgroße, säuerliche Äpfel,
z. B. Boskop (je etwa 150 g)

Zum Bestreichen:
1 Ei (Größe M)

Zum Bestäuben:
2 EL Puderzucker

1. Für den Teig Mehl mit Backpulver in einer Rührschüssel mischen. Restliche Zutaten hinzufügen und mit einem Mixer (Knethaken) zunächst kurz auf niedrigster, dann auf höchster Stufe gut durcharbeiten. Anschließend auf einer leicht bemehlten Arbeitsfläche kurz zu einem Teig verkneten. Sollte er kleben, ihn in Frischhaltefolie gewickelt eine Zeit lang in den Kühlschrank legen.

2. Für die Füllung Butter in einer Pfanne zerlassen. Mandeln und Zucker hinzufügen, unter Rühren goldbraun rösten, Sultaninen unterrühren. Masse abkühlen lassen. Die Äpfel schälen und mit einem Apfelausstecher die Kerngehäuse ausstechen.

3. Den Backofen vorheizen.
Ober-/Unterhitze: etwa 180 °C, Heißluft: etwa 160 °C

4. Den Teig in 6 gleich große Portionen teilen und jeweils auf einer bemehlten Arbeitsfläche etwa 3 mm dick ausrollen. Dann die Äpfel auf die Teigstücke setzen. Die Mandel-Sultaninen-Masse in die Äpfel geben.

5. Zum Bestreichen das Ei verschlagen. Die Teigränder etwa 2 cm breit mit dem verschlagenen Ei bestreichen.

6. Den Teig vorsichtig hochheben und jeweils an den Apfel drücken. Die Äpfel müssen von dem Teig ganz umhüllt sein.

7. Den Teig mit dem restlichen verschlagenen Ei bestreichen. Die Äpfel auf ein Backblech (mit Backpapier belegt) setzen. Das Backblech in den vorgeheizten Backofen schieben. Die Äpfel **35–40 Minuten backen**.

8. Die Äpfel im Schlafrock lauwarm mit Puderzucker bestäubt servieren.

Tipps: Sie können die Äpfel bis einschließlich Punkt 6 am Vorabend zubereiten und sie zugedeckt im Kühlschrank aufbewahren. Achten Sie unbedingt darauf, dass die Äpfel vollständig mit Teig umhüllt sind, damit kein Zuckerwasser austritt. Am Morgen nehmen Sie die Äpfel aus dem Kühlschrank, heizen den Backofen etwa 15 Minuten wie beschrieben vor und backen die Äpfel anschließend nach Rezept.

Pro Stück: E: 12 g, F: 42 g, Kh: 105 g, kJ: 3551, kcal: 849, BE: 8,5

Espresso-Creme
mit Sahnehäubchen

----

12 Portionen

Zubereitungszeit: 20 Minuten
Kühlzeit: 2 Stunden

Zum Vorbereiten:
8 gestr. TL Instant-Espresso-
oder Kaffeepulver
(kräftige Sorte, z. B. Mokka)
5 TL heißes Wasser
3 Pck. Dr. Oetker Vanillin-Zucker
2 Pck. Sahnesteif
350 g Schlagsahne (mind. 30 % Fett)

Für die Creme:
150 g Zucker
1 Pck. Sahnesteif
650 g Schmand (Sauerrahm)
350 g Joghurt (1,5 % Fett)

Zum Garnieren:
2–3 EL geröstete Kaffeebohnen

Nach Belieben:
1–2 gestr. TL Backkakao

1. Zum Vorbereiten Espresso- oder Kaffeepulver mit dem Wasser verrühren und abkühlen lassen.

2. Vanillin-Zucker mit Sahnesteif mischen. Die Sahne steif schlagen, die Vanillin-Zucker-Sahnesteif-Mischung dabei einrieseln lassen. Sahne beiseitestellen.

3. Für die Creme 125 g von dem Zucker mit Sahnesteif mischen. Schmand und Joghurt in eine Rührschüssel geben und mit einem Schneebesen gut verrühren. Zucker-Sahnesteif-Mischung und 5 Teelöffel von dem angerührten Espresso oder Kaffee unterrühren. Die Hälfte der Schlagsahne unter die Creme ziehen. Zwei Drittel der Creme in Portionsgläser schichten.

4. Die restliche Creme mit dem restlichen Espresso oder Kaffee und dem restlichen Zucker (25 g) abschmecken, anschließend gleichmäßig auf der unteren Cremeschicht verteilen. Das restliche Drittel der Schlagsahne in einen Spritzbeutel mit Lochtülle geben und aufspritzen. Die Espresso-Creme zugedeckt etwa 2 Stunden in den Kühlschrank stellen.

5. Zum Garnieren die Kaffeebohnen grob hacken. Vor dem Servieren Kaffeebohnenstückchen auf die Sahnehäubchen streuen und nach Belieben dünn mit Kakaopulver bestäuben.

Tipps: Sind Ihnen geröstete Kaffeebohnen zu intensiv im Geschmack, schmecken auch schokolierte Kaffeebohnen oder Mokkabohnen sehr gut. Oder Sie hobeln mit einem Sparschäler einige Locken von einer Tafel Mokkaschokolade auf das Dessert. Sie können die Creme bis einschließlich Punkt 4 am Vortag zubereiten.

Geschmorte Birnen mit Schokosauce

6 Portionen

Zubereitungszeit: 15 Minuten
Garzeit: 25–30 Minuten (je nach Birnensorte)

Für die Birnen:
20 g Butter
6 reife, aromatische Birnen,
z. B. Conference
75 g Marzipan-Rohmasse
75 g Ananaskonfitüre

75 g gem. Mandeln oder Haselnüsse
1–2 EL Schlagsahne
1–2 EL Rum
2 Msp. Dr. Oetker Finesse
Orangenschalen-Aroma

Für die Schokosauce:
150 g Zartbitter-Kuvertüre
150 g Schlagsahne

evtl. 6 schöne Zitronenmelisseblättchen
etwas Puderzucker

1. Den Backofen vorheizen.
Ober-/Unterhitze: etwa 160 °C, Heißluft: etwa 140 °C

2. Butter zerlassen und beiseitestellen. Die Birnen heiß abwaschen und abtrocknen. Die oberen Drittel der Birnen abschneiden. Die Kerngehäuse mit einem Apfelausstecher entfernen. Die Birnenschalen entlang der dicksten Stelle der Birnen ein- oder zweimal rundherum mit einem spitzen Messer einritzen, damit sie beim Backen nicht aufplatzen.

3. Marzipan in 6 gleich große Stücke teilen. Die Birnen unten jeweils mit einem Stück Marzipan verschließen, dann in eine Auflaufform (gefettet) setzen.

4. Konfitüre mit Mandeln oder Nüssen, Sahne, Rum und Aroma verrühren. Die Birnen damit füllen. Die zerlassene Butter auf der Füllung verteilen, die Birnendeckel daraufsetzen.

5. Die Auflaufform auf dem Rost (Mitte) in den vorgeheizten Backofen schieben. Die Birnen **25–30 Minuten garen.**

6. In der Zwischenzeit für die Schokosauce Kuvertüre in kleine Stücke hacken. Die Sahne in einem Topf zum Kochen bringen. Den Topf von der Kochstelle nehmen. Die Kuvertürestücke zu der Sahne in den Topf geben und unter Rühren darin auflösen.

7. Die Birnen auf Dessertteller setzen. Jede Birne nach Belieben mit einem abgespülten, trocken getupften Zitronenmelisseblättchen garnieren. Anschließend vorsichtig mit der Schokosauce übergießen. Die Sauce kurz fest werden lassen, dann die Birnen mit Puderzucker bestäuben und servieren.

Tipps: Statt der Schokosauce schmeckt zu den Birnen auch eine **Zimt-Vanille-Sauce:** Dafür 500 ml fertige Bourbon-Vanille-Sauce (aus dem Kühlregal) mit 1 Teelöffel gemahlenem Zimt aromatisieren. Lecker ist auch eine **Rumsauce:** 250 ml Milch mit 125 g Schlagsahne und 100 g Zucker in einem Topf zum Kochen bringen. 3 Eigelb (Größe S) mit 125 g Schlagsahne und 10 g Speisestärke sorgfältig verrühren, dann unter das von der Kochstelle genommene Milch-Sahne-Gemisch rühren. Die Sauce unter ständigem Rühren wieder zum Kochen bringen, kurz aufkochen lassen. 65 ml Rum unterrühren. Die Sauce mit Frischhaltefolie bedeckt erkalten lassen. Kurz vor dem Servieren die erkaltete Sauce mit einem Schneebesen schaumig rühren. 100 g Schlagsahne (mind. 30 % Fett) steif schlagen und unter die Sauce heben.

Pro Portion: E: 7 g, F: 31 g, Kh: 44 g, kJ: 2072, kcal: 496, BE: 2,5

Ananas-Mandarinen-Salat mit Blätterteigstangen

8 Portionen

Zubereitungszeit: 40 Minuten
Backzeit: etwa 10 Minuten je Backblech

Für die Blätterteigstangen:
270 g Blätterteig (aus dem Kühlregal)
2 Eigelb
2 EL Sesamsamen geschält
2 EL Zucker

Für den Salat:
1 kg Ananasfruchtfleisch
8 Mandarinen

Für die Fruchtsauce:
10–12 frische Minzeblätter
8 Passionsfrüchte (je etwa 50 g)
*150 g heller Zuckerrübensirup
(ersatzweise flüssiger Honig oder
Agavendicksaft)*
4 EL Limettensaft
4 EL Butter

1. Den Backofen vorheizen.
Ober-/Unterhitze: etwa 220 °C, Heißluft: etwa 200 °C

2. Den Blätterteig auf der Arbeitsfläche ausbreiten und in 24–30 möglichst gleich breite Streifen schneiden. Das Eigelb verschlagen und die Streifen damit bestreichen. Die Teigstreifen mehrmals mit einer Gabel einstechen, mit Sesam und Zucker bestreuen. Die Streifen mit etwas Abstand auf Backbleche (mit Backpapier belegt) legen.

3. Die Backbleche nacheinander (bei Heißluft zusammen) in den vorgeheizten Backofen schieben. Die Blätterteigstangen **etwa 10 Minuten je Backblech backen**. Dann das Backblech auf einen Kuchenrost stellen und die Blätterteigstangen erkalten lassen.

4. Für den Salat in der Zwischenzeit das Ananasfruchtfleisch zuerst in Scheiben und dann in Stücke schneiden. Mandarinen schälen und in Stücke (Segmente) teilen.

5. Für die Fruchtsauce die Minzeblätter abspülen, trocken tupfen und fein schneiden. Die Passionsfrüchte halbieren. Das Fruchtfleisch herauslösen, mit Zuckerrübensirup, Limettensaft und Minze verrühren.

6. Butter in einer Pfanne zerlassen. Die Ananasstücke darin unter Rühren etwa 3 Minuten dünsten. Die Ananasstücke aus der Pfanne nehmen und noch heiß mit den Mandarinen und der Fruchtsauce mischen. Den Salat erkalten lassen, mit den Blätterteigstangen servieren.

Tipp: Sie können die Blätterteigstangen am Vortag backen und in einer luftdicht verschlossenen Blechdose aufbewahren.

Herrencreme

12 Portionen

Zubereitungszeit: 45 Minuten, ohne Abkühlzeit
Kühlzeit: etwa 2 Stunden

Für den Pudding:
1 ½ l Milch (3,5 % Fett)
3 Pck. Dr. Oetker Pudding-Pulver
Sahne-Geschmack
6 schwach geh. EL Zucker

125 ml brauner Rum
140 g Zartbitter-Raspelschokolade

Für die Creme:
750 g Schlagsahne (mind. 30 % Fett)
3 Pck. Sahnesteif
3 Pck. Dr. Oetker Vanillin-Zucker
70 g Zartbitter-Raspelschokolade

1. Für den Pudding aus Milch, Pudding-Pulver und Zucker einen Pudding nach Packungsanleitung zubereiten. Pudding in eine hitzebeständige Schüssel geben. Frischhaltefolie direkt auf die Puddingoberfläche legen (so bildet sich keine Haut) und den Pudding erkalten lassen.

2. Unter den erkalteten, aber noch nicht fest gewordenen Pudding den Rum und die Raspelschokolade rühren.

3. Für die Creme die Sahne fast steif schlagen. Anschließend Sahnesteif mit Vanillin-Zucker mischen, einstreuen und die Sahne steif schlagen.

4. Etwa drei Viertel der steif geschlagenen Sahne unter den Pudding heben, die restliche Sahne in einen Spritzbeutel mit Loch- oder Sterntülle füllen.

5. Die Herrencreme mit der restlichen Sahne aus dem Spritzbeutel verzieren und mit Raspelschokolade bestreuen. Die Herrencreme bis zum Servieren zugedeckt in den Kühlschrank stellen.

Tipps: Sie können die Creme am Vortag zubereiten. Dieses Dessert enthält traditionell Rum. Möchten Sie das Dessert auch für Kinder zubereiten, lassen Sie den Rum einfach weg. Bestäuben Sie die Herrencreme zusätzlich mit etwas Kakaopulver.

Pro Portion: E: 7 g, F: 29 g, Kh: 36 g, kJ: 1909, kcal: 456, BE: 3,0

Ratgeber:
Weihnachtsbacken

Butter

Butter verleiht Plätzchen, Kuchen und Stollen ein besonders feines Aroma. Verwenden Sie je nach Rezept kalte oder zimmerwarme Butter. Achten Sie darauf, keine streichzarte und keine fettreduzierte Butter zum Backen zu kaufen. Besonders Plätzchen könnten während des Backens breit laufen. Lassen Sie Plätzchenteige unbedingt gut durchkühlen. Es empfiehlt sich auch, die geformten Plätzchen vor dem Backen noch einmal gut durchzukühlen und erst dann im gut vorgeheizten Backofen zu backen. Plätzchen mit einem sehr hohen Fettanteil legen Sie am besten nur auf kalte Backbleche, damit sie ihre Form behalten und nicht auseinanderlaufen. Zu harte Butter bekommt in der Mikrowelle schnell die gewünschte Konsistenz: 250 g Butter werden streichfähig, wenn man sie in einem mikrowellengeeigneten Gefäß ohne Deckel für 30–60 Sekunden bei 100 Watt in die Mikrowelle stellt.

Knetteig zubereiten & ausrollen

Wenn der Knetteig bei der Zubereitung bricht, fehlt meistens Flüssigkeit. Drücken Sie dann den Teig so zusammen, dass in der Mitte eine Vertiefung entsteht. In diese etwas Milch oder Wasser geben und mithilfe einer Gabel in den Teig einarbeiten. So lässt sich der Teig leicht verkneten. Rollen Sie den Knetteig portionsweise auf einer bemehlten Arbeitsfläche aus. Verwenden Sie so wenig Mehl wie möglich, da der Teig sonst krümelig wird. In diesem Fall müssen Sie einen neuen Teig zubereiten, da dieser auch nach dem Backen bröckelig bleiben würde. Um eine gleichmäßige Dicke des Teiges zu erzielen, die Teigrolle ebenfalls leicht bemehlen, damit der Teig nicht haftet. Ab und zu sollten Sie mit einem großen Messer unter dem Teig herstreichen und ihn lösen, falls er auf der Arbeitsfläche kleben sollte. Wird der Teig während des Ausrollens wieder klebrig, legen sie ihn erneut für etwa 30 Minuten in Frischhaltefolie gewickelt in den Kühlschrank.

Knetteig einfrieren

Knetteig ist ideal zum Vorbereiten. Formen Sie den fertigen Teig zu länglichen Ballen und frieren Sie diese in gut verschlossenen Gefrierbeuteln ein. Je nach Bedarf können Sie die Teigballen dann bei Zimmertemperatur in 2–3 Stunden wieder auftauen und anschließend wie gewohnt weiterverarbeiten. Leicht angetaute Teigrollen lassen sich hervorragend in gleichmäßige Taler schneiden.

Plätzchen ausstechen

Die Ausstechform wird aufgedrückt. Tauchen Sie sehr filigrane Formen gelegentlich in Mehl, damit sich die Plätzchen besser lösen. Auch mit einem kleinen Pinsel lassen sich die Plätzchen gut aus der Form lösen. Zimtsterne lassen sich leichter ausstechen, wenn Sie die Ausstechform vorher immer wieder in Wasser tauchen.

Achten Sie beim Ausstechen darauf, den Platz gut auszunutzen, sodass möglichst wenig Teig zurückbleibt. Denn durch das erneute Zusammenkneten, Bemehlen und Ausrollen wird der verbleibende Knetteig immer trockener und brüchiger.

Plätzchenteig schneiden

Für sogenannte Rollenkekse den Teig zu Rollen formen. Die Teigrollen in Frischhaltefolie gewickelt in den Kühlschrank oder in das Gefrierfach legen, bis sie gut durchgekühlt bzw.

tiefgefroren sind. So lassen sich die Teigscheiben besser abschneiden, leicht nachformen und laufen beim Backen nicht so sehr auseinander. Tiefgefrorene Teigrollen lassen sich hervorragend mit einer Aufschnittmaschine oder einem scharfen Messer in gleichmäßige Taler schneiden. Sind sie der Rollen überdrüssig, können Sie auch rechteckige oder dreieckige Stangen formen.

Plätzchen backen

Beim Backen mit Heißluft können Sie 2–3 Backbleche auf einmal in den Backofen schieben. Backen Sie mehrere Partien nacheinander, können Sie das Backpapier in Größe des

Backblechs vorbereiten, die Plätzchen darauflegen und dann einfach an der flachen Seite auf das nächste freie Backblech ziehen. Backen Sie mit Ober-/Unterhitze, sind Ihre Plätzchen am besten in der Mitte des Backofens aufgehoben. Ausnahmen sind jedoch möglich. Daher sollten Sie die Herstellerhinweise für Ihren Backofen beachten. Die Plätzchen sind fertig, wenn ihre Oberfläche zart gebräunt ist und sie sich leicht vom Backpapier lösen lassen.

Eiweißgebäck & Makronen backen

Eiweißgebäck und Makronen werden im Backofen eher getrocknet als gebacken. Daher benötigen viele Eiweißgebäcke eine lange Zeit im Backofen. Ideal für das Backen ist ein Elektroherd, weil hier auch niedrige Backtemperaturen konstant und ohne große Temperaturschwankungen gehalten werden können (anders als im Gasherd). Nach dem Backen ziehen Sie das Eiweißgebäck zum Erkalten mit dem Backpapier vom Blech auf einen Kuchenrost. Makronen müssen sich direkt nach dem Backen an der Unterseite noch weich und feucht anfühlen. Während des Auskühlens auf dem Kuchenrost trocknen sie nach.

Plätzchen & Lebkuchen aufbewahren

Lassen Sie Plätzchen und Makronen vor dem Aufbewahren auf einem Kuchenrost vollständig erkalten.

Knusprige Plätzchen und Makronen können Sie sofort in gut schließende Dosen legen.

Weiche Plätzchen, zum Beispiel Lebkuchen, in einer Dose mit lose aufgelegtem Deckel aufbewahren, bis sie die gewünschte Konsistenz gewonnen haben. Das dauert etwa 1 Woche. Die Dose erst anschließend fest verschließen. Die weiche Konsistenz bleibt erhalten, wenn Sie ein Stück ungespritzte Mandarinen- oder Orangenschale, eine Apfelhälfte oder eine Scheibe Brot neben das Gebäck legen. **Wichtig: Tauschen Sie die Früchte bzw. das Brot alle 2 Tage aus, da es sonst zu Schimmelbildung kommen kann.** Um ein Zusammenkleben zu vermeiden, können Sie zwischen die einzelnen Plätzchen- oder Lebkuchenlagen Back- oder Butterbrotpapier legen. Wenn Sie nicht möchten, dass sich die Aromen der Sorten vermischen, sollten Sie Ihre Plätzchen und Lebkuchen sortenweise verpacken. Plätzchen, Makronen und Lebkuchen müssen kühl und trocken aufbewahrt werden.

Zum Einfrieren sind Eiweißgebäck, Lebkuchen und verzierte Plätzchen nicht geeignet.

Plätzchen mit Zuckerguss verzieren

Für Zuckerguss rühren Sie Puderzucker nach und nach mit so viel Flüssigkeit glatt, bis ein dickflüssiger Guss entsteht. Den Puderzucker können Sie statt mit Wasser auch mit Tee, Likör, Wein oder Saft anrühren. Farbige Flüssigkeiten wie Rotwein geben dem Zuckerguss nicht nur Aroma, sondern färben ihn in einem zarten Pastell-Ton. Für kräftigere Farben den Zuckerguss mit soviel Speisefarbe einfärben, bis der gewünschte Farbton erreicht ist.

Mit Dekoren aus zweifarbigem Zuckerguss lassen sich besonders schöne Effekte erzielen. Rühren Sie dazu zusätzlich zum dickflüssigen Puderzuckerguss etwas Konfitüre oder Gelee glatt. Füllen Sie das Gelee in einen Gefrierbeutel und schneiden Sie eine kleine Ecke ab. Bestreichen Sie nacheinander die Kekse mit dem weißen Guss. Sofort im Anschluss spritzen Sie einen längliche Streifen Konfitüre-Guss in die Mitte der Kekse und ziehen diesen mit einem Holzstäbchen auseinander.

Plätzchen mit Spritzguss verzieren

Spritzguss eignet sich hervorragend für filigrane Plätzchen- und Gebäckverzierungen. Verrühren Sie dafür 1 Eiweiß (Größe L) portionsweise mit 250 g gesiebtem Puderzucker, bis eine zähfließende Masse entsteht. Diese füllen Sie in eine Spritztüte und spritzen das gewünschte Muster auf. Achten Sie darauf, nur ganz frische Eier zu verwenden, die eine Resthaltbarkeit von mindestens 23 Tagen haben.

Stollen

Stollen schmeckt nochmal so gut, wenn er einige Wochen vor Weihnachten gebacken wird. Bereiten Sie den Stollen wie im Rezept beschrieben vollständig zu. Den erkalteten, mit Puderzucker bestäubten Stollen wickeln Sie dann zunächst in Alufolie ein und packen ihn anschließend in einen Plastikbeutel. Kühl und trocken gelagert bleibt er so mehrere Wochen frisch. Das Aroma der Früchte und Gewürze zieht während der Lagerzeit durch das ganze Gebäck. Stollen ist auch gefriergeeignet. Schneiden Sie den Stollen immer in der Mitte an. So können Sie die zwei Hälften zusammenschieben und der Stollen trocknet nicht aus. Stollen, der zu trocken geworden ist, wird wieder saftig, wenn Sie ihn mit einem Schaschlikspieß einstechen und mit einer Mischung aus Orangensaft und Wasser oder mit Rum tränken.

Eine Spritztüte selbst herstellen

1. Backpapier dreieckig schneiden.

4. Kante auf Kante ziehen.
5. Den Spritzguss einfüllen.

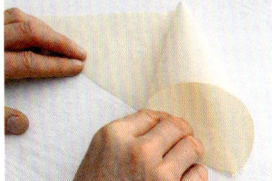

2. Eine Seite einrollen.

Dabei sollte sich die Tüte nicht verdrehen.

3. Die eingerollte Ecke umschlagen.

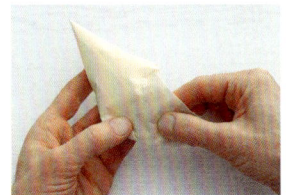

6. Die Tüte zusammen-falten. Die Spitze der Tüte in gewünschter Größe abschneiden.

Abkürzungen

EL	=	Esslöffel
TL	=	Teelöffel
Msp.	=	Messerspitze
Pck.	=	Packung/Päckchen
g	=	Gramm
kg	=	Kilogramm
ml	=	Milliliter
l	=	Liter
evtl.	=	eventuell
geh.	=	gehäuft
gem.	=	gemahlen
ger.	=	gerieben
gestr.	=	gestrichen
TK	=	Tiefkühlprodukt
°C	=	Grad Celsius
Ø	=	Durchmesser

Kalorien-/Nährwertangaben

E	=	Eiweiß
F	=	Fett
Kh	=	Kohlenhydrate
kJ	=	Kilojoule
kcal	=	Kilokalorien
BE	=	Broteinheiten

Bei den Nährwertangaben in den Rezepten handelt es sich um auf- bzw. abgerundete ganze Werte. Lediglich die Broteinheiten werden mit einer Stelle nach dem Komma angegeben.

Aufgrund von ständigen Rohstoffschwankungen und/oder Rezepturveränderungen bei Lebensmitteln, kann es zu Abweichungen kommen. Die Nährwertangaben dienen daher lediglich Ihrer Orientierung und eignen sich nur bedingt für die Berechnung eines Diätplans, zum Beispiel bei Krankheiten wie Diabetes.

Bei krankheitsbedingten Diäten richten Sie sich daher bitte nach den Anweisungen Ihres Diätassistenten bzw. Ihres Arztes.

Hinweise zu den Rezepten

Lesen Sie bitte vor der Zubereitung – besser noch vor dem Einkauf – das Rezept einmal vollständig durch. Oft werden Arbeitsabläufe oder -zusammenhänge dann klarer.

Zutatenliste und Arbeitsschritte

Die Zutaten sind in der Reihenfolge ihrer Verarbeitung aufgeführt.

Die Arbeitsschritte sind einzeln hervorgehoben, in der Reihenfolge, in der sie von uns ausprobiert wurden.

Zubereitungszeiten

Die Zubereitungszeit ist ein Anhaltswert für die Dauer der Vorbereitung und die eigentliche Zubereitung. Sie variiert je nach Geschick und Übung. Längere Wartezeiten wie z. B. Kühl- oder Abkühlzeiten und Durchziehzeiten sind, sofern parallel keine weitere Tätigkeit erfolgt, nicht in der Zubereitungszeit enthalten. Die Gar- und Backzeiten werden gesondert ausgewiesen.

Backofeneinstellung und Gar- bzw. Backzeiten

Die in den Rezepten angegebenen Gar- und Backtemperaturen und -zeiten sind Richtwerte, die je nach individueller Hitzeleistung Ihres Backofens über- oder unterschritten werden können.

Die Temperaturangaben in diesem Buch beziehen sich auf Elektrobacköfen. Die Temperatureinstellmöglichkeiten für Gasbacköfen variieren je nach Hersteller sehr stark, sodass wir keine allgemeingültigen Angaben machen können. Bitte beachten Sie deshalb bei der Einstellung des Backofens die Gebrauchsanleitung des Herstellers. Ein Backofenthermometer eignet sich dabei gut, um die Backofentemperatur im Blick zu haben.

Einschubhöhe

Die Einschubhöhe von Blechen und Formen ist immer dann die Mitte des Backofens, wenn nichts anderes angegeben ist. Ansonsten gilt: Hohe und halbhohe Formen werden im Allgemeinen auf dem Rost im unteren Drittel des Backofens eingeschoben, flache Formen auf dem Rost in die mittlere Einschubleiste. Blechkuchen und Kleingebäck gelingen am besten in der Mitte des Backofens. Abweichungen sind möglich und von der Ausführung Ihres Backofens abhängig (Herstellerangaben beachten).

Kapitelregister

Alphabetisches Register

Für Fragen, Vorschläge oder Anregungen stehen Ihnen der Verbraucherservice der Dr. Oetker Versuchsküche Telefon: 00800 71 72 73 74 Mo.–Fr. 8:00–18:00 Uhr (gebührenfrei in Deutschland) oder die Mitarbeiter des Dr. Oetker Verlages Telefon: +49 (0) 521 52 06 51 Mo.–Fr. 9:00–15:00 Uhr zur Verfügung. Oder schreiben Sie uns: Dr. Oetker Verlag KG, Am Bach 11, 33602 Bielefeld. Oder besuchen Sie uns im Internet unter www.oetker-verlag.de, www.facebook.com/Dr.OetkerVerlag oder www.oetker.de.

Umwelthinweis

Dieses Buch und der Einband wurden auf FSC®-zertifiziertem, chlorfrei gebleichtem Papier gedruckt. Die Einschrumpffolie – zum Schutz vor Verschmutzung – ist aus umweltfreundlichem und recyclingfähigem PE-Material.

MIX
Papier aus verantwortungsvollen Quellen
FSC
www.fsc.org
FSC® C004592

Copyright

© 2014 by Dr. Oetker Verlag KG, Bielefeld

Redaktion

Christina Langner

Innenfotos

Walter Cimbal, Hamburg (S. 8, 9, 56, 79, 91, 105, 115, 118, 123, 134, 137, 143, 144, 147, 156, 159, 192, 213 l. u., 220 r., 221 l., 226, 228 r., 234, 236 r., 242, 312 l.)
Fotostudio Diercks – Thomas Diercks, Kai Boxhammer, Christiane Krüger, Hamburg (S. 16, 19, 20, 37, 39, 45, 49, 73, 76, 81, 86, 92, 95, 107, 112, 124, 138, 151, 152, 165, 212, 215, 217, 218, 220 m., 225, 228 m., 233, 245 l. u, 245 r. u., 259, 260, 265, 266, 270, 275, 276, 279, 280, 285, 289, 292, 301, 302, 309–311)
Eising Studio Food Photo & Video, München (S. 6/7, 25, 35, 63, 69, 98, 102, 108/109, 111, 129, 130/131, 133, 160/161, 162, 169–181, 187, 195, 199, 201, 207, 208/209, 213 r., 221 r., 228 l., 229 l., 231, 236 l., 237 l., 239, 245 r. o., 246, 256, 263, 269, 273, 295, 305)
Ulli Hartmann, Halle/Westf. (S. 155, 236 m., 241)
Janne Peters, Hamburg (S. 191, 196, 220 l, 223, 291, 296, 306)
Antje Plewinski, Berlin (S. 42, 141, 202, 245 l. o., 249, 251–255)
Anke Politt, Hamburg (S. 12, 15, 26, 31, 32, 47, 51, 53, 59, 61, 65, 74, 84, 97, 155, 183, 184, 188)
Hans-Joachim Schmidt, Hamburg (S. 286, 299)
Axel Struwe, Bielefeld (S. 166, 205, 283)
Brigitte Wegner, Bielefeld (S. 54, 67)
Winkler Studios, Bremen (S. 10, 23, 28, 40, 70, 82, 89, 101, 117, 120, 127)
shutterstock.com (Schmuckelemente, kleine Freisteller)

Bildnachweis

Bei mehreren Bildern auf einer Seite geben die Abkürzungen hinter der Seitenzahl die Position des Bildes an: l. = links, m. = mittig, r. = rechts, u. = unten, o. = oben.

Rezeptentwicklung

Olaf Brummel, Bielefeld

Nährwertberechnungen

Nutri Service, Hennef

Grafisches Konzept, Gestaltung und Titelgestaltung

küstenwerber, Hamburg; Britta Griebenow, Hamburg

Satz

Junfermann Druck & Service GmbH & Co. KG, Paderborn

Reproduktionen Druck und Bindung

Longo AG, Bozen, Italien
Firmengruppe APPL, aprinta Druck, Wemding

ISBN: 978-3-7670-1024-6